Lutz Wohlrab (Hg.):
Filme auf der Couch

IMAGO
Psychosozial-Verlag

Lutz Wohlrab (Hg.):

Filme auf der Couch

Psychoanalytische Interpretationen

Psychosozial-Verlag

Bibliografische Information der Deutschen Nationalbibliothek
Die Deutsche Nationalbibliothek verzeichnet diese Publikation in der Deutschen Nationalbibliografie; detaillierte bibliografische Daten sind im Internet über <http://dnb.d-nb.de> abrufbar.

2. Auflage 2014

E-Mail: info@psychosozial-verlag.de
www.psychosozial-verlag.de

Umschlagabbildung: Stefanie Flauger »ohne Titel«, 2006
Printed in Germany
ISBN 978-3-89806-450-7

Inhalt

Vorwort

Als 1895 die *Studien über Hysterie* von Josef Breuer und Sigmund Freud in Wien erschienen, zeigten die Brüder Lumière in Paris erstmals öffentlich *bewegte Bilder*. Das Kino und die Psychoanalyse entstanden vor über einhundert Jahren zur selben Zeit. Inzwischen mögen Psychoanalytiker das Kino. Bei Komödien können sie sich von der Arbeit hinter der Couch entspannen und bei Dramen werden sie an ihre Patienten denken müssen. So verbinden sie das Angenehme mit dem Nützlichen und sie reden auch noch gern darüber. Film- und Psychoanalyse-Reihen sind derzeit en vogue. Es gibt sie in vielen Städten, von Kiel bis Freiburg und von Mannheim bis Leipzig.

Unsere Reihe im *BrotfabrikKino* am Caligariplatz in Berlin-Weißensee besteht seit 2002. Ganz in der Nähe wurde 1920 der Stummfilm *Das Cabinett des Dr. Caligari* mit Werner Krauss in der Titelrolle gedreht. Krauss spielte auch die Hauptrolle in *Geheimnisse einer Seele*, dem berühmten Stummfilm über die Redekur von G. W. Pabst aus dem Jahre 1926, den Freud nicht verhindern konnte: »Mein Haupteinwand bleibt, dass ich es nicht für möglich halte, unsere Abstraktionen in irgendwie respektabler Weise plastisch darzustellen«. Davon hat sich das Kino nicht beeindrucken lassen, es gibt unzählige Filme, die die Psychoanalyse zum Thema haben und noch mehr, die von ihr inspiriert worden sind.

Weil sich jede Referentin, jeder Referent ihren bzw. seinen Film selbst ausgesucht hat, kamen bei uns Streifen unterschiedlicher Genres, bekannte und unbekannte, aktuelle und alte, erfolgreiche oder an der Kinokasse gefloppte zu einer Wieder- oder sogar zu ihrer Erstaufführung. Besonders stolz war der Programmdirektor des *BrotfabrikKinos* auf die Premieren von *Empathy* und *Ich hieß Sabina Spielrein* (referiert von Annette Simon). Als Filmwissenschaftler beteiligte sich Claus Löser auch selbst an unserer Reihe mit einer Untersuchung der Darstellung von Träumen im frühen experimentellen Kino, u.a. in Luis Buñuels *Der Andalusische Hund*. Die öffentlichen Diskussionen schmälerten die Kunstwerke nie, wie mancher befürchtete, sondern sie bereicherten den Kinoabend, machten ihn zu etwas Besonderem, wie uns immer wieder bestätigt wurde.

Wenn Patienten über Filme sprechen, muss das kein Widerstand sein. Sie können so Mitteilungen über ihre unbewussten Wünsche oder Identifizierungen machen. Das erfordert manchmal die Bereitschaft der Therapeutin, des Therapeuten, sich einen für den Patienten wichtigen Film anzuschauen. Umgekehrt kann eine Filmempfehlung auch einmal durch die Therapeutin oder den Therapeuten erfolgen. Dazu geeignete Filme stellen wir vor.

Der Film *Harry meint es gut mit dir* handelt von einem erwachsenen Sohn, der sich noch nicht aus der Abhängigkeit von seinen Eltern gelöst hat. Er könnte deshalb zur Psychotherapie kommen. Im Film hilft Harry, den Lutz Wohlrab als einen übertrieben agierenden Analytiker interpretiert.

Florence Wasmuth hat sich mit *Tanguy, der Nesthocker* einem Film gewidmet, der auf humorvolle Weise die Probleme der verlängerten Adoleszenz aus der Perspektive der Eltern zeigt. Aus dem reichen Schaffen von Alfred Hitchcock wählte sie *Bei Anruf Mord* aus, einen Film, der Trennungsängste und Racheimpulse in einer Ehe- und Dreiecksbeziehung durchspielt.

Heike Bernhardt weist anhand des japanischen Zeichentrickfilms *Chihiros Reise ins Zauberland* auf die Herausforderungen hin, die am Beginn der Pubertät auf ein Mädchen warten. *Chihiro* hat viele Proben zu bestehen, denen unbewusste Ablösungskonflikte zugrunde liegen.

Christine Gerstenfeld stellt mit *Alien* einen Horror-Film vor, der ihr in der klinischen Arbeit half, Alpträume besser zu verstehen. Das lag vor allem an der augenfälligen Verbindung zwischen Horror und infantiler Sexualität. Darüber hinaus war die Filmheldin für sie auch eine wichtige feministische Identifikationsfigur.

Herbert Kley untersucht den Kriminalfilm *Insomnia* auf Parallelen mit dem Behandlungsverlauf bei einer narzisstischen Persönlichkeit.

Neben Psychoanalytikern stellten auch Kulturschaffende wie der Schriftsteller Jan Faktor Filme vor. Seine Interpretation von *Dogville* löste im Publikum eine lebhafte Diskussion darüber aus, ob auch ein so bedeutender Regisseur wie Lars von Trier bei der Arbeit von seinem Unbewussten getrieben wird.

David Lynch, der es versteht, unbewusste psychische Mächte zu Filmfiguren werden zu lassen, ist bei uns mit zwei Filmen vertreten. Simon Brückner hat sich im Rahmen einer studentischen Hausarbeit intensiv mit *Mulholland Drive* und der Psychoanalyse Lacans auseinandergesetzt. Kerstin Frommhold sieht *Lost Highway* als filmische Inszenierung der unbewussten Abgründe und Schlachten zwischen Es, Ich und Über-Ich an. Sie vergleicht den assoziativen Filmprozess mit einer analytischen Behandlung. Beide können nur subjektive Sichtweisen bieten. Wenn uns ein Film wie dieser mit den Abgründen der Psychose konfrontiert, erscheint das Mysterium des Ödipuskomplexes und der unbewussten Schuldgefühle nur um so bedrohlicher.

Um den Ödipuskomplex geht es auch in *Die Mutter*. Peter Diederichs machte auf diesen wenig beachteten Film aufmerksam. Die über sechzigjährige Mutter verliebt sich in den Freund ihrer Tochter. Eine konfliktreiche Familiendynamik, die u.a. eine umgekehrte Urszene und die Problematik der Alterssexualität enthält, eskaliert durch die Konkurrenz zwischen Mutter und Tochter.

Die Aufarbeitung des infantilen sexuellen Missbrauchs steht im Mittelpunkt der Ausführungen von Uta Blohm. Der erste Dogma-Film *Das Fest* schildert die Auflösung und Neustrukturierung einer bourgeoisen Familie, die Folge dieses Traumas ist.

Der Horrorfilm *Mary Shelleys Frankenstein* ermöglichte es Gudrun Minnich, sich besser in einen Patienten einzufühlen. In ihrer Besprechung untersucht sie die Auswirkungen frühkindlicher und transgenerationeller Traumatisierungen auf die Identität sowie die Verwandlung eines Opfers in einen späteren Täter. Dr. Frankensteins Wunsch nach Unsterblichkeit wird als narzisstischer Kompensationsversuch seines frühen Mutterverlustes betrachtet.

Schließlich zeigt Elisabeth von Strachwitz die vergnügliche Seite der Psychoanalyse im Kino. Die französische Verwechslungskomödie *Intime Fremde* spielt mit Andeutungen und Symbolen, und sie geht indirekt der Frage nach, was das psychoanalytische Setting eigentlich so besonders macht und von anderen Begegnungen unterscheidet.

Wir danken dem Psychosozial-Verlag dafür, dass er unsere Filmdiskussionen für eine Publikation angenommen hat. Wir haben die Vorträge überarbeitet, sie sind in der Reihenfolge abgedruckt, in der die Filme bei uns vorgestellt wurden.

Lutz Wohlrab

Harry meint es gut mit dir von Dominik Moll

Lutz Wohlrab

Mein Lieblingsfilm des Kinojahres 2001 wurde wenig beachtet, deshalb erzähle ich ihn zunächst nach. Der geringe Erfolg im Kino mag mit seinem deutschen Titel zusammenhängen, außerdem besprachen viele Rezensenten den Film nur als lustigen Thriller oder sie sahen Harry als einen Psychopathen an. Für mich ist der Film ein modernes Märchen und eine typische Familiengeschichte. Er handelt von einem erwachsenen Sohn, der sich noch nicht aus der Abhängigkeit von seinen Eltern gelöst hat. Er könnte deshalb zur Psychotherapie kommen. Im Film hilft Harry, der sich als ein übertrieben agierender Analytiker interpretieren lässt. Der Film zeigt quasi einen therapeutischen Prozess, er ist darüber hinaus geeignet, einige unserer psychoanalytischen Vokabeln und Freuds Instanzenmodell zu illustrieren.

Filmerzählung

Michel und Claire fahren mit ihren drei kleinen Töchtern in die Ferien. Es ist heiß, und sie haben noch einen weiten Weg vor sich. Die Jüngste greint und quengelt, die Mittlere schreit: »Mir ist heiß«, und die große

Tochter trampelt fortwährend gegen den Sitz ihres Vaters. Auf der Herrentoilette der nächsten Raststätte erkennt Harry seinen Mitschüler vom Gymnasium, Michel, wieder. Etwas irritiert erzählt Michel Claire von der kurzen Begegnung. Als die fünf wieder in den brütend heißen Wagen steigen, hupt Harry. »Es ist doch blöd, sich schon wieder aus den Augen zu verlieren«, meint er und stellt ihnen seine Verlobte Prune vor. Harry versteht es, sich in das Ferienhaus von Claire und Michel einzuladen. Claire und die Kinder sitzen bald im klimatisierten Benz. Als das alte Bauernhaus erreicht wird, ist es schon dunkel. Was zur Erholung gedacht war, erweist sich als Dauerbaustelle. Michel tätigt den Pflichtanruf bei seinen Eltern und gerät sofort in Konflikt zwischen deren Ansprüchen, die Enkel sehen zu wollen, und Claires Wunsch nach etwas Erholung. Als Claire auch noch das in ihrer Abwesenheit errichtete rosa Badezimmer entdeckt, ist sie schockiert. Michel muss noch einmal bei seinen Eltern anrufen, dabei wird sein Dilemma zwischen Dankbarkeit und Ärger über ihre ständigen gut gemeinten Einmischungen deutlich. Beim Abendessen überrascht Harry Michel und Claire nicht nur durch sein fulminantes Gedächtnis aus der Gymnasialzeit, sondern vor allem dadurch, dass er Michels Gedicht *Der Dolch im nächtlichen Gewande* auswendig vorträgt. Auf Michels Frage, wieso er dies könne, meint Harry, das es zum Schönsten gehört, was er je gelesen hat. Claire bemerkt Michels Berührtheit. Prune (auf deutsch heißt sie Pflaume) hat das Gedicht schon oft gehört. Sie lächelt sinnlich-selig und nennt Harry auch lieber Dick (was auf deutsch Schwanz heißt). Als Michel nachts in die Küche geht, sieht er, wie sich Harry ein Ei nimmt. Er vertraut Michel sein kleines Geheimnis an: Ein rohes Eigelb nach jedem Orgasmus ist gut für die Potenz.

Am nächsten Morgen ruft Claire aus der Stadt an. Sie war mit der Tochter beim Arzt, nun springt der Wagen nicht an, einkaufen müsse sie auch noch. Harry und Michel, der endlich einen alten Schacht auf dem Grundstück verfüllen wollte, holen die Kleine ab. Michel und Claire streiten sich. Harry bietet an, Michel und das Kind nach Hause zu fahren und Claire nach dem Einkauf abzuholen. So entspannt er die Situation. Auf dem Rückweg hat er eine Idee. Er kauft für Michel einen klimatisierten Geländewagen, einen geräumigen V 6, Mitsubishi-Allrad in Rot. »Für jedes Problem gibt es eine Lösung!« Claire versucht, ihn davon abzubringen: »Man schenkt nicht einfach ein Auto her«. Michel, der sich ebenfalls gegen das Geschenk wehrt, schaut Claire vorwurfsvoll an. Aber er braucht den Wagen schließlich, um seine Eltern zu einem Kurzbesuch abzuholen. Man sieht ihm beim Fahren die Freude an, die er an dem neuen Auto hat. Zu Hause kann er weder Mutters Kaffee noch Vaters zahnärztliche Behandlung ablehnen. »Es wäre doch blöd, die Gelegenheit nicht zu nutzen«, sagt Vater. Und die Mutter: »Tu' ihm doch den Gefallen, wenn ihm so viel daran liegt«. Ihr Blick macht deutlich, dass sie nicht mehr viel von ihrem Mann hält. Nach der kritischen zahnärztlichen Visite bleibt auch der neue Wagen nicht unkommentiert. »Das ist ein Auto, das die Leute, die es kaufen, gar nicht brauchen.« Michel redet sich heraus, es sei von Harry nur geborgt.

Am Haus angekommen, küsst Michels Vater sogleich Prune. »Wir wollen doch nicht so förmlich sein.« Als seine Frau ihn zurückzerrt, lacht er. »Sie ist immer so eifersüchtig, müssen Sie wissen.« Michels Mutter kontert mit einem: »Wir lachen uns gleich tot«. Und ihr Mann schließt mit dem resignierten Satz ab: »Dass ich dich noch mal zum Lachen bringe, habe ich längst aufgegeben.« Alle stehen einen Moment verlegen herum. Harry fühlt sich unwohl und bricht mit Prune auf. Er rast dem Schloss-Hotel entgegen, in das sie sich vor dem Anmarsch von Michels Eltern einquartiert haben. Nachts steht er auf, nimmt sich einen Lieferwagen des Hotels, fährt zu Michels Eltern und lockt sie unter dem Vorwand, dass sie ihrem Sohn helfen müssen, in ihr Auto. Er rammt sie dann auf einer Kammstraße, sie stürzen zu Tode.

Am zweiten Morgen, als der Anruf mit der Todesnachricht eintrifft, sitzen Harry und Prune wieder bei Michel und seiner Familie. Harry fährt Michel ins Leichenschauhaus und dann in die Wohnung seiner Eltern. Er versucht, Michel Mut zu machen, er soll die Gelegenheit ausnutzen und »durchstarten«. Er selbst sei durch den Tod seiner Eltern wie befreit gewesen und habe eine ganze Woche durchgevögelt. Als er Michel später beim Kramen in alten Schülerzeitungen belauscht, freut er sich. Michel träumt total erschöpft von den *Fliegenden Affen*, den Helden seines unvollendeten Science-Fiction-Romans aus der Schulzeit.

Zur Beerdigung taucht Michels langhaariger Bruder auf, der danach Harrys Auto zugeteilt wird. Er will bis zum Ende der Ferien bleiben.

Als er sich auch noch über Michels Gedicht vom *Dolch im nächtlichen Gewande* lustig macht, reicht es Harry. Er hält den Wagen an.

Später erzählt Harry Michels Familie, dass der Bruder weitergetrampt sei. Claire will ihn auf seinem Handy anrufen. Harry schafft es gerade noch, das Gerät auszuschalten. Wir sehen die Leiche von Michels Bruder in Harrys Kofferraum. Während Harry sie nachts vergräbt, sitzt Michel im Badezimmer und schreibt an der Fortsetzung der *Fliegenden Affen*. Er schreit Claire sogar an, als sie ihn dabei stört. Claire sucht nun Harry auf. Sie möchte den Kontakt abbrechen, weil Michel ihr so verstört erscheint. Als Harry hört, dass er wieder mit dem Schreiben angefangen hat, freut er sich riesig. Prune, die Langschläferin, erwacht als Claire und die Kinder gerade wieder abfahren. Sie findet es schade, dass Harry mit ihr keine Kinder will.

Abends erscheinen Prune und er mit Abschiedsgeschenken bei Claire und Michel. Harry bedrängt Michel, sich von Claire und den Kindern zu trennen. Er sagt: »Das Übel sitzt viel tiefer«. Sie würden ihn nur in seiner Entfaltung behindern. Michel beleidigt daraufhin Prune als »Spatzenhirn«. Beim Abendmahl erzählt Harry den Frauen, was Michel über Prune denkt. Prune läuft weinend ins Bad. Michel geht hinterher, um ihr zu sagen, dass es nicht so gemeint war. Hier küsst er sie. Prune wehrt ihn ab, will aber im Haus schlafen. In der nächsten Einstellung rast Harry schreiend, mit geschlossenen Augen und Höchstgeschwindigkeit durch die Nacht. Michel schaut nach der schlafenden Prune, geht zum Kühlschrank und sieht Eier, die eine ebenso schöne Oberfläche haben wie die Schultern und Schenkel von Prune. Er geht ins Bad und schreibt wie im Rausch seine Geschichte *Die Eier*. Als er ein Geräusch vernimmt und Nachsehen geht, findet er Harry, der sagt, dass er einen Unfall hatte. Er will zu Prune in die Kammer. Als Michel dort Prunes Leiche sieht, sagt ihm Harry, dass er recht hatte, Prune war dumm und ein Klotz am Bein. Michel solle ihm helfen, die Leiche fortzuschaffen. Harry gibt Michel schließlich ein Messer und schlägt vor, dass er Claire töten soll. Er selbst wird die Kinder nehmen, bietet sogar an, die ganze Arbeit allein zu machen. Michel lässt Harry nicht vorbei. Harry drängt. Michel sticht ihm das Messer in den Leib. Harry bricht zusammen und stirbt. Michel wirft ihn zu Prune in den Schacht und verfüllt diesen nun endlich. Am Nachmittag wecken ihn seine drei Mädchen mit einem Feldblumenstrauß. Claire sagt, dass ihr die Geschichte *Die Eier* gut gefallen hat. Er soll ruhig weitermachen. Michel strahlt. Am Ende treten alle fünf entspannt die Rückreise in ihrem neuen Auto an.

Deutungen

Weil Harry Michel getroffen hat, wird Michel zur Hauptfigur dieses Films. Wenn wir uns vorstellen, Claire wäre einer Schulfreundin begegnet, dann hätte sie eine überforderte junge Mutter gesehen, die nicht mehr viel gemeinsam hat mit dem hoffnungsvollen, lebensfrohen Mädchen von einst. Vielleicht hätte diese Freundin Claire wieder an ihre alten Träume erinnert. Wahrscheinlich hätte sie Claire aufgefordert, ihre Beziehung zu Michel zu klären und von ihm zu verlangen, dass er sich für sie und gegen seine Eltern entscheiden oder gehen soll.

Harry stellt parallele Beobachtungen an, nur in umgekehrter Richtung. Michel ist in seinen Augen der Leidtragende, nicht der Verursacher der Probleme. Michel ist aus seiner Sicht noch zu sehr an die Eltern gebunden. Er müsste damit unzufriedener sein, als er es ist. Seine »Symptomatik« spürt Michel noch gar nicht, sie ist als eine narzisstische Störung oder als »vage und unbestimmte Depression« (Kohut 1971, S. 109) zu bezeichnen. Nach Kohut gehört dazu »seine gestörte Arbeitsfähigkeit, seine Reizbarkeit und auch seine Schüchternheit, seine Schamhaftigkeit (…) und sein unbestimmtes körperliches Unbehagen« (ebd.). Der narzisstisch Gestörte ist gerade »von einem Mangel an Narzissmus gekennzeichnet (verringertes Selbstvertrauen, blande Depressionen, Fehlen von Arbeitsfreude, Mangel an Initiative etc.)« (S. 206). Wir führen die narzisstische Störung auf einen Mangel an primärer Mütterlichkeit, auf ein Minus an Beachtung, Bestätigung und Spiegelung zurück. Wer daran leidet, versucht ein Leben lang, das Verlorene wieder zu finden, die Liebe nachzuholen und das Defizit wieder gut zu machen. Positiver Narzissmus bedeutet vor allem die Fähigkeit zur Selbstfürsorge und eine gewisse Unabhängigkeit von der Bestätigung von Außen. »Es ist das System der mütterlichen Fürsorge, das den primären Narzissmus erst ermöglicht und allmählich in eine Fürsorge für sich selbst umgewandelt wird« (Altmeyer 2000, S. 159). Michel fehlt es an dieser »Fürsorge für sich selbst«. Das kann darauf zurückgeführt werden, dass der Umgang von Michels Eltern miteinander bereits durch einen Mangel an Achtung für den andern gekennzeichnet ist. Ihre Kinder, Michel und sein Bruder, sind vermutlich keine »Kinder der Liebe«. Michel hängt so an den Eltern, weil es ihm an primärer Mütterlichkeit fehlte. Es scheint, als ob er von den Eltern doch noch etwas von der entbehrten Liebe und Wertschätzung zu bekommen glaubt.

Harry macht deutlich, wie wenig er von seinen Eltern hält. Er scheint sie geradezu gehasst zu haben, gibt ihnen alle Schuld an seinem früheren Unbehagen. Seinen Hass will Harry auf Michel übertragen. Dass auch er sich von den Eltern lösen muss, versucht Harry ihm einzuschärfen. »Man muss immer übertreiben«, entgegnet Harry, als Michel ihm klarmachen will, dass seine Eltern eigentlich gar nicht so schlimm sind.

Eine erste bedeutsame Szene zwischen Harry und Michel ereignet sich, als Michels Eltern zu Besuch kommen. Harry wird augenblicklich übel, er bekommt Panik und rast mit dem Auto zum Hotel. Bei Harry kommt es zu einer Gefühlsansteckung. »Der angesteckte Affekt wird zu einem eigenen Erleben« (Körner 1998, S. 7). Diesen Vorgang kennen Therapeuten gut, er ist eine der Voraussetzungen für das empathische Verständnis. Während der eigentlich betroffene Michel cool bleibt, fühlt Harry dessen Wut und Angst, die er zunächst kontraphobisch durch Raserei abwehrt. Dann fasst Harry einen Entschluss: Michels Eltern müssen weg. Hier kommt mir der Gedanke, dass Harry seine eigenen Eltern vielleicht nicht nur in der Phantasie umgebracht hat, dass er vielleicht aus Schuld so allergisch auf »Eltern« reagiert. In seinem Gespräch mit Prune zeigt sich Harrys Kinderphobie. Hat Harry Angst davor, von einem Sohn, wie einst Laios durch Ödipus, getötet zu werden? Ist er selbst ein Vatermörder, der sich logischerweise davor fürchtet, in seinem Sohn wiedergeboren zu werden? Der Ödipusmythos erscheint hier in einem zeitgenössischen Gewand, denn Harry ist nicht der einzige, der sich vor dem Kinde bzw. vor der notwendigen symbolischen Tötung durch das eigene Kind fürchtet. Hängt der Geburtenrückgang in den hoch entwickelten Gesellschaften vielleicht nicht nur mit der sozialen und der Bindungsunsicherheit, sondern auch noch mit dem Ödipuskomplex zusammen?

Auffällig emotionslos setzt Harry seinen Plan um. Schuldgefühle oder Skrupel bekommt er auch nach der Tat nicht. Er erwartet keinerlei Dankbarkeit von Michel. Der soll nur endlich »durchstarten«. Wie Harry, so soll auch Michel die Befreiung von den Eltern ausnutzen. Er bedrängt Michel, wieder mit dem Schreiben anzufangen. Auf dieses Drängen hin stellt sich bei Michel ein erster Traum ein. In der Therapie nennen wir ihn den Initialtraum. Michel träumt von einem Affen, der aggressiv auf ihn zu fliegt, wovon er wach wird. Er symbolisiert Michels Aggressionen, vor denen er sich fürchtet, die er noch gegen sich selbst richtet. Michel verschiebt seine Aggressionen gegen den Vater wie Freuds *Kleiner Hans* (Freud 1909) auf ein Angsttier und verkehrt sie in ihr Gegenteil. In der Angst vor dem Biss des Pferdes, das den Vater symbolisiert, sind Hansens Aggressionen gegen den Vater versteckt, die seine Kastrationsangst erst ausgelöst hatten. Was die Pferde für Hans sind, sind die Affen für Michel. Er fürchtet unbewusst immer noch, für seine ödipale Rivalität vom Vater kastriert zu werden. Michels Mutter lächelt ihm zu, macht Kaffee, und der Vater, den sie verachtet, bohrt ihm in die Zähne. Michel ist außerdem auf dem besten Wege, so von Claire entwertet zu werden, wie der Vater von der Mutter. Damit hätte er quasi seine Mutter zur Frau bekommen.

Weil Michel das Schreiben schwer fällt, wird er immer verzweifelter, reizbarer, depressiver. So kannte Claire ihn bisher nicht. Er wirft sie sogar aus dem Bad, seinem »Schreibstübchen«, mit aller Wut heraus. Beunruhigt sucht Claire nun Harry auf und verlangt den Kontaktabbruch. Für viele Angehörige bringt die analytische Psychotherapie eine so starke Verunsicherung mit sich, dass sie sich eher einen Abbruch der Behandlung als deren Fortsetzung wünschen.

Eine zweite bedeutsame Szene spielt sich zwischen Michel und Harry am Abend nach Claires Besuch bei Harry ab. Hier kommt es zu einer ersten Auseinandersetzung zwischen den beiden Männern. Harry nimmt Michel beiseite und erklärt ihm, dass das Übel doch viel tiefer sitze, als zunächst gedacht. Nicht die Eltern, Claire ist der Klotz an Michels Bein. Als Michel daraufhin Prune ein »Spatzenhirn« nennt, ist Harry fassungslos. Das ist ein gutes Beispiel dafür, wie viel einfacher es ist, den Splitter im Auge eines andern (des Patienten) zu sehen, und wie viel schwerer es doch ist, den Balken im eigenen Auge zu erkennen.

Harry ist sehr gekränkt, als ihm sein Schützling den eigenen blinden Fleck zeigt. Er fühlt sich hier wirklich betroffen und gar nicht mehr überlegen. Das ist der Bruch ihrer Beziehung. Harry kann das, was Michel ihm gesagt hat, nicht für sich behalten. Mehrere Morde kann er für sich behalten, nicht aber eine Kränkung seines Geschmacks. Beim gemeinsamen Abschiedsessen muss Harry Claire und Prune mitteilen, was Michel von Prune hält. Damit löst er einen Skandal aus. Schließlich rast Harry zum zweiten Mal mit dem Auto davon. Mit seinem tödlichen Unfall (einem getarnten Selbstmord?) hätte der Film zu Ende sein können. Michel braucht ihn nicht mehr.

Ein modernes Märchen

Harry ähnelt zwar nicht äußerlich, aber dem Wesen nach dem Rumpelstilzchen aus Grimms Märchen. Auch jenes tritt wie ein Deus ex machina in eine im Grunde hoffnungslose Situation ein, deshalb kann Harry als Phantasie, der ganze Film als ein Märchen aufgefasst werden. Harry ist eine Wunscherfüllung. Er führt sich als ein Bewunderer von Michels Talent ein, das eingeschlafen ist. Er hält mit der Bewunderung für seinen ehemaligen Mitschüler nicht hinterm Berg. Das pubertäre Gedicht vom *Dolch im nächtlichen Gewande* bekommt in Harrys Interpretation etwas Strahlendes, Bezauberndes. Damit gelingt es ihm, eine positive Beziehung zu etablieren. Wer hätte nicht gern einen solchen Freund oder Therapeuten?

Wir können in Harry aber auch ein Alter Ego Michels sehen. Er steht für eine andere Möglichkeit, wie sich Michel vielleicht auch hätte entwickeln können. Harry ist ein ganz und gar triebhafter Mann. Unter Benutzung von Freuds *Instanzen-Modell* (Freud 1923) und zu dessen Illustration kann Harry zunächst als die Verkörperung von Michels *Es* angesehen werden. Harry ist dynamisch und lustvoll. Er macht sich das Leben leicht und angenehm. Der tägliche Orgasmus ist ihm das Wichtigste. Sein kleines Ritual mit dem rohen Eigelb nach jedem Beischlaf steht dafür. Sein Dolch ist sein Penis. Harry ist aber auch selbst der Penis, denn sein Name Dick bedeutet im vulgären Englisch nichts anderes als Schwanz. Harry kann zweitens als Verkörperung von Michels unbewusstem *Über-Ich* angesehen werden. Für die Morde an den Eltern braucht Michel keine Schuld zu empfinden. Er muss sich nicht einmal Mord-Impulse eingestehen. Harry isoliert sie von Michels Bewusstsein. Nichts zwingt ihn dazu, sich Michel anzuvertrauen, um sich zu entlasten. Keine Zweifel plagen ihn. Er hat kein schlechtes Gewissen.

Michel hat jedoch ein schlechtes Gewissen, weil er es seinen Eltern und Claire nicht gleichzeitig recht machen kann. Er hat noch keine Ahnung von seinen »Täter«-Anteilen, verhält sich aggressiv-gehemmt und entscheidungsschwach. Harry zeigt sich dagegen entscheidungsfreudig. Für jedes Problem gibt es eine Lösung! Warum soll man sich mit einem alten Auto herumplagen, wenn man ein neues kaufen kann? Harry ist ein »ganzer Mann«. Gesagt – getan, was stört – muss weg, sind seine Devisen. Er handelt für Michel. Handeln ist eine der Hauptaufgaben des *Ichs*. Harry meint es gut mit Michel und befreit ihn aus dem Dilemma zwischen seinen Eltern und Claire, in dem der sich aufgrund seiner Entscheidungs- bzw. Ich-Schwäche noch immer befindet.

Betrachten wir Harry nun wieder als ganzes Objekt, dann müssen wir uns – wie Michels Vater – fragen, was er im Schilde führt. Persönliche Entfaltung, Kreativität, Selbstverwirklichung und Freiheit scheinen für ihn das Wichtigste im Leben zu sein. Aber Harry hat offenbar kein Talent. Michel schätzt dagegen seine literarische Begabung als gering ein. Es ist wie im Märchen. Rumpelstilzchen kann zwar alles Mögliche hervorzaubern, es kann aber kein Kind bekommen, nicht wirklich produktiv werden. Die Müllerstochter kann Kinder bekommen, eine Fähigkeit, die sie gering schätzt, sie kann aber kein Stroh zu Gold spinnen. Sie verspricht, ein Kind wegzugeben, damit sie und ihr Vater nicht sterben müssen. Rumpelstilzchen möchte unbedingt ein Kind haben, sich damit über die Beschränkungen der Natur hinwegsetzen und als Mann quasi schwanger werden. Harry will ebenfalls von Michels Potenz, Texte »gebären« zu können, profitieren. Er will Michels Begabung um jeden Preis wieder beleben, bietet sich als Mäzen an und betrachtet Michel unbewusst als seine Schöpfung. Er will sich in der Verwirklichung eines anderen bestätigen. Wenn man sich bzw. eigene nicht gelebte Möglichkeiten in einem andern verwirklichen will, bezeichnen Analytiker das als eine Delegation. Kinder, die unbewusste Lebensträume ihrer Eltern verwirklichen sollen, werden auf diese Weise von ihren Eltern narzisstisch missbraucht und bilden wie Michel ein *falsches Selbst* (Winnicott 1965) heraus. Aber auch ein Therapeut, der sich einbildet, seinem Patienten wieder Lebendigkeit einhauchen zu können, begibt sich bereits in die Gefahr, ihn narzisstisch zu missbrauchen und sich zu einem Gott zu erheben.

Harry als »Therapeut«

Harrys Tendenz, sich um Michel zu kümmern, nennen wir eine altruistischen Abtretung (Anna Freud 1934). Dieser Abwehrmechanismus kommt häufig bei depressiven Persönlichkeiten vor, die gern Helferberufe wählen (König 1992, S. 28). Im Film hat eher Michel eine depressive Persönlichkeit. Harry besitzt dagegen eine überwiegend hysterische Struktur. Beide Männer verhalten sich zueinander wie Positiv und Negativ. Harry kann als ein übertrieben agierender Analytiker aufgefasst werden, wozu seine hysterischen Strukturanteile gut passen. Er nimmt nicht nur Michels unbewusste Wünsche auf, sondern sorgt für deren Befriedigung. Er setzt Impulse in Handlung, nicht in Einsicht um, das meinen wir mit dem Begriff *Agieren*. Aber Harry ist auch ein Zauberer, der Michels Persönlichkeit und Lebenslust wieder entfaltet – und sich dabei übernimmt.

Der Unterschied zwischen einer realen Therapie und diesem Film besteht in der Wahl der therapeutischen Mittel. Harry verschenkt ein Auto, bietet Geld an, räumt Michels Eltern und den Bruder aus dem Weg, er will sogar Claire und die Kinder töten. Er zeigt nicht nur ein Interesse daran, seinen »Patienten« zu verstehen, sondern leistet einen großen und nicht selbstlosen Einsatz. Die »Kur« endet allerdings auch mit dem Tod des »Therapeuten«. Dieser Tod ist (wie die übrigen Todesfälle im Film) vor allem symbolisch zu verstehen. Der Tod des Therapeuten bedeutet das Ende der Behandlung und er symbolisiert wie der Tod des Rumpelstilzchens am Ende des Märchens das Ende kindlicher Abhängigkeiten. Wir Zuschauer sahen die Tötung von Michels Eltern sicher mit einer gewissen Befriedigung, beim Tod seines Bruders fragten wir uns vielleicht, ob das wirklich nötig war, und Prunes Tod haben die meisten von uns wohl schon bedauert. Der Regisseur hat für unsere infantilen Wünsche überzeugende Bilder gefunden und uns zu seinen Komplizen gemacht. Die »psychische Tötung« der Eltern zu vollziehen, gehört zur Adoleszenz. Hans Loewald schrieb dazu: »In einem bedeutungsvollen Sinn töten wir unsere Eltern, indem wir unsere Selbständigkeit, unser Überich entfalten und nichtinzestuöse Objektbeziehungen aufnehmen. Wir usurpieren ihre Macht, ihre Kompetenz, ihre Verantwortung für uns, und als libidinöse Objekte verleugnen und verstoßen wir sie« (Loewald 1980, S. 383 f., zit. n. Haas 2002, S. 114). Nichts anderes ist mit der vollständigen Auflösung des Ödipuskomplexes gemeint. Schon August Aichhorn erklärte, dass es zur Verwahrlosung oder zur Neurose kommen muss, wenn »sich in der Pubertät die Zärtlichkeit zur Familie nicht lockert« (Aichhorn 1925, S. 46). Aber auch die Ermäßigung juveniler Größenphantasien ist eine schwierige Aufgabe für die Heranwachsenden, besonders für so genannte Narzissten. Neben Minderwertigkeitsgefühlen sind Größenphantasien bekanntlich das Kennzeichen der narzisstischen Störung. Nach Mario Erdheim (1999) kann die Ermäßigung von Größenphantasien nur durch Arbeit gelingen. Was aber ist eine solche sinnvolle Arbeit? Diese Frage bleibt bis ins hohe Alter aktuell. Im Film fängt Michel wieder an zu schreiben. Er knüpft damit an seine Pubertät an, die auch eine Zeit des kreativen Ausprobierens war. Das Schreiben hilft ihm dabei, sich besser von Claire abzugrenzen und sein Ich zu stärken. Er wird nach getaner Arbeit zufriedener mit sich und dadurch begehrenswerter für Claire, was sie wiederum attraktiver für ihn werden lässt. Deshalb ist das Schlussbild des Films nicht bloß eine Werbung für klimatisierte Autos, sondern es ist ein gelungener Ausdruck für eine im Auto, sprich im Selbst und in der Familie, wieder wohltemperierte Beziehung.

Literatur

Aichhorn, August (1925): Verwahrloste Jugend. Bern, Stuttgart (Huber) 1974.

Altmeyer, Martin (2000): Narzissmus, Intersubjektivität und Anerkennung. Psyche 54, S. 143–171.

Erdheim, Mario (1999): Beschleunigter Kulturwandel und psychische Störung. (unveröff. Vortrag) 2. Psychotherapie-Weltkongress Wien.

Freud, Anna (1934): Das Ich und die Abwehrmechanismen. München (Kindler) 1964.
Freud, Sigmund (1909): Analyse der Phobie eines fünfjährigen Knaben (Der kleine Hans). GW VII, S. 243–377.
Freud, Sigmund (1923): Das Ich und das Es. GW Bd XIII, S. 237–289.
Haas, Eberhard Th. (2002): … Und Freud hat doch Recht. Die Entstehung der Kultur durch Transformation der Gewalt. Gießen (Psychosozial-Verlag).
König, Karl (1992): Kleine psychoanalytische Charakterkunde. Göttingen (Vandenhoeck & Ruprecht) 1997.
Körner, Jürgen (1998): Einfühlung: Über Empathie. Forum Psychoanal 14, S. 1–17.
Kohut, Heinz (1971): Narzissmus. Frankfurt am Main (Suhrkamp) 1988.
Loewald, Hans W. (1980): Das Dahinschwinden des Ödipuskomplexes. In: ders., Psychoanalyse. Aufsätze aus den Jahren 1951–1979. München (Klett-Cotta) 1986, S. 377–400.
Winnicott, Donald W. (1965): Reifungsprozesse und fördernde Umwelt. Gießen (Psychosozial-Verlag) 2002.

Infantile Sexualität in *Alien* von Ridley Scott

Christine Gerstenfeld

Über den Film

Der erste *Alien*-Film von 1979 war ein außerordentlich erfolgreicher Film, der die Ikonographie der Science Fiction- und der Horror-Filme nachhaltig geprägt hat. Für die Figur des Alien bekam der Film einen Oscar und die Filmmusik wurde mit dem *British Academy Award* ausgezeichnet. Obwohl er so alt ist, ist der Film zeitlos geblieben und man hat nicht das Gefühl, eine veraltete filmische Sprache zu sehen. Der Film war darüber hinaus – bis heute – Gegenstand sehr vieler Publikationen aus psychoanalytischer, gesellschaftskritischer, feministischer, filmtheoretischer und auch literaturwissenschaftlicher Richtung.

Der Erfolg von *Alien* wird der glücklichen Zusammenarbeit mehrerer Personen zugerechnet (im Folgenden werden die Angaben über die Filmemacher aus den Interviews in der DVD *Alien Legacy* zitiert.) Dan O'Bannon (geb. 1946), Amerikaner aus St. Louis, schrieb das Drehbuch. Als Filmstudent hatte er ein Drehbuch für eine Komödie geschrieben mit dem Titel *Dark Star*. Dieser Studentenfilm wurde von seinem Freund John Carpenter gedreht, der später ebenfalls für seine Horrorfilme bekannt werden sollte. Die Komödie fiel allerdings beim Publikum durch, niemand lachte. Nach dieser Pleite war O'Bannon arbeitslos und depressiv. Er musste seine Wohnung aufgeben. Sein Kollege Ronald Shusett nahm ihn bei sich auf, und nach einer Woche Schlaf auf dessen Couch raffte sich O'Bannon auf und schrieb – keine Komödie mehr – sondern das *Alien*-Drehbuch. Shusett half ihm auch als Co-Autor beim zweiten Teil des Films.

Die zutiefst furchterregende Figur des Aliens existierte bereits vorher im Werk des Schweizer Künstlers H. R. Giger (geb. 1940). Schon in seiner Kindheit war er fasziniert von Knochen, Waffen und Tod. Während seines Studiums der Architektur und Industriedesigns in Zürich stieß er auf die Traumdeutung Freuds und begann seine Träume aufzuschreiben und zu malen (Giger 1997). Seine Bilder sind sehr verstörend, düster, voller sadomasochistischer Gewalt. Aus der künstlerischen Bearbeitung eines besonders verstörenden Alptraums entstand ein Wesen, das er *Necronomicon* nannte. Dieses lag dem Alien des Films zugrunde. Das Alien kommt also direkt aus dem Unbewussten, aus Gigers, oder aus unserem. Für den Film entwarf Giger alle Landschaften auf dem fremden Planeten und das fremde Raumschiff, in dessen Innern er seine Vision einer »biomechanoiden« Welt, wie er das nennt, auferstehen ließ.

Der englische Regisseur Ridley Scott (geb. 1937) hat durch sein visionäres Talent dafür gesorgt, dass die psychologisch so beunruhigenden Kreationen des Drehbuchschreibers und des Künstlers so genau wie möglich realisiert wurden. Er hat übrigens mit *Blade Runner* einen weiteren hervorragenden Science Fiction-Film und mit *Thelma und Louise* und *GI Jane* zwei sehr gute feministische Filme gemacht (einen Oscar bekam er aber erst für *Gladiator.*) Als man ihm das *Alien*-Drehbuch zu lesen gab, hörte man ihn nur »Oh mein Gott!« rufen, aber einige Stunden später saß er im Flugzeug nach Hollywood und nahm das Angebot an, den Film zu drehen. Es war sein zweiter Film. Der erste war die Verfilmung eines Romans von Joseph Conrad. Und von Conrad stammt auch der Name des irdischen Raumfrachters in *Alien: Nostromo* ist der Titel des Romans von Conrad, der die krude, menschenverachtende Ausbeutung in einer südamerikanischen Silbermine behandelt (Billy 1989). Auch in *Alien* ist die *Nostromo* ein Schiff, das Erz transportiert, aber jetzt wird nicht nur die Erde, sondern der Weltraum ausgebeutet. Wie bei Conrad ist auch hier die kapitalistische Profitgier der Ursprung des Bösen, die *Company*, für welche die Waffentechnik Vorrang über alle anderen Erwägungen hat und für die lebendige Wesen – die Besatzung, auch das Alien – nichts weiter sind als ausbeutbare Ressourcen. Mit dieser Dimension des Films haben sich übrigens vor allem amerikanische Kulturwissenschaftler befasst (Rushing 1989), die eine Verlagerung der *Frontier*-Mentalität der amerikanischen Siedler auf den Weltraum sahen, also jener Mentalität die einen Landstrich schnell ausbeutet, verschlissen zurücklässt und weiterzieht in noch unberührte Gegenden. Auch den Rassismus dieser amerikanischen Kolonisatoren sahen einige in der Figur des Alien kondensiert (Elkins 1980, S. 287). In diesem Zusammenhang sei daran erinnert, dass das Wort *alien* im Englischen nicht nur das »Absolut Fremde« bezeichnet, sondern auch einen Immigranten: er heißt *legal alien*.

Ridley Scott sagte mit einiger Emphase: »Es gab nichts in meinem Leben, worüber ich so sicher war«, als dass Gigers Alien das perfekte Monster war. Der mit großem zeichnerischen Talent gesegnete Scott malte zuerst jede Einstellung des Films, so wie er sie sich vorstellte. Er wollte, dass man in jeder Einstellung alle Wände sieht, damit eine klaustrophobische Atmosphäre erzeugt wird. Das Innere der *Nostromo* sollte aztekisch aussehen, vielleicht um damit Assoziationen an eine grausame, Menschenopfern huldigende Kultur zu erwecken. Gleichzeitig sollte alles heruntergekommen und dreckig aussehen. Er wollte, dass die *Nostromo* unterschwellig Assoziationen an Raffinerie, Flugzeugträger, Kathedrale und gotisches Schloss hervorruft, was ihm sehr gut gelungen ist.

Ungewöhnlich an diesem Film und für die damalige Zeit absolut unüblich ist die Besetzung der Helden-Hauptrolle mit einer Frau (Sigourney Weaver als *Ripley*). Bereits im Drehbuch wurde empfohlen, mindestens zwei Rollen mit Frauen zu besetzen, um ein breiteres Publikum anzusprechen. Die Idee, die Hauptrolle mit einer Frau zu besetzen, kam aber vom Produzenten des Films. Einige Filmkritiker meinen, diese Entscheidung sei auf den Einfluss der damals gerade beginnenden Slasher-Filme zurückzuführen. In den Slasher-Filmen werden Frauen von einem mutterfixierten psychopathischen Killer in Frauenkleidern niedergemetzelt, aber zum Schluss siegt eine meist jungfräuliche, moralisch überlegene Frau, das so genannte *final girl*, über den Killer. Man erkennt unschwer die Ikonographie des ersten Slasher-Films überhaupt, Hitchcocks *Psycho* – in dessen direkter Nachfolge der amerikanische Psychoanalytiker Harvey Greenberg *Alien* platziert (Greenberg 1983). Obwohl der Grund für die Besetzung möglicherweise gerade einem exquisit frauenfeindlichen Genre entstammt, war *Ripley* die erste Frau im Film, die kompetent und glaubwürdig männliche Technologie meisterte und tötete – dies wird, vor allem von Frauen, als cineastischer und kultureller Meilenstein gewertet (Hirschman 1993).

Alien ist also eine Vermischung mehrerer Filmgenres: Science-Fiction in seinem ersten Teil, Horror-Film im zweiten Teil, darüber hinaus Slasher-Film, und auch gleichzeitig ein Haunted House-Genre. Versucht man den Film einer klassischen Horrortypologie des »Bösen« zuzuordnen (Wäschle 1994), bemerkt man seine Komplexität: Das Alien stellt zunächst eine externe, mensch-unabhängige Angstquelle dar. Der Horror des Films entsteht aber gerade aus der Erkenntnis, dass die extern konstruierte Quelle des Bösen eine »innere« und zutiefst menschliche ist: Gier und Rivalität der *Company* und der Besatzung erweisen sich als eigentlicher Ursprung des Bösen.

Die Urszene in der psychoanalytischen Horrorfilmtheorie

Der Filmkritiker Noël Carroll schrieb, dass die Psychoanalyse die *lingua franca* des Horror-Films sei und das privilegierte Instrument, um das Genre zu analysieren (Carroll 1981). Tatsächlich hat die psychoanalytische Analyse des Horror-Films in den vergangenen zwei Jahrzehnten einen solche Dominanz über die übrigen Film-Theorien erhalten, dass im Jahre 2004 ein Buch über *Metatheorien* zur psychoanalytischen Interpretation des Horror-Films erschien mit dem schönen Titel »Freuds schlimmster Alptraum.« (Schneider 2004). Der Titel verweist auf einige der frühesten Filmtheorien, die aufgrund der Nähe filmischer Mechanismen zum Primärprozess und die psychische Regression des Zuschauers den Kinofilm als kollektiven Traum interpretieren (den Horrorfilm eben als Albtraum und Hollywood als *Traumfabrik*.) Mittlerweile gibt es eine intensive Debatte und auch Widerstand gegen die Dominanz der Psychoanalyse in der Filmtheorie und der oben zitierte Noël Carroll gehört heute zu jenen Filmkritikern, die sich davon distanzieren. Aus der Fülle der sehr innovativen psychoanalytischen Horrortheorien werde ich mich auf die Perspektive beschränken, die das Phänomen »Horror« in Verbindung bringt mit infantiler Sexualität, mit der Urszene und dem mütterlichen Körper.

»Dieser Ort ist mir unheimlich«, sagt der schwarze Arbeiter im Film. Freud hat 1919 eine Arbeit über das Phänomen des Unheimlichen geschrieben. Im 19. Jahrhundert waren die psychischen Konflikte, die heute im Horror-Film ausgedrückt werden, in der damaligen phantastischen Literatur ansässig. Füsslis »Nachtmahr« hing in Freuds Arbeitszimmer. Für Freud hat das Unheimliche mehrere Quellen: Er unterscheidet zwischen der Angst vor Dunkelheit und Alleinsein, die er auf den Rest einer Ur-Trennungsangst zurückführt, und tatsächlich ist es ein häufiger Kunstgriff des Horrors, den Helden allein in einen dunklen Raum zu lassen, der das Auftauchen eines bösen Wesens ankündigt (so auch in *Alien* als der Arbeiter alleine die Katze sucht.)

Daneben aber betont Freud, und diese Perspektive ist seine innovativste, dass vor allem die plötzliche Aufhebung der Verdrängung infantiler Konflikte uns ängstigt. Das Unheimliche, schreibt er, ist »das ehemals heimische, Altvertraute. Die Vorsilbe un- an diesem Worte ist aber die Marke der Verdrängung« (Freud 1919). Bei den verdrängten infantilen Konflikten beschreibt Freud den Kastrationskomplex (dargestellt z.B. in abgetrennten, blutigen Gliedmaßen oder abgeschlagenen Köpfen) und die »Mutterleibsphantasie«. Es sei die ursprünglich lustvolle Phantasie, in den Mutterleib zurückzukehren, die aufgrund des Inzesttabus verdrängt werde und sich dadurch in eine ambivalent besetzte, sowohl anziehende als auch beängstigende Vorstellung verwandle. Entsprechend der symbolischen Gleichsetzung von Gebärmutter und Grab, also den engen Räumen, aus denen wir kommen und in die wir gelangen werden, entdeckt Freud die Mutterleibsphantasie in der Angst, lebendig begraben zu werden. (Aus diesem ersten *Alien*-Film wurde übrigens eine Szene herausgeschnitten, in welcher die verschwundenen Besatzungsmitglieder vom Alien in einer Art Harz lebendig eingemauert sind.) Freud betont, dass gerade das weibliche Genitale für Männer unheimlich sei, weil es den Eingang in den Mutterkörper symbolisiere.

Freud hat auch auf die kindliche Sexualneugier hingewiesen, die zu den bekannten Phänomenen der kindlichen »Urszenenphantasien« führen, also zu kindlichen Vorstellungen darüber, was denn des Nachts im elterlichen Schlafzimmer eigentlich passiert. Die Obsession des Kindes mit der elterlichen Sexualität, von der es ausgeschlossen ist, erzeugt in ihm entsprechend seiner kognitiven Unreife und seiner psychosexuellen Entwicklungsstufe abstruse, aber spezifische Vorstellungen der elterlichen Sexualität. Die jeweilige Triebstufe des Kindes oder seine dazugehörige Beziehungsphantasie färbt seine Vorstellungen von der Urszene als eine orale, pflegerische, exkrementelle oder sadistische Szene. Die früheste ist z.B. – sowohl nach freudianischer als auch nach kleinianischer Ansicht – die Schwängerung durch den Mund, die so genannte »orale Zeugung«. Freud wies auf Ähnlichkeiten zwischen diesen Phantasien und den Schöpfungsmythen der frühen Menschheit hin.

Außerdem geht es in infantilen Urszenenphantasien oft um Sex zwischen ungleichen Wesen, ein zentrales Thema auch von Schöpfungsmythen und Horror-Filmen – aus psychoanalytischer Sicht fällt es schwer, darin nicht die beiden Arten ungleicher Wesen zu erkennen, die das Kind zuerst wahrnimmt: Kinder und Erwachsene. Dabei ist es wichtig, sich zu vergegenwärtigen, dass Kinder sich alternierend mit beiden phantasierten oder beobachteten Protagonisten der Urszene identifizieren können (wie Freud in der Analyse des Wolfsmanns vermutet) oder sie als ein vereintes Wesen erleben können (wie die kleinianische Psychoanalyse vermutet). Diese wechselnden Identifizierungen werden als Ursache für die vielen »Hybridphantasien« in Mythologie und Horrorfilm diskutiert (Bick 1988).

Die psychische Regression des Zuschauers

Auch die Filmtheorie, die sich mit den psychischen Vorgängen beim Zuschauer befasst, hat der Psychoanalyse viele Konzepte entlehnt – leider muss an dieser Stelle eine Darstellung der psychoanalytisch inspirierten Filmtheorie aus Platzgründen ausfallen. Einer der filmtheoretischen Ansätze geht davon aus, dass im Zuschauer durch das »Setting«

des Kinos frühkindliche Erlebnisstrukturen reaktiviert werden: Im Kino sitzen wir in einem dunklen Raum, versinken im Sessel und verlieren unser Bewusstsein; wir werden wie in der Kindheit an einer sich bewegenden Welt vorbei getragen, die wir fasziniert anstaunen. Wir sehen auf der Leinwand Gesichter so groß und so nah, wie wir die Eltern in der Kindheit sahen. Wir schauen großen Menschen und ihrer Beziehung zu und das aktiviert auch in uns als Zuschauer die alte kindliche Neugier darauf, vielleicht einen Blick auf die Urszene, in den mütterlichen Körper werfen zu können. Insbesondere Jean-Louis Baudry hat als Filmtheoretiker die regressive Funktion des Kinos als Befriedigung des Wunsches nach der Rückkehr in den Mutterleib beschrieben. Das Kino ist für ihn ein »Apparat«, eine »Wunschmaschine«, die im Zuschauer psychische Zustände erzeugt, die einem Traum oder einem frühkindlichen psychischen Zustand der Ungetrenntheit mit der Mutter entsprechen (Brauerhoch 1996).

Dieser Ansatz erlaubt uns, im Falle des Horror-Films die besondere Motivation, aber auch Vulnerabilität des Zuschauers nachzufühlen. Wenn die Motivation zum Kinobesuch das Wiedererleben verdrängter frühkindlicher Phantasien in einem psychisch regredierten Zustand ist, dann entsteht das Grauen im Horror-Film durch die Konfrontation mit mehr oder minder unsublimierten, direkten Darstellungen dieser Phantasien.

Die einzelnen Filmszenen

Alien beginnt mit einer Erweckung aus dem Schlaf – wohl die häufigste Art, bei der kleine Kinder die Urszene sehen oder hören. Zugleich ist dieser Beginn die erste symbolische Darstellung einer »Mutterleibsphantasie«, der Erkundung eines mütterlichen Körpers. Die Kamera, die unsere Ich-Perspektive trägt, erkundet schwebend die Gänge des Raumfrachters, das schlafende Kinder trägt. Auf einem Tisch sehen wir das Spielzeug eines trinkenden Vogels, was gleich auf eine orale Ebene verweist, die uns noch begegnen wird. Die Kamera kommt zu einem Gebärmutter-ähnlichen Raum, in dem die Kinder wie Früchte einer Pflanze in Kokons herumgruppiert sind. Davor wehen weiße Kittel im

Wind wie vor einem Kreißsaal. Wie im Kreißsaal wird es gleißend hell, und wir dürfen einer Geburtsszene zuschauen, die steril und sauber ist, ohne Blut und Schmerz. Alle Kinder liegen in einem Raum, Geschlechtsunterschiede sind abwesend, ihre Unterwäsche sieht aus wie Windeln. Es gibt hier, wie auch im ganzen Film keinen Vater, sondern nur die allgegenwärtige *MOTHER*, der Mutter-Computer, der sie geräuschlos am Leben erhalten hat.

Ab hier konfrontiert uns *Alien* alternierend sowohl mit »Mutterleibsphantasien« als auch mit »Urszenenphantasien«, während es uns in einer frühkindlichen Atmosphäre festhält, die der »paranoiden Position« Melanie Kleins entspricht (Klein 1985). Kaum geboren, zündet sich Kane eine Zigarette an, erneut auf die gierige Oralität verweisend, die auch in den folgenden Gesprächen deutlich wird, als die Besatzung sich um Geld streitet. Der Film entfaltet in prägnanten Gesprächen und kurzen Sequenzen das allgegenwärtige Misstrauen der Besatzung: Sie gehen kalt miteinander um, nennen sich nur beim Nachnamen. »Ich traue niemandem«, sagt der Kapitän. Als Kane stirbt, wird er ohne einen Affekt der Trauer in den Weltraum katapultiert, als ob man eine Spülung zieht und der Kapitän fragt lakonisch: »Will einer was sagen?« Im Film sehen wir auch eine Visualisierung der psychischen Mechanismen, mit denen das Kind aus kleinianischer Sicht damit fertig wird: Spaltung, Projektion der Aggression in die Außenwelt, Kampf gegen den Verfolger, Ausstoßung. »Kein Science-Fiction oder Horror-Film hat die ganze Bandbreite kleinianischer Ängste so gründlich evoziert wie *Alien*«, sagt der amerikanische Psychoanalytiker Gabbard und nennt den Film »Melanie Kleins Nachtmusik«, in ironischer Anlehnung an das Zitat von Mozarts *Kleiner Nachtmusik* im Film, als der Kapitän Musik hört (Gabbard 1987). Auch der amerikanische Psychoanalytiker Donald Carveth schreibt über *Alien*, dass der Film so gut zur kleinianischen Bildwelt passt, dass man ihn fast als »fiktive Fallstudie« verstehen könnte (Carveth 1999).

Auf dem fremden Planeten wird eine zweite Erkundung eines Mutterkörpers gezeigt, diesmal wesentlich unsublimierter, tiefer, die Verdrängung noch stärker aufhebend. Durch eine sehr deutlich vaginale Öffnung zwischen zwei gespreizten Beinen gehen die Helden hinein in eine andere, viel echtere Gebärmutter: Hier ist alles dunkel und warm, organisch, die Gänge erinnern an Gedärme, die Wände sind wie Rippen. Im Film sagt Ash über die Atmosphäre des Planeten, sie sei »*almost primordial*«, »fast wie in der Urzeit.« Wir sehen die Gebärmuter nicht nur, wir hören die Atemgeräusche der Astronauten wie ein Kind die Atemgeräusche im Mutterkörper hört. Der Analytiker Roger Dadoun schrieb 1972, also vor der Entstehung dieses Films: »Die Imago des archaischen Mutterkörpers stützt die Entwicklungen des Horror-Films und schwängert seine Atmosphäre« (S. 354). Tatsächlich macht Gigers »biomechanische« Vision diesen Ort zum Bauch der mythischen Urmutter, der präödipalen Mutter (Creed 1990). Als Freud ihre »unheimliche« Bedeutung für die Psyche erahnte, schrieb er, das sei so überraschend wie die Entdeckung der minoisch-mykenischen Kultur hinter der griechischen. Mit dem Verweis auf die minoische Kultur können wir nun die Prähistorie der Menschheit mit der Filmdarstellung verbinden, nicht nur, weil das Raumschiff ähnlich verwinkelt ist wie das minoische Labyrinth, in dem der Minotaurus Menschen verspeiste, sondern weil auch der Minotaurus, wie das Alien, aus einer »Urszenenphantasie« stammte – der minoischen Königin Pasiphae und einem Stier.

Melanie Klein hat die infantile eifersüchtige oder neidische Phantasie postuliert, ins Innere des Mutterkörpers einzudringen und die dort liegenden Babies zu rauben oder zu zerstören. In der nun folgenden Filmszene werden diese Eier gezeigt, die »ungeborenen Babys«, und Kane greift danach. Ich möchte an dieser Stelle etwas über »filmische Eier« sagen: in den allerersten Filmen von Georges Mélies von 1902 gibt es solche wie »Das fruchtbare magische Ei« oder »Die wunderbare Eierproduktion«. Sie zeigen, wie verschiedene Dinge aus einem Ei herausbrechen (Brauerhoch 1996). Die ersten filmisch dargestellten Objekte stammen also ebenfalls aus dem Bereich der Urszene. Es ist faszinierend, dass 1902 das Publikum zu einem Film hinströmte, der ein magisches Ei zeigt, und *Alien* uns 70 Jahre später wieder in ein magisches Ei hereinschauen lässt.

Weiter im Film werden wir nun Zeuge einer Urszene: Kane, der Neugierigste des Teams, wird durch eine orale Vergewaltigung geschwängert. Ein fremdes Wesen schiebt einen penisförmigen Fortsatz durch seinen Mund in seinen Körper. Sexualität wird gezeigt, aber sie ist verzerrt und findet zwischen fremden Arten statt. Der Schock, den wir erleiden, kommt dadurch, dass eine ehemals von uns geglaubte Urszenenphantasie als real gezeigt wird, also die Arbeit der Verdrängung aufgehoben wird. Beachtenswert ist, dass der Horror auch daher kommt, dass hier das Gesicht eines Mannes, Symbol der Subjektivität und Individualität, als penetrierbares Ding gezeigt wird. Normalerweise wird dies nur dem weiblichen Gesicht in der Pornographie zuteil.

Die Psychoanalytikerin Ilsa Bick machte auf die Bedeutung von Membranen im Film aufmerksam: Kane zerstört eine Membran, bevor er das Ei berührt; das Ei zerstört den Glasschutz in seinem Helm, bevor es ihn imprägniert. Für Bick symbolisiert diese Membran oder Glaswand auf subtile Weise die Inzest-Grenze und auch die dünne Haut, die das Ich vom Objekt trennt.

Für Gabbard symbolisiert das Wesen, das sich über Kanes Gesicht stülpt und nicht zu entfernen ist, weil es Kane gleichzeitig am Leben hält, die kleinianische »böse Brust«. Nach Melanie Klein erlebt der abhängige und hilflose Säugling die Mutter als abwechselnd gut und böse, je nach dem Ausmaß, in dem sie seine Bedürfnisse befriedigt und er projiziert seine eigene Wut und Aggression in sie.

Der filmische Höhepunkt in *Alien* ist die auf die Schwängerung folgende Entbindungsszene eines Mannes. Die Besatzung isst ein gemeinsames Mahl, es wird viel gelacht, in Abwehr des erlebten Grauens. Bevor er gebiert, kriegt er Heißhunger und ihm ist übel, wie bei einer Schwangerschaft. Auch diese kindliche Wunschphantasie einer männlichen Geburt findet Entsprechungen in den Mythen der Menschheit, z.B. die schmerzhafte Geburt Athenes aus dem Kopf des Zeus'. Infolge individueller und kultureller Verdrängung und Abwehr verwandelt sich diese Phantasie in der männlichen Individuation in eine Horrorphantasie von Kastration, Entmachtung und Vernichtung. Der Horror kommt daher, dass die Unverletzlichkeit des männlichen Körpers aufgehoben wird. Er, der Kolonisator, wird seinerseits gewaltsam kolonisiert, zur Frau gemacht. Das tödliche Baby-Alien sieht denn auch aus wie ein Penis mit Zähnen. Im weiteren Verlauf des Films wird er einmal »Kanes Sohn« genannt. Bei den Interviews der Filmemacher fällt auf, wie sie lachend das Grauen abwehren müssen, dass alle beim Drehen der Szene erfasste. Der Kameramann musste erbrechen, und man fragte sich: »Was haben wir angerichtet?«

Die nächsten Horrorszenen wurden von einem Filmkritiker beschrieben als »kalte, brillante kinematographische Vergewaltigung«. Sie zeigen, wie der Babyphallus zum ausgewachsenen Mann wird. Die einzige Frau, die er angreift, greift er anders an als die Männer, sexueller: er schlingt seinen Schwanz um ihr Bein, während man ihr angstverzerrtes Gesicht sieht. Die Besatzung ist gefangen zwischen dem zerstörerischen Phallus und der hinterhältig bösen Mutter, die sie mit einer sanften weiblichen Stimme verrät. Die frühkindliche Hölle wird mit dem Verrat der Mutter komplett, denn nun ist kein gutes Objekt mehr vorhanden. Das Alien symbolisiert hier immer mehr den von der Mutter bevorzugten geschwisterlichen Rivalen, Mutters Lieblingssohn, dem sie alle anderen Kinder zu opfern bereit ist, wie Ripley in der dramatischen Szene vom Mutter-Computer erfährt: »Die Besatzung ist entbehrlich.« Als neuer Kapitän sagt Ripley stolz: »Ich habe jetzt Zugang zu Mutter«. Sie muss aber die Erfahrung vieler Mädchen machen, dass sie in diesem Augenblick von ihr abgelehnt wird und der Sohn vorgezogen wird (Ambrogio 1986).

Unterdessen sehen wir erneut eine orale Urszene zwischen zwei Arten, einem Roboter und einer Frau. Ash wird als entfesselte phallische Destruktivität gezeigt, als Bruder des Aliens. Der Roboter agiert in dieser Szene auch männliche Ressentiments gegen überlegene Frauen aus. Nun versucht er, sie vor einer Wand mit pornographischen Bildern (die zeigt, dass Ridley Scott hier eine feministische Interpretation bewusst nahe legte), mit einem zusammengerollten Pornomagazin in einer Fellatioszene zu ersticken. Die pornographischen Bilder auf der Wand werden auch in der Sequenz gezeigt, als die Besatzung erfährt, dass ihr Leben entbehrlich ist und zeigen noch einmal, woher ein guter Teil des filmischen Horrors kommt: hier werden alle als Gebrauchsobjekte behandelt, nicht nur die Frau.

Schließlich werden wir Zeuge einer zweiten Geburtsszene, die nach *Alien* für Science Fiction-Ikonographie einen fast kanonischen Charakter bekommen hat: Aus dem großen explodierenden mütterlichen Körper kommt, meist durch einen Kanal an der Unterseite, ein kleines Fahrzeug heraus, in dem der Held sitzt (Dervin 1990). Diese Geburt symbolisiert eine Individuationsphantasie, die nur durch den Tod der Mutter erfolgen kann – wie sich ja auch übrigens die Sphinx nach Ödipus erfolgreicher

Rätsellösung selbst tötete. Der Name des kleinen Fluchtraumschiffs spiegelt das wieder: es heißt *Narzissus.*

Nach der Individuation und dem Tod der Mutter sind wir nun reif für die direkte Darstellung der Geschlechterdifferenz. Die individuierte Heldin schreitet in Unterwäsche zum *Showdown* zwischen den Geschlechtern. Das Alien und der Roboter dienen im Film auch als Identifikationsfiguren für männliche Gewaltphantasien gegen Frauen, während Ripley auch als Identifikationsfigur für weibliche Phantasien von Überlegenheit Männern gegenüber ist. Nicht mehr das Innere der Gebärmutter, sondern die Außenfläche des weiblichen Frauenkörpers in seiner Schönheit wird uns kurz vor Schluss in einer Szene gezeigt, die den Reiz einer drohenden Vergewaltigung hat. Das Alien bewegt sich jetzt ganz langsam, im Gegensatz zum übrigen Film, »er« streckt einen langen, zungenartigen oder phallischen Körperteil heraus. Als Zuschauer werden wir kurz eingeladen, uns mit dem Alien zu identifizieren. Nachdem Ripley ihn in einer Szene besiegt, die einer Sturzgeburt im Wasser gleicht, legt sie sich in ihrer Kapsel zusammen mit ihrer Katze schlafen. Die Struktur des Films, die einem tatsächlich möglichen kindlichen Erlebnis gleicht, schließt sich: Die Filmfiguren (und unser infantiles Ich) wurden aus dem Schlaf erweckt, erlebten eine traumatische Urszene und schlafen wieder ein.

Literatur

Alien Legacy Box (1999): Jubiläumsedition –20 Jahre *Alien*. Twentieth Century Fox.

Ambrogio, Anthony (1986): *Alien* – In space, no one can hear your primal scream. In: Palumbo, Donald (Hg.): Eros in the mind's eye. New York (Greenwood Press), S. 169–179.

Bick, Ilsa J. (1988): Alien within, Aliens without: The primal scene and the return to the repressed. American Imago 45(3), S. 337–354.

Billy, Ted (1989): A curious case of influence: Nostromo and Alien*(s)*. Conradiana 21(2), S. 147–157.

Brauerhoch, Annette (1996): Die gute und die böse Mutter. Kino zwischen Melodrama und Horror. Marburg (Schüren).

Carroll, Noël (1981): Nightmare and the horror film. The symbolic biology of phantastic beings. Film Quarterly 34 (3), S. 16–25.

Carveth, Donald; Gold, Naomi (1999): The Pre-Oedipalizing of Klein in (North) America – Ridley Scott's *Alien* reanalyzed. PsyArt 3 (Online-Journal for the Psychological Study of the Arts).

Creed, Barbara (1990): Alien and the Monstrous-Feminine. In: Kuhn, Annette (Hg.) Alien Zone. Cultural theory and contemporary science fiction cinema. London, S. 128–141.

Dadoun, Roger (1972): Der Fetischismus im Horrorfilm. In: Pontalis, J.B. (Hg.): Objekte des Fetischismus. Frankfurt am Main (Suhrkamp), S. 337–369.

Dervin, Daniel (1990): Primal conditions and conventions: the genre of science fiction. In: Kuhn, Annette (Hg.) Alien Zone. Cultural theory and contemporary science fiction cinema. London, S. 96–102.

Elkins, Charles (Hg.) (1980): Symposium on Alien. Science Fiction Studies 7(3), S. 278–304.

Freud, Sigmund (1919): Das Unheimliche. GW Bd XII, S. 227–268.

Gabbard, Krin; Gabbard, Glen O. (1987): Alien and Melanie Klein's Night Music. In: ders.: Psychiatry and the Cinema. Chicago (Univ. of Chicago Press), S. 226–240.

Giger, HR (1997): »www.HR Giger.com.« Köln (Taschen).

Greenberg, Harvey R. (1983): The fractures of desire – Psychoanalytic notes on Alien and the contemporary »cruel« horror film. Psychoanalytic Review 70(2), S. 241–267.

Hirschman, Elisabeth C. (1993): Consumer behaviour meets the Nouvelle Femme: feminist consumption at the movies. Advances in Consumer Research 20, S. 41–47.

Klein, Melanie (1927): Frühstadien des Ödipuskonfliktes. In: dies.: Frühstadien des Ödipuskomplexes. Frühe Schriften 1928-1945. Frankfurt am Main (Fischer) 1991.

Rushing, Janice H. (1989): Evolution of »the new frontier« in Alien and Aliens: patriarchal co-optation of the feminine archetype. Quarterly Journal of Speech 75 (1), S. 1–24.

Schneider, Steven Jay (2004): Horror film and psychoanalysis: Freud's worst nightmare. Cambridge University Press.

Wäschle, Ernst-Wolfgang (1994): Wege der Angst. Modifikationen im Genre Horrorfilm. Diplomarbeit, Hochschule der Künste Berlin.

David Lynchs *Lost Highway* – eine düstere Seelentopographie, die in die Abgründe des ödipalen Martyriums entführt

Kerstin Frommhold

Es sind nur scheinbar fremde, seltsame Welten, die uns David Lynch in seinen Filmen zeigt. Das Mysterium von Lynchs Filmen öffnet ähnlich dem Traum und der Psychose verführend und beunruhigend zugleich die Türen hinab unter die Oberfläche zum unheimlichen Labyrinth des unbewussten Territoriums. Oft nur einen Steinwurf weit vom Alltäglichen entfernt, öffnen sich die dunklen Abgründe der Normalität. Die beunruhigenden Bilder aus den Untiefen unserer Psyche widersetzen sich wie Traumbilder einer Verankerung in einer zusammenhängenden Filmerzählung, oft wird uns in Lynchs Filmen sekundenlang schwarz vor den Augen. Denn Lynch schenkt seinem Zuschauer nichts, will sich dieser auf seine Filme einlassen, muss er seine eigenen, oft verwirrenden und erschreckenden inneren Bilder, geheimen Wünsche, Obsessionen und nicht ausgelebten Sehnsüchte einbringen können. Mit *Lost Highway* präsentiert Lynch eine analytische Irrfahrt hinab in die unheimlichen Tiefen des unbewussten Kriegsschauplatzes, wo ein brüchiges *Ich* zwischen der moralischen Instanz des *Über-Ichs* und dem *Es* als Dampfkessel brodelnder Erregungen vermitteln will und dabei selbst zerbricht. Dabei personifiziert Lynch ähnlich wie Kafka in seinen Romanen seine inneren Repräsentanzen in den Filmfiguren. Die filmische

Reise ist jedoch nicht auf psychoanalytische Klärung von Inhalt und Kontext bedacht, sondern als deren technische Inszenierung auf einer Leinwand mit angst- und lustvollem Grausen zu bestaunen. Verbale Ausbrüche des scheinbar distanzierten Zuschauers gegen die Filme Lynchs können so auch als verzweifelte Abwehrreaktionen gegen diesen schaurigen Genuss verstanden werden. Lynch bezeichnet uns Kinozuschauer dann auch als Voyeure, weil zu beobachten ohne selbst gesehen zu werden, einfach eine tolle Sache sei. Wie nahe sind die Filme da einer psychoanalytischen Kur, wo der Analytiker als unsichtbarer Voyeur die Abgründe seiner Patienten quasi hinter der Couch besichtigen kann.

Das »Unheimliche« wie Freud es nennt, ist so unheimlich, weil es insgeheim allzu vertraut ist, deshalb muss es verdrängt werden (Freud 1919). Gerade weil Lynchs Filme eine psychoanalytische Lesart quasi auf dem Silbertablett kredenzen, hat sich Lynch Deutungen seiner Filme psychoanalytischer Art immer energisch widersetzt. Der Zauber könne dann zerstört und plötzlich alles so lächerlich simpel werden, dass man sich weg bewege von der Magie des Films und das Interesse verliere. Auch eine psychoanalytische Behandlungsstunde hat Lynch nur einmal aufgesucht, »als ich ihn dann fragte, wenn ich das hier fortsetze, könnte das meine Kreativität beeinträchtigen? und er dies bejahte, da habe ich ihm gedankt und bin gegangen, und das war dann das Ende vom Ganzen« (Rodley 2002). Lynch betont jedoch, dass es ihm Spaß macht, im Unterbewusstsein der Leute zu forschen, in diese unendliche Zone abzutauchen, die sich hinter der Fassade ihrer Gesichter befinden kann (Fischer 1997). Schon als Junge habe er sich von U-Bahn-Schächten angezogen gefühlt, in dieser Mischung aus neugieriger Sehnsucht und schauriger Angst, die wir nun im Kino spüren, wenn sich der Vorhang hebt. Komm ich heil wieder raus, komm ich überhaupt wieder raus, wenn ich hinabtauche in das Meer des Unbewussten, in die Abgründe, die Schattenseiten meiner Seele oder verirre ich mich in einem psychotischen Labyrinth wie der Protagonist in *Lost Highway*, dem es nicht mehr gelingt als ein distanzierter Beobachter vom Meeresgrund im Sinne der therapeutischen Ich-Spaltung zurück zu kehren. Wenn nun aber nichts so ist, wie es scheint, und auch niemand so ist, wie er scheint, können wir uns auch nicht entspannt in unserem Kinosessel zurücklehnen. Wir werden vielmehr hin und her gerissen, mal vor Grausen blind, dann in Fiktion hineingezogen, dann durch Ironie, Klischee, Parodie und abgedroschene Dialoge auf Abstand gehalten, durch extreme Detailaufnahmen geblendet oder durch Doppelexponierungen verwirrt. »Schon als Kind wusste ich, konnte es nur nicht beweisen, da im blauen Himmel und in den Blumen gibt es das Gute, aber auch eine andere Macht, Dunkelheit, Schmerzen, Verfall, unter der Oberfläche existiert eine andere Welt und darunter noch eine und noch eine«, schreibt Lynch über Lynch (Rodley 2002). Auf diese Reise seiner Protagonisten vom Hellen ins Dunkle müssen wir Lynch nun mutig begleiten, wenn wie unter einem schwarzen Tuch alle Einflüsse der Realität und Vernunft blockiert werden. Mögen sich die Filme auch an der Oberfläche unterscheiden, ähneln sich doch die Ordnungsmuster um so mehr, kehren die Probleme, denen sich die Protagonisten zu stellen haben, wieder (Seeßlen 1997). Zwei Leitfäden durchziehen Lynchs Filme in immer wieder neuer Gestalt: Zum einen stellen fragile Identitäten im Sinne wenig kohärenter Selbst- und Objektrepräsentanzen, die zu Derealisations- und Depersonalisationsphänomenen neigen, konstitutive Elemente in Lynchs Filmen dar. Denn immer wieder werden die Fragen gestellt: »Wer bist du?« und »Wie heißt du?« oder Hauptheldern artikulieren, wie in *Mullholland Drive*: »Ich weiß nicht, wer ich bin«. Die Schärfe der Kamera variiert oft so plötzlich, dass der Zuschauer wie ein psychotischer Patient der Funktionstüchtigkeit seiner Sinnesorgane selbst unsicher wird. Gerade in *Lost Highway* wechseln Auf- und Abblenden stark, ist oft sekundenlang nur die schwarze Leinwand zu sehen. Die Protagonisten können so nur verschwommen oder ins Nichts schauen, können sich in Spiegeln nicht wieder finden oder müssen plötzlich ins Antlitz eines Fremden blicken. Es scheint so, als ob diese »Strange World«, in die Jeffrey über das zerfressene Ohr in der idyllischen Landschaft von *Blue Velvet* eintritt, das weit ausgreifende, übergeordnete System der Metapher für ein fragiles Selbst ist, zu dem uns Lynch mit jedem seiner Filme nur eine andere Tür öffnet (Pabst 1999). Und was uns mit dem Eintreten vertrauter wird, ist nicht der jeweils auszumessende Gesichtskreis, sondern die ständig bedrohte Sicherheit. Zum anderen betreten wir in den Filmen Lynchs metaphorisch immer wieder ein Haus, in dessen labyrinthischem Dunkel Unerklärliches geschieht, so dass wir die Protagonisten bei ihren panischen

Fluchtversuchen begleiten müssen. Ein nur scheinbar sicheres Heim birgt Unheimliches, weil in seinen verworrenen Labyrinthen Beunruhigendes im scheinbar Vertrauten lauert. Das Haus als ein Ort, an dem Unheil droht, als eine Metapher für unser bedrohtes Selbst, wo die Frage unbeantwortet bleibt, ob wir denn Herr bzw. Frau in unserem Hause sind. Und dann immer wieder ein zweispuriger Highway, wo ein dicker Mittelstreifen oder auch Doppelstreifen als Metapher für das Realitätsprinzips noch trennen will zwischen Phantasie und Wirklichkeit. Doch zwischen Normalität und Wahnsinn bestehen eben aufgrund der brüchigen Identität, Selbst-Sicherheit und Ich-Hoheit der Protagonisten in den Filmen Lynchs keine wirklich verlässlichen Grenzen. Lynch wählt in seinen frühen Filmen den Weg, hinter scheinbar abschreckender, ekeliger Dunkelheit den liebenswürdigen Menschen zu suchen. Die Filme *Grandmother*, *Der Elephantenmensch* und *Eraserhead* werben dafür, dass es sich lohnen kann, sich mit dem Monster in uns vertraut zu machen, damit das Monster verschwinden und der Mensch aus dem Gefängnis der Angst vor unseren Schattenseiten zum Vorschein kommen kann. Lynch will hinter der Oberfläche von Lügen und Geheimnissen die zerbrechliche Seele entdecken und zeigen, damit ihre bedrohlichen Seiten nicht mehr in eine als vernichtend erlebte Welt projiziert werden müssen. Später versucht er dann umgekehrt hinter heiterer Bilderbuchfassade den dunklen Schatten zu entdecken, beginnend mit *Blue Velvet*, wo ein ameisenzerfressenes Ohr die Idylle zerstört, über *Twin Peaks*, wo eine grausam geschändete Leiche die Landschaft befleckt bis hin zu *Lost Highway*, wo sich der Hauptheld seine Frau brutal ermorden sieht, und *Mullholland Drive*, wo die Liebende einen Mord in Auftrag gibt. Das Crescendo des Bösen führt von einem einzelnen zerfressenen Ohr, einer Leiche schließlich zum Mörder in uns selbst. Ästhetisch manifestiert sich die unheimliche Bedrohung zunächst in der Schilderung der scheinbar friedlichen und anheimelnden Szenen, die durch das Eindringen einer nicht fassbaren Beunruhigung gestört werden (Rodley 1997). In *Lost Highway* spricht ein unbekannter Mann in die Sprechanlage des sicher geglaubten Heimes »Dick Laurant ist tot«, später zeigt ein Video die beiden Protagonisten Fred und Renee hinter nur scheinbar sicheren Türen. Psychologisch manifestiert sich das Unheimliche in der Metapher des Doppelgängers, wo die Bedrohung von dem Anderen in uns selbst wahrgenommen werden muss. »Wir kennen uns«, sagt der so genannte Mystery Man in *Lost Highway* zu Fred, »wir haben uns bei Ihnen zu Hause getroffen, ich bin übrigens auch jetzt da, in Ihrem Haus, rufen Sie mich an, Sie haben mich eingeladen, ich pflege nirgendwo hinzugehen, wo ich nicht eingeladen bin« (Lynch & Gifford 1997). Auch die Sequenzen – Prolog, Albtraum, Epilog – wiederholen sich, wobei Jeffrey in *Blue Velvet* sich im Epilog noch von seinem Albtraum erholen und wieder in der heiteren Idylle auftauchen darf, während Fred in *Lost Highway* nicht mehr in sein vertrautes Heim zurückkehren kann, sondern gejagt von den Repräsentanten seines *Über-Ichs* auf dem Lost Highway sich immer mehr in panischem Schrecken verirrt. »Bist Du neugierig oder pervers?« fragt Sandy Jeffrey in *Blue Velvet*, als er das Ohr als Eintrittskarte in eine andere Welt nutzen will. Ist es gut, lieber nicht so tief in den Keller unseres Unbewussten hinab zu steigen, dessen Türen scheinbar gut gesichert sind durch eine Vielzahl von Polizeiagenten als Repräsentanten unseres *Über-Ichs*, die die Filme Lynchs bevölkern, um das beschauliche Leben eines fragilen *Ich* nicht zu gefährden? Freud und auch Lynch entscheiden sich, die Geheimnisse in uns zu erforschen, damit unsere Schattenseiten nicht unkontrolliert über uns herrschen können. Dabei ähneln sich Freud und Lynch in der Zunahme der Resignation in ihren Werken. Schreibt Freud in seinem Aufsatz *Das Ich und das Es* (1923), dass der Intensität des unbewussten Schuldgefühls mit einer Therapie oft keine Gegenkraft von gleicher Größenordnung entgegengestellt werden kann, so lässt Lynch seine Protagonisten in seinen jüngeren Filmen nicht mehr aus ihren Albträumen erwachen. Vielmehr werden sie zu Mördern, wie in *Lost Highway* oder *Mullholland Drive*, wo sich die Protagonistin dann auch noch selbst erschießt. Und doch, so hoffen Freud in seinem Spätwerk *Das Unbehagen der Kultur* (1930) und wohl auch Lynch, darf man bei jedem solchen allgemeinen Urteil der Gefahr nicht erliegen, die Buntheit der Menschenwelt und ihres seelischen Lebens zu vergessen, scheint doch die Schicksalsfrage der Menschenart nun mal zu sein, ob und in welchem Maße es ihrer Kulturentwicklung gelingen kann, der Störung des Zusammenlebens durch den menschlichen Aggressionstrieb nach Freud oder durch unsichere Bindungs- und Objektbeziehungserfahrungen nach modernen psychoanalytischen Schulen Frau bzw. Herr zu werden. Normalerweise sollte uns nichts gesicherter sein als das Gefühl unseres Selbst, unseres eigenen *Ichs*, das uns nach Freud selbstständig, einheitlich, gegen alles andere gut abgegrenzt erscheint. Dass dieser Anschein aber Trug ist, dass das *Ich* sich vielmehr nach innen ohne scharfe Grenze in ein unbewusstes seelisches Leben fortsetzt, dass wir als *Es* bezeichnen, dem es gleichsam als Fassade dient, hat uns die psychoanalytische Forschung gelehrt. Dass das *Ich* nach Freud (1930) nach außen scharfe und klare Grenzlinien zu behaupten hat und doch auch hier eine Vielzahl von Zuständen kennt, in denen diese Abgrenzung des *Ichs* gegen die Außenwelt unsicher wird, oder die Grenzen wirklich unrichtig gezogen werden, malt uns Lynch in den metaphorischen Bildern seiner Filme aus. Das gern verleugnete Stück Wirklichkeit, dass der Mensch nicht ein sanftes, liebebedürftiges Wesen ist, sondern dass er zu seinen Triebregungen auch einen mächtigen Teil von Aggressionsregung rechnen darf, ist ein unzerstörbarer Zug der menschlichen Natur, der ihr überall hin folgen wird. Die Kultur versucht, diese gefährliche Aggressionslust des Individuums zwar zu bannen, in dem sie es schwächt, entwaffnet und durch eine Instanz in seinem Inneren, dem *Über-Ich*, wie durch die Besatzung in einer eroberten Stadt, überwachen lässt. Jetzt entfällt aber auch der Unterschied zwischen Böses tun und Böses wollen, denn vor dem *Über-Ich* kann ich auch meine heimlichen Wünsche und Phantasien nicht mehr verbergen. Zum einen peinigt das *Über-Ich* das schwache und sündige *Ich* mit der bedrohlichen Angst vor Liebesverlust. Ist das *Ich* dann noch in sich selbst wenig kohärent, kann zum andern der Bindungsverlust zum psychotischen Zerfall des *Ichs* führen. Freud zeichnet in *Totem und Tabu* (1913) diesen Weg von der phylogenetischen Entwicklungsgeschichte des Schuldgefühls als Folge der Tötung des ambivalent besetzten Urvaters durch die Brüdervereinigung zur individuellen aus dem Ödipuskomplex, wo unbewusste Tötungswünsche die Schuldgefühle speisen. Ist es also dann ganz gleichgültig, ob man den Vater umbringt oder nicht? Natürlich nicht wirklich, aber für die Entstehung des verhängnisvoll unvermeidlichen Schuldgefühls wohl doch. Denn unserem *Ich* ist es unmöglich, alles zu befolgen, was das *Über-Ich* und die Realität verlangen, als ob uns die uneingeschränkte Herrschaft über unser unbewusstes Territorium möglich sei. Das von Freud (1916) beschriebene Kuriosum, dass unbewusste Schuldgefühle das Vergehen bewirken, damit sie wenigstens irgendwo untergebracht werden können, könnte manche dunkle Punkte in der Psychologie des Verbrechers erhellen. Freuds so genannter Verbrecher aus Schuldgefühl war wohl schon Nietzsche bekannt, der seinen Zarathrustra vom »bleichen Verbrecher« reden lässt, der zu dem Richter sagt: »Einen anderen Wahnsinn gibt es noch: und der ist vor der Tat. Ach, ihr krocht mir nicht tief genug in die Seele! (…) Aber ich sage euch: seine Seele wollte Blut, nicht Raub: er dürstete nach dem Glück des Messers!« (Nietzsche 1885, S. 73). Lässt Lynch in *Blue Velvet* Jeffrey noch seine sichere Identität wiedererlangen, und ist das so genannte *Es* in dem »bösen Frank« klar lokalisiert, verlieren wir schon in *Lost Highway* die sicheren Grenzen zwischen Realität und Phantasie, was dann in *Mullholland Drive* derart eskaliert, dass der psychoanalytische Klient im Angesicht seines Inneren vor Entsetzen verstirbt, weil er sich im wahrsten Sinne des Wortes zu Tode erschreckt. *Lost Highway* kann wie Kafkas *Prozess* als eine filmische Inszenierung von Freuds psychoanalytischen Aufsätzen *Das Unbehagen in der Kultur*, *Totem und Tabu* und *Verbrecher aus Schuldbewusstsein* gesehen werden, wo es vom verborgenen Wahnsinn hinter der Fassade des Alltagsleben zum psychischen Zusammenbruch im engeren Sinne kommt. Wagen wir nun den Einstieg ins Labyrinth und interpretieren ihn als eine psychoanalytische Reise, auch wenn wir dabei riskieren, uns zu verirren und uns die restlose Klärung des Rätsels wohl nicht gelingen kann. Diese Notwendigkeit vom Abschied einer Illusion, dass wir immer alles begründen und heilen können, sollten sich wohl auch Psychiater und ihre Patienten mehr vergegenwärtigen. Wir begegnen Fred und Renee gefangen in der Ausweglosigkeit der immer kleiner werdenden Fenster und labyrinthischen Gänge ihres Hauses. Sich verschließende, weil überforderte Sinnespforten kündigen so von Beginn an, den zunehmenden Verlust der Realitätsprüfung oder nach Federn des »Ich-Gefühls«, d.h. der inneren Ich-Grenze, die er mit einem Sinnesorgan vergleicht, an (Federn 1978). Oft reicht dann ein alltäglicher Konflikt, der den Zug zum Entgleisen respektive das *Ich* in die Inkohärenz zwingt. »I'm deranged« singt David Bowie im Vorspann, der einen nahezu hypnotischen Blick auf den von Scheinwerfern beleuchteten, dem Zuschauer entgegenrasenden Mittelstreifen des Highways zeigt, der dem ersten Eindruck nach doppelt zu sein scheint. Es handelt sich jedoch nur um einen Mittelstreifen, der einmal von rechts und einmal von links aufgenommen wird. Die Einstellungen wechseln so sprunghaft, dass der Eindruck entsteht, der Mittelstreifen würde übersprungen, eine Grenzüberschreitung, die auf die Thematik des Filmes hinweist, wo der Wächter an der Schwelle zum Wahnsinn versagt. Denn nichts ist im Film mehr so klar und deutlich getrennt, wie der zweispurige Highway durch einen Mittelstreifen. Der erste und zugleich letzte Satz der Reise über den Lost Highway konfrontiert uns mit dem unmöglichen Umstand, dass der Sender der Botschaft »Dick Laurant ist tot«, derselbe ist, wie jener, der sie zum gleichen Zeitpunkt am anderen Ende der Leitung empfängt. Was passiert wirklich, was in der Phantasie, bleibt genauso offen, wie die Frage, wer ist woran auf welche Art und Weise schuld. Bilder einer möglichen sozialen Existenz und phantastische Ereignisse können wie bei Hitchcock sowohl als Metapher unbewusster Strukturen als auch als unterhaltsame Spukgeschichten genossen werden. Neben dem Protagonisten Fred und seinem Alter ego Pete, erleben wir die brünette Renee und die blonde Alice, beide von derselben Schauspielerin gespielt. Der ältere Herr und Gangsterpate wird im ersten Teil des Films Dick Laurant und im zweiten Mister Eddy genannt. Dröhnt erst einmal nur Freds Musik aus Petes Radio in der Werkstatt, erkennen später die zwei Polizisten Ed und Al bzw. ihr Pendant Hank und Lou Mister Eddy auch im zweiten Teil als Dick Laurant. Sowohl Fred als auch Pete haben Kopfschmerzen, Fred blutet stark, als er von den Polizisten geschlagen wird, Pete bekommt Nasenbluten, als er Alice und Renee auf einem Foto erblickt. Sowohl Renee als auch Alice fragen Fred respektive Pete telefonisch, ob sie in Ordnung sind, ihr Miteinanderschlafen wird von derselben Musik untermalt. Asymmetrien bilden lediglich Petes Freundin Sheila, seine Eltern und wenige andere Personen, die offenbar einen letzten Rest von vertrauter Alltäglichkeit retten sollen. Andy und der geheimnisvolle Unbekannte, Lynch nennt ihn den »Mystery Man«, treten ohnehin in beiden Filmteilen auf. Spätestens als Pete Renee und Alice auf nur einem Foto sieht, ist die Verwirrung perfekt. Der Film verweigert jeden klaren Beweis von Schuld, nimmt zu Renees Tod nie eindeutig Stellung, lässt uns lediglich einen kurzen Blick auf etwas werfen, was vielleicht Renees verstümmelte Leiche sein kann. Später erhält Freds Alter Ego Pete keine Antwort auf die ihn quälende

Frage, was an »jenem Abend«, dem Geheimnis des Filmes, passiert sein könnte, als er sich nicht wie Pete benommen haben soll und im Gefängnis von seinen Eltern abgeholt werden musste.

Die beiden Filmabschnitte unterscheiden sich jedoch in ihrem Genre. Der erste Teil entspricht eher einem sozialkritischen introvertierten Kammerspiel, während wir uns im zweiten Teil in der extrovertierten fiktionalen Welt des Film Noir befinden. Im klaustrophoben Kammerspiel des ersten Teils beobachten wir eine faszinierend schlichte, strenge und langsame Darstellung des düster, verwinkelten Wohnhauses von Freds *Selbst.* Erst flackern nur gelegentlich Bedrohung, Grauen und verhaltene Panik auf, bis die Grenzen des Hauses verschwimmen und Fred sich in der zunehmend verwirrenden Topographie seines Hauses im psychotischen Labyrinth seiner Projektionen und Selbst-Objekt-Fusionen verirrt. Wie in einem Albtraum erleben wir ein Paar, das spürt, dass an der Grenze oder jenseits ihres Bewusstseins große Probleme lauern, die sie jedoch nicht in die Realität holen können, um sich mit ihnen auseinander zu setzen, so dass sie sich verselbständigen müssen. Freud hat ein solches Phänomen in *Jenseits des Lustprinzips* den unbewussten Wiederholungszwang genannt. Wie in der Mythologie das Bellen des Hundes die Ankunft der Unterweltsgöttin Helate angekündigt hat, warnt es hier, verbunden mit dem dumpfen Grollen der Musik, vor dem Unheil aus dem Erdinneren, der Unterwelt des Unbewussten. »Wem gehört denn nur der Hund?«, fragt der wohl präpsychotische Fred. Conrad hat in seiner *Gestaltanalyse des Wahns* (1957) diese Phase als Trema oder »Lampenfieber« bezeichnet, wo unsere Patienten zunehmend nervös und gereizt die diffusen Ängste als Vorboten ihrer psychotischen Erkrankung wohl spüren, ohne ihnen einen Namen geben zu können. Die Alarmanlage als Metapher für ein funktionsfähiges *Ich* ist abgeschaltet, »weil sie aus irgendwelchen Gründen immer allein losging« und kann nicht mehr warnen. Es war eben nur vermeintlich »falscher Alarm«, da der Feind nicht von außen kommt, sondern sich im Haus, in Fred und Renee, in uns befindet. Als Renee nach dem zweiten Video, das ihr Haus schon von innen zeigt, schließlich die Polizisten als eine schützen sollende und später strafende Instanz ruft, verwirrt Lynch mit ödipalen Anspielungen. »Ist das das Schlafzimmer, schlafen sie immer hier, in diesem Zimmer, beide, ein anderes gibt es nicht? –

Nein, doch, ja, es gibt noch eins, aber das benutze ich als Übungsraum. Er ist schalldicht«, stottert Fred auf diese nur scheinbar harmlose Frage der Polizisten. Wie schmerzhaft Fred diese Kluft zwischen subjektiver Wahrnehmung und so genannter objektiver Wirklichkeit deutlich wird, zeigt die Antwort auf die Frage der Polizisten nach der Videokamera. »Ich erinnere mich lieber auf meine Art an alles, wie ich die Dinge im Kopf habe, nicht unbedingt so, wie sie passiert sind«, was zwangsläufig auch zu existenzieller Bedrohung und Entfremdung führen muss. Der charakteristische Gesichtszug von Fred und seinem Alter Ego Pete ist ein zweifelndes, misstrauisches Stirnrunzeln mit verwirrtem, nervösen Augenzwinkern, ein Gesichtszug der naive Neugier und Vertrauen in sich und die Welt schon lange verloren hat. »Wir wohnen in der Nähe des Observatoriums«, sagt Fred den Polizisten, eine gelungene Metapher für sein zunehmend paranoides Erleben. Die kuriose Gesprächsszene zwischen Fred und dem »Mystery Man« könnte auch eine Sequenz aus einer psychoanalytischen Sitzung darstellen, bei dem der Analytiker letztendlich nichts weiter ist als eine Art Medium für den Selbstdialog seines Patienten.

Im zweiten Teil des Filmes wechseln Atmosphäre, Farben und Stimmung des Films vorerst radikal. Den Kern des Figureninventars des Film Noir bildet nach psychoanalytischer Standardinterpretation das ödipale Dreieck zusammengesetzt aus Femme fatale, hier die blonde Alice, die eine Beziehung mit einem älteren, oft bedrohlichen Mann, hier Mister Eddy, eben einer Vaterfigur, unterhält und dem jüngeren Protagonisten, der sich in den Fängen der Femme fatale verstrickt und damit mit der väterlichen Figur in Konflikt gerät. *Lost Highway* wird deshalb als ein Remake des Hitchcock-Klassikers *Vertigo* verstanden (Seeßlen 1997). Wie bei allen Noir-Filmen zeichnet sich der jüngere Protagonist durch eine verunsicherte, weil fragile Identität aus, und ist selbst so tief in die Geschehnisse involviert, dass seine eigene Existenz auf dem Spiel steht. Grund dafür ist oft gar nicht so sehr der männliche Gegenspieler, auch nicht die geheimnisumwobene Femme fatale, sondern das zerbrechliche *Ich* des Protagonisten selbst, das in der Femme fatale seinen Rettungsring sucht. Deshalb muss dieses gefährliche Wunschbild unbedingt erhalten bleiben, denn sobald der Bann gebrochen ist, löst sich die Chimäre auf, ist Fred wieder auf sich selbst zurück geworfen.

Das Opfer der Obsessionen, des teuflischen Aphrodisiakums, sei es die Zeustochter Helena, Madeleine bei Hitchcock oder Lynchs Alice ist eben die Frau aus Fleisch und Blut, bei Pete Sheila, bei Fred Renee, bei Hitchcock Judy oder um auf Goethe zurück zu kommen, bei Faust Gretchen, die ihn wirklich liebt. Während im ersten realistischen Teil das Schwarz des Film Noir als Verdrängtes in Form bedrohlicher Schatten in allen Ecken und Ritzen schwelt, treten wir im zweiten Teil unmittelbar in das schwarze Universum selbst ein. Das sich zunehmend öffnende Tor zwischen den unbewussten Abgründen und dem abwehrgesicherten Bewusstsein, das wie Freud es nennen würde, zunehmende Risse zeigt, durch die die realitätsverleugneten Schatten fallen, stellt jenes undurchdringliche schwarze Feld dar, dass in der Einstellung vor der Mordszene nahezu die gesamte Leinwand überflutet. Nur ganz am Rande sehen wir eben noch Renee, die wie wir in die Leere des Lochs starrt, aus dem Fred, nachdem er sich vorher scheinbar vergeblich im Spiegel gesucht hat, auftaucht. Psychotische Erkrankungen können psychodynamisch als Loch oder Riss in der Realität verstanden werden, wo Sublimierung, Symbolisierung und alle reife Abwehr versagt und nun unbewusstes Material ohne Staumauern das Erleben überfluten kann. Das traumatische Bild des blutverschmierten Fred über der Leiche seiner grausam zerstückelten Frau Renee schockt den Zuschauer, wie der Psychiater oft von der psychotischen Erkrankung seiner Patienten verstört wird.

Der »Mystery Man« ist die faszinierende Figur, die die Grenze zwischen Freds und Petes Leben überschreitet. Als Wanderer zwischen diesseitiger und jenseitiger Welt hat die nur allzu bekannte Figur viele Namen, bei Freud sind es das *Es* oder der *Todestrieb*, Goethe personifiziert ihn in Mephistopheles, die Mythologie als den Teufel mit seiner Hütte als loderndes Hölleninferno. Fred, geplagt von Verdacht und Zweifeln, was diese Welt, also auch seine Innenwelt im Innersten zusammenhält, stellt eben jene Fragen, die vielleicht besser unbeantwortet bleiben sollen. Und sein Alter Ego Pete bekommt sein Aphrodisiakum Alice, wie Faust seine Helena, um einen Moment lang einer Täuschung zu erliegen, die sein reales Leben ruiniert. Feuer als Metapher triebhafter Obsessionen wird in *Lost Highway* im Bild einer wie verrückt flatternder Motte, die sich an Petes heißer Lampe verbrennt, visualisiert. Das Feuer als flammendes Zeichen drohender Inzestgefahr wird mit der Vernichtung der realen und symbolischen Vaterfigur verwoben. Das Feuer kann aber vielleicht auch als eine Metapher für die Gefährdung eines Menschen, psychotisch zu erkranken, gesehen werden, so dass durch ein aufdeckendes psychoanalytisches Studium unbewusster Abgründe die ohnehin brüchige Abwehrfunktion des *Ichs* nicht weiter geschwächt werden darf. Unser Protagonist hat als Schutzfunktion vorerst sein Gedächtnis verloren, nachdem er sich nach jenem unerklärlichen Abend am Kopf verletzt im Gefängnis wieder fand. Sein Ich hat sich im Schlafe noch einmal stabilisieren können, bevor es dann schließlich der psychotischen Inkohärenz unterliegt. Zunächst fühlt man sich an die plakative Vorgartenidylle von *Blue Velvet* erinnert, wenn Pete auf seiner Sonnenliege erwacht. Allerdings ist Pete von dem beschaulichen Nachbargarten, wo auch der obligate Hund nicht fehlt, durch einen Zaun getrennt, über den er nur sehnsüchtig in das verloren gegangene Paradies der Unschuld und Selbst-Sicherheit schauen kann. Trennt Pete am Anfang nur dieser Zaun von einem heimeligen Leben, wird schon auf der Probefahrt mit Mr. Eddy, als dieser einen Konkurrenten grausam bestraft, die archaische Angst und Aggressivität deutlich. Natürlich kann man sie auch als wunderbare psychoanalytische Lehrstunde sehen, wo der Vater dem Sohn das Inzestverbot unter Androhung der Kastration erklärt. In seinem Telefonat mit dem »Mystery Man« werden dann die dazugehörigen unbewussten Schuldgefühle in einer kleinen Erzählung illustriert, die leider in der Endfassung des Filmes gekürzt ist: »Im Osten (…) im fernen Orient (…) wenn einer zum Tode verurteilt wird, dann schickt man ihn an einen Ort, von dem er nicht entkommt (…) und er weiß nie, wann der Henker hinter ihn tritt und ihm eine Kugel durch den Kopf jagt (…) Es könnte Tage dauern, Wochen (…) es könnte auch Jahre nach dem Todesurteil sein. Diese Unsicherheit verleiht der Situation zusätzlich ein feines, folterndes Moment, findest du nicht? Es war nett, mit dir zu sprechen«, eine szenische Metapher für eben jene unvermeidlichen Schuldgefühle, die einmal mehr Lynchs intuitives Erleben unterstreicht (Lynch & Gifford 1997). Pete bekommt auf seine Fragen an seine Eltern und Sheila, was nur geschehen sei, keine Antworten bis auf die: »Du warst nicht du, das war ein anderer.« Sekundenlange Absenzen Petes kündigen quasi die Rückkehr Freds zu sich selbst an. Petes respektive Freds Gang der psychotherapeutischen Erkenntnis beginnt in Andys Haus, wo Pete erst das Szenario der so genannten Urszene erleben muss und dann zum Mörder wird. Später kehren wir mit den Protagonisten auf den Lost Highway zurück. Pete versucht zum letzten Male das scheinbar unersättliche sexuelle Verlangen von Alice zu stillen. »Warum ich?« fragt Pete nach dem Mord an Andy in einer Ahnung des doppelbödigen Spiels der Femme fatale, die als Projektionsfläche seiner Obsessionen und Vernichtungsängste dient. Mit den Worten »Du wirst mich nie besitzen« löst sich Alice wie eine Fata Morgana in der Dunkelheit auf, so dass Fred wieder in Pete zu Tage treten muss. Zwangsläufig erscheint der »Mystery Man«, um Fred die letzte Lektion zu erteilen, dass Alice nur einer Projektion oder illusionären Wunscherfüllung von Fred entsprach, die sein brüchiges *Ich* stabilisieren sollte. »Wo ist Alice?« fragt Fred – »Alice, wie weiter, ihr Name ist Renee (...) wenn sie sagt, sie heißt Alice, dann lügt sie«. Wieder schließt sich die Schleife zum Beginn des Filmes, wo Fred Renee von seinem Albtraum erzählt: »Sie sah aus wie du, aber du warst es nicht«. Und dann fragt der »Mystery Man« weiter: »Du, wie heißt du?« – eine gefürchtete Frage vor der der identitätsunsichere Fred erneut auf den Lost Highway entflieht. Der »Mystery Man« entpuppt sich jetzt als Träger dieses unheimlichen Blickes durch die Videokamera, die zu den verschreckenden Videos über das Innere des Hauses von Fred und Renee am Anfang des Filmes geführt hatten. Soll dieser Repräsentant einer anderen Welt nun den Teufel symbolisieren oder als Abstraktion vielleicht auch als eine Art gespenstischer Analytiker oder Psychiater erscheinen. Denn nirgendwo tritt uns das Unbewusste so unzensiert gegenüber wie bei einem akut psychotischen Patienten, der dadurch unserer besonderen Fürsorge bedarf. Herzlose, sezierende Deutungen eines »Mystery Man« wie mit einem Skalpell ohne hilfreiche therapeutische Bindungserfahrung stellen Sorgfaltspflichtverletzungen dar, die unsere Patienten schädigen. Dass die unheimliche Hütte in einer Wüste liegt, scheinbar fernab der Zivilisation, kann auch als Hoffnung verstanden werden, der inneren Wahrheit zu entkommen. Nur kommt sie eben oft um so unbeherrschbarer wie ein Bumerang wieder hervor, je tiefer wir sie in die Wüste verbannen wollen. In Anbetracht des Fortgangs des Films, dass Fred nachfolgend Mr. Eddy, respektive

Dick Laurant respektive den Vater, doch tötet und sich selbst die Nachricht vom Tod überbringt, um den Kreis zu schließen, erscheint die psychoanalytische Lektion jedoch nur als ein Hoffnungsschimmer, die den Wiederholungszwang nicht unterbrechen kann. Vielleicht hat aber auch der hilfreiche, weil nicht sezierende Psychiater gefehlt, der Fred in einer sicheren Beziehung hätte helfen können, seinen Wünschen, Obsessionen und unbewussten Schuldgefühlen ins Auge zu sehen, ohne voll Panik in den Selbstverlust fliehen zu müssen.

Lynchs *Lost Highway* verweigert die Sichtweise, dass nur rein subjektive Wahnerlebnisse dargestellt werden, genauso wie die, die Realität der Personen und ihrer Handlungen im Sinne einer erklärbaren Erzählstruktur anzuerkennen. Der Film ist eben nicht mit Vernunftdenken aufzulösen, da wir alle unsere unbewussten Sehnsüchte, Illusionen und Ängste in den assoziativen Fluss mit einbringen. Es geht Lynch wie auch der Psychotherapie eben nicht um die Darstellung objektivierbarer Wirklichkeit, sondern um die filmische bzw. assoziative Inszenierung der inneren Wahrheit bzw. Welt seiner Helden bzw. ihrer Patienten im emotionalen Kontakt mit einem Gegenüber, das den Mut und die Neugier hat, sich selbst einzubringen. Nun wissen wir vielleicht etwas mehr, dass der Blick in unsere Abgründe uns nicht wirklich heilt, aber uns mahnt, wachsam zu bleiben und sie nicht am Gegenüber zu bekämpfen. Ob sich die Hoffnung erfüllen mag, dass Fred respektive wir Menschen auf dem düsteren Lost Highway der ewigen Wiederkehr als einer Reproduktion des immer schon Geschehenen entfliehen können, bleibt ein Mysterium.

Literatur

Conrad, Karl (1957): Die beginnende Schizophrenie. Stuttgart (Georg Thieme), S. 11–18.

Federn, Paul (1978): Ichpsychologie und die Psychosen. Frankfurt am Main (Suhrkamp), S. 119–123.

Fischer, Robert (1997): David Lynch – Die dunkle Seite der Seele. München (Heyne).

Freud, Sigmund (1913): Totem und Tabu. GW Bd IX.

Freud, Sigmund (1916): Einige Charaktertypen aus der psychoanalytischen Arbeit. III. Die Verbrecher aus Schuldbewusstsein. GW Bd X, S. 364–391.

Freud, Sigmund (1919): Das Unheimliche. GW Bd XII, S. 229–268.
Freud, Sigmund (1923): Das Ich und das Es. GW Bd XIII, S. 237–289.
Freud, Sigmund (1930): Das Unbehagen der Kultur. GW Bd XIV, S. 419–506.
Lynch, David; Gifford, Barry (1997): Lost Highway – The Screenplay. London (Faber & Faber).
Nietzsche, Friedrich (1885): Also sprach Zarathrustra. Vom bleichen Verbrecher. Sämtliche Werke. Bd 4. Germany (Mundus) 1999, S. 71–73.
Pabst, Eckhard (Hg.) (1999): A Strange World – Das Universum des David Lynch. Kiel (Ludwig).
Rodley, Chris (Hg.) (2002): Lynch über Lynch. Frankfurt am Main (Verlag der Autoren).
Seeßlen, Georg (1997): David Lynch und seine Filme. Marburg (Schüren).

Empathy von Amie Siegel

Lutz Wohlrab

Nachdem wir bisher Spielfilme ohne einen einzigen Analytiker als Akteur in unserer Reihe *Film und Psychoanalyse* besprochen haben, wenden wir uns nun einem Film mit vier und noch dazu echten Analytikern zu. Auch in unserem nächsten, wiederum teilweise dokumentarischen Film *Ich hieß Sabina Spielrein* spielen Psychoanalytiker die Hauptrollen. Und zwar die beiden berühmtesten: Freud und Jung. Im Zentrum steht aber Sabina Spielrein. Sie war Jungs erste Analyse-Patientin, wurde seine Geliebte, studierte später Medizin und wurde als Analytikerin in die Wiener Psychoanalytische Vereinigung aufgenommen. Die »Affäre Spielrein« war für Freud Anlass, den Begriff der Gegenübertragung (1909) zu konzeptualisieren und eine Lehranalyse für angehende Analytiker zu fordern. Die Begriffe Gegenübertragung und Empathie haben manches gemeinsam. Sie sollen vor allem Instrumente der Beobachtung sein.

Den Begriff *Empathie* verdanken wir indirekt Freud. Er ist ein Neologismus, ein Kunstwort, das notwendig wurde, um Freuds Begriff der *Einfühlung* ins Amerikanische zu übersetzen. Freud sagt, dass die Einfühlung »den größten Anteil an unserem Verständnis für das Ichfremde anderer Personen« hat (Freud 1921, S. 119, zit. n. Körner 1998, S. 4).

Sein Übersetzer Titchener lehnte sich an das Griechische an. »Empatheia« heißt: »In(hinein)fühlen«. Er schuf seine Übersetzung (1909) in absichtlicher Nähe zu »Sympathy« (Körner 1998, S. 3).

Im Vorspann unseres Films stürzen viele Fachtermini in immer rasanterem Tempo auf den Zuschauer ein. Beruhigung bringt erst das Wort *Empathy*. Therapeuten sind sich heute einig, dass Empathie eine entscheidende Rolle in jeder Psychotherapie spielt. Nach dem Zweiten Weltkrieg wurde der inzwischen in Vergessenheit geratene Begriff der Einfühlung im deutschen Sprachraum durch das eingedeutschte *Empathie* ersetzt. In der Gesprächstherapie, die Rogers in den 40er Jahren in den USA in Konkurrenz zur Psychoanalyse entwickelte, wurde Empathie neben positiver Wertschätzung und Echtheit zu einem Begriff von zentraler Bedeutung. Durch die Selbstpsychologie, die allmählich die strenge amerikanische Ich-Psychologie aus ihrer Vormachtstellung verdrängte, bekam der Begriff der Empathie auch innerhalb einer psychoanalytischen Schulrichtung wieder einen wichtigen Platz und auch seine prosoziale Tönung zurück. Für die Ich-Psychologie war die Verankerung von Neutralität und Abstinenz wohl auch wegen des skandalösen Missbrauchs auf der Couch von existenzieller Bedeutung.

Die im Film interviewten Analytiker wurden wahrscheinlich in den 60er Jahren ausgebildet und von Winnicott, der u. a. den Begriff *falsches Selbst* einführte, Bion und Kohut beeinflusst. Einer von ihnen betont, dass es ihm in seiner Lehranalyse immer am meisten geholfen hat, wenn er das Interesse seines Analytikers spüren konnte. Seit den 50er Jahren verlagerte sich das theoretische Interesse der Analytiker-Gemeinschaft vom ödipalen Konflikt weg – hin zur Erforschung der frühen Mutter-Kind-Beziehung mit ihren Störungsmöglichkeiten. Die Säuglingsbeobachtung unterscheidet frühe Mutter-Kind-Interaktionen in geglückte oder missglückte. Geglückt nennt man sie, wenn es die Mutter versteht, sich empathisch in ihr Kind einzufühlen. Sich empathisch einzufühlen ist eigentlich ein Pleonasmus, der sich aber eingebürgert hat. Die Mutter legt mit der Fähigkeit sich einzufühlen den Grundstein für die zukünftige empathische Kompetenz ihres Kindes.

Mitgefühl ist aber auch angeboren, wie die Neurobiologie jetzt beweisen kann. Damit stützt sie eine frühe Hypothese von Lipps (1903, zit. n. Körner 1998, S. 4), der von einem menschlichen Zwang zu »motorischer Nachahmung« sprach. Schon Freud hat sich auf Lipps bezogen. Wir alle ahmen den affektiven Ausdruck eines anderen Menschen nach und suchen dann in einem zweiten Schritt nach dem hierzu passenden Ausdruck affektiver Gestimmtheit. Die Biologen machen Spiegelneurone dafür verantwortlich. Wenn wir das Foto einer lachenden Person sehen, werden bei uns dieselben motorischen Nervenzellen aktiv, die das eigene Lachen anregen. Ihre Aktivität ist jedoch zu schwach, um ein Lächeln hervorzurufen. Manchmal zucken wir jedoch zusammen, wenn wir sehen, wie sich jemand verletzt.

Wenn die Anlage zur Gefühlsansteckung auch angeboren ist, so muss das Kind die Fähigkeit zur Perspektivenübernahme und die Fähigkeit, soziale Kontexte zu verstehen, von der Mutter noch lernen. Das zusammen ermöglicht erst Empathie. Bion (1963) hat ein einleuchtendes Modell der Objektbeziehungstheorie mit den so genannten Beta-Elementen entwickelt. Das sind starke Affekte wie z. B. Wut, die für einen Säugling noch unverdaulich sind. Sie müssen zunächst von der Mutter aufgenommen und in ihr selbst in Alpha-Elemente umgewandelt werden, bevor sie als Affekte in verdaulicher Form überhaupt erst vom Kind aufgenommen werden können. Die so genannte Alpha-Funktion des Analytikers meint das gleiche. Er nimmt Affekte seines Patienten in sich auf und ordnet sie eigenem Erleben zu. Schließlich übersetzt er das, was er innerlich verspürte und dachte, in eine für den Patienten verständliche Sprache. Dieser Austausch führt allmählich zu Veränderungen im Patienten selbst, zu einer Nachreifung.

Die Filmemacherin ist selbst Tochter eines bekannten Analytikers. Dass es Analytiker-Kinder nicht leicht haben, zeigt schon der Begriff *Analytiker-Kind-Syndrom* und auf humorvolle Weise auch der Film *Reine Nervensache/Analyze this* von Harald Ramis (USA 1999). Der Filmanalytiker, dargestellt von Billy Chrystal, hat einen Analytiker-Vater, der ihn immer noch analysiert und ihm vor allem seine Unzulänglichkeiten vorhält. Dieser Vater war aber doch immerhin so interessant, dass sein Sohn dessen Berufswahl wiederholte.

Als Kind dürfte sich auch Amie Siegel gefragt haben, was ihr Vater eigentlich den ganzen Tag mit seinen Patienten so macht. Weil das einem Kind schwer zu erklären ist, dürfte das seine Neugierde und

Phantasie nur um so mehr anregen. Eine Neugier, die sich bei Amie Siegel offenbar lange erhalten hat und die in ihrem Film einen Ausdruck und vielleicht Abschluss findet. Für Freud stammt bekanntlich aller späterer Wissensdurst vom infantilen Interesse an der Sexualität ab. Die Schlussszene des Films mit dem an der Sprechzimmertür lauschenden Patienten steht für die Neugier des Kindes gerade an den Vorgängen, von denen es ausgeschlossen ist. Vermutet der Patient hinter der Sprechzimmertür des Analytikers eine Art Urszene? Viele Patienten äußern irgendwann den Wunsch, in anderen Therapien einmal Mäuschen zu sein. Freud verstand unter *Urszene* die erste Beobachtung des elterlichen Geschlechtsverkehrs durch das Kind. Die unbewusste Phantasie, dass es hinter der Schlafzimmertür etwas gibt, wovon es trotz aller Liebe der Eltern ausgeschlossen ist, wird so bestätigt. Zur Urszene kann auch die Situation der eigenen Zeugung oder des Sündenfalls assoziiert werden. Als Adam und Eva sich nackt sehen, begehren sie einander sexuell. Sie werden wegen der Erkenntnis dieses Wunsches aus dem Paradies vertrieben, so wie das Kind wegen seiner ödipalen Wünsche aus dem Schlafzimmer der Eltern entfernt wird.

Die Filmemacherin hat den Kollegen und offenbar auch Freunden ihres Vaters viele neugierige Fragen gestellt. Als sie einen Analytiker fragt, ob er manchmal Patienten anlügen würde, hat sie ihn selbst bereits belogen. Das ist ein interessanter Auftakt, der schon auf die Komplexität und Doppelbödigkeit des ganzen Films hinweist. Neben den Interviews und den Abschweifungen über Möbel, wie den Eames-Chair, und über Glas-Architektur sehen wir noch das inszenierte Casting für die Spielfilmszene. Die ausgewählte Schauspielerin beobachten wir beim Synchronisieren und in einer Talkshow, wo sie sich über ihre Rolle als Patientin äußert. In diesem Film spielt eine Schauspielerin eine Schauspielerin, die eine Patientin spielt. Ihr Gegenpart, der Analytiker ist jedoch kein Schauspieler, sondern ein echter Analytiker, der sich selbst spielt, sich quasi exhibitioniert.

Amie Siegel erkundigt sich in den Interviews danach, ob den Analytikern ihr Voyeurismus bewusst ist und ob ihre Arbeit nicht auch eine Art von Prostitution wäre. Sie fragt, ob Analytiker jemals Sex mit ihren Patientinnen hatten oder gern gehabt hätten. Die Interviewten haben die Fragen gelassen beantwortet und auf die fundamentale Wichtigkeit der sexuellen Abstinenz, Patienten und ihren Angehörigen gegenüber, hingewiesen.

Als die Filmemacherin nach ihrem unbewussten filmischen Anliegen befragt wird, kehrt sich die Situation einmal um. Amie Siegel weicht fast kindlich aus, indem sie ihr bloßes Interesse daran betont, wie Information konstruiert ist. Der Analytiker akzeptiert ihren Widerstand und die Regisseurin lässt diese Stelle im Film. Anhand der Spielfilmszenen ermöglicht es uns Amie Siegel dennoch, auf das latente Anliegen ihres Films zu schließen. Sie lässt die Patientin am Ende einer Sitzung davon erzählen, dass sie sich von ihrem Analytiker beim Geschlechtsverkehr beobachtet fühlt. Während dieser Szene kann der Zuschauer die Scham der Frau erleben. Der Analytiker beschließt die Sitzung, weil die Zeit herum ist, ohne mit einem Wort auf die offensichtliche Not der Frau einzugehen. Amie Siegel lässt uns anschließend an seinen Gedanken teilhaben, die lauten, ob die Patientin wohl mit ihm schlafen möchte oder ob sie denkt, dass er das möchte.

Die nächste Stunde beginnt die Patientin mit dem Entschluss, die Therapie abzubrechen, weil sich der Analytiker so uneinfühlsam verhalten hat. Der Analytiker bestätigt nun empathisch, dass er sich vorstellen kann, wie einsam sich die Patientin nach der Stunde gefühlt hat. Er fragt auch danach, woran sie das erinnert. Auf diese Weise kann die Patientin weiteres verdrängtes Material erzählen. Sie erinnert sich an das mangelnde Interesse ihres Vaters an ihr. Der Analytiker stellt Verbindungen zu früheren Mitteilungen der Patientin her. Ihre Mutter beschämte sie einst, weil sie mit einem Jungen »rumgemacht« hat. Der Analytiker deutet nun, dass die Scham, die die Patientin in und nach der letzten Stunde empfand, nicht durch sein Verhalten ausgelöst wurde, sondern in der Patientin selber stecke (als Identifizierung mit dem Aggressor, hier mit der Mutter). Er deutet aber auch ihre unbewussten ödipalen Wünsche an den Vater an. An dieser Stelle fühlt sich die Patientin verstanden und akzeptiert. Der Analytiker erfüllt in dieser Vignette eine doppelte Aufgabe, er ist in der Übertragung das ödipale Sexualobjekt der Patientin, also der Vater, und er verkörpert ein freundlicheres Über-Ich, ermäßigt so die Strenge der Mutter (bzw. die unbewusste Identifikation der Patientin mit der Prüderie der Mutter).

Dass der Analytiker das Sexualobjekt der Patientin in der Übertragung sein soll, kann er aus seinen Gegenübertragungsgedanken (die Patientin will Sex mit ihm) ableiten. Er darf seine Gedanken natürlich nie agieren und sollte sie auch nicht mitteilen. Dass er auch die Strenge der Mutter der Patientin ermäßigen soll, kann er unmittelbar am Anfang der zweiten Sitzung spüren. Er soll die Patientin nicht fortschicken, als sie ihm ärgerlich gegenübertritt und mit Abbruch droht. Er soll seinen Ärger darüber als die Enttäuschung der Patientin über ihre Mutter verstehen und »verdauen« können. Dies bedeutet die Umwandlung von Beta- in Alpha-Elemente. Die Wut der Patientin kann er wahrscheinlich deshalb so gut verstehen, weil er in ähnlichen Situationen selbst wütend war, und weil er in seiner Analyse auf einen empathischen Lehranalytiker getroffen ist. Wie dieser braucht er nun seine Wut nicht auszuagieren. Eine neue Tradition ist begründet, die auch von der Patientin weitergegeben werden kann. Diese Tradition trägt den Namen Empathie, sie ist Analytikern der selbstpsychologischen Schule, wie den Protagonisten des Films, zu verdanken.

Grundlage jeder Kultur ist nach Lévi-Strauss das Inzestverbot. Es ist das universale und minimale Gesetz, das aus der Natur Kultur macht (Lévi-Strauss 1949, zit. n. Laplanche/Pontalis, S. 355). Freud beobachtete, dass das kleine Mädchen natürlich ihren Vater noch mehr lieb haben möchte als die Mutter und dass der kleine Junge »seine Mutter so lieb hätte, dass er sich darum vor dem Vater fürchten müsste« (Freud 1909, S. 277). Das ist der positive Ödipuskomplex. Das Inzesttabu beinhaltet den Verzicht auf die Erfüllung dieser ödipalen Wünsche. Wir müssen den Ödipuskomplex jedoch auch umdrehen. Damit das Inzestverbot eingehalten wird, muss vor allem dem Vater/dem erwachsenen Mann sein Verzicht auf das kleine Mädchen klar sein. Das ist für jeden nicht inzestuösen Mann selbstverständlich, nicht aber für pädophile Männer. Sie sind oft selbst missbrauchte Kinder, die in Gefahr sind, eine schlechte Tradition weiterzugeben. Oder sie sind Männer mit fixierten ödipalen Wünschen, die sie bloß umkehren: Nicht mehr die Mutter ist das perverse Liebesobjekt, sondern das kleine Mädchen/die Tochter. Pädophil veranlagte oder fixierte Männer suchen selten eine Psychotherapie auf, die wahrscheinlich dabei helfen könnte, sexuellem Missbrauch vorzubeugen, indem der Psychotherapeut den Vater als Vorbild ersetzt.

Ob Psychotherapie bei bereits straffällig gewordenen Pädophilen noch helfen kann, ist dagegen umstritten.

Als Amie Siegel einen ihrer Interviewpartner fragt, ob er den sexuellen Verzicht auf seine Patientinnen nicht manchmal bedauert, sagt dieser prompt: Ja, jede schöne Frau, die er gehen lassen muss, erinnert ihn auch an seine Mutter, die er nicht haben konnte. Der ältere Analytiker überträgt seine Mutterliebe auf eine jüngere, attraktive Frau. Das ist die Perspektive des kleinen Jungen, seine Mutter ist (wieder) die begehrenswerte, junge Frau. Die positive Gegenübertragung des Analytikers ermöglicht es seiner Patientin vielleicht erst, eine ödipale Übertragung herzustellen. Die Gegenübertragung ginge in diesem Falle der Übertragung voraus. Die ödipale Konstellation wiederholt sich öfter, wenn eine junge Frau zu einem älteren Mann in Analyse kommt. Sie ereignet sich seltener, wenn ein junger Mann zu einer älteren Frau geht, obwohl diese Konstellation doch der griechischen Sage entspricht: Ödipus verliebt sich in Jokaste, seine Mutter. Oder war es umgekehrt, hat sich Jokaste in den jungen Mann verliebt, der sogar das Rätsel der Sphinx zu lösen verstand? Dann wäre es wieder die Gegenübertragung, die erst die Übertragungsliebe ermöglicht. Erwachsene Männer entwickeln häufig eine direkte Abscheu, wenn ihre Mutterliebe mit dem Ödipuskomplex in Verbindung gebracht wird, so wie der Mafiaboss in *Reine Nervensache*. Sein Analytiker solle sich schämen und sich erst einmal seine Mutter ansehen, bevor er solche Behauptungen aufstellen könne, meint Robert De Niro als Mafiosi. Nicht einmal die Mutter seiner Kinder sei für ihn noch in diesem Sinne attraktiv, außerdem gibt es für seine sexuellen Bedürfnisse doch genug junge Frauen, nämlich Prostituierte.

Wenn die Psychoanalyse *Eine höchst gefährliche Methode* ist, wie der Titel des spannenden Buches von John Kerr lautet, dann wegen der Versuchungssituation, die das klassische Setting für männliche Therapeuten darstellt. Freud hat in seinen *Bemerkungen über die Übertragungsliebe* auf die besondere Verführungsgefahr hingewiesen, die von so genannten »Naturkindern« ausgeht, »die das Psychische nicht für das Materielle nehmen wollen« (Freud 1915, S. 315). Ihm war bekannt, dass sich schon Josef Breuer bei der jungen Anna O. beinahe die Finger verbrannt hatte und die Kur aufgeben musste. Yalom hat diese Geschichte in seinem Roman *Und Nietzsche weinte* (1992) wunderbar gestaltet.

Mit dem gleichen Sujet spielt er auch in seinem zweiten Roman *Die rote Couch* (1996). Hier lässt er es allerdings offen, ob der alte Analytiker kurz vor dem Ruhestand wirklich einen Fehler macht, als er die Übertragungsliebe seiner jungen Patientin ausnutzt. In der analytischen Gemeinschaft herrscht dagegen Klarheit: Sexuelle Handlungen gehören nicht in die Therapie, und Empathie schließt das Agieren von sexuellen Übertragungen nicht ein. Doch die Trauer über den ödipalen Verzicht kann ein wichtiger Bestandteil der analytischen Arbeit sein, wie einer der im Film Interviewten hervorhebt.

Literatur

Bion, Wilfred Ruprecht (1963): Elemente der Psychoanalyse. Frankfurt am Main (Suhrkamp) 1992.

Altmeyer, Martin (2000): Narzißmus, Intersubjektivität und Anerkennung. Psyche 54, S. 143–171.

Freud, Sigmund (1909): Analyse der Phobie eines fünfjährigen Knaben (Der kleine Hans). GW VII, S. 243–377.

Freud, Sigmund (1915): Bemerkungen über die Übertragungsliebe. GW Bd X, S. 305–321.

Freud, Sigmund (1921): Massenpsychologie und Ich-Analyse. GW Bd XIII, S. 71–161.

Kerr, John (1993): Eine höchst gefährliche Methode. Freud, Jung und Sabina Spielrein. München (Knaur)1996.

Körner, Jürgen (1998): Einfühlung: Über Empathie. Forum Psychoanal 14, S. 1–17.

Kohut, Heinz (1971): Narzissmus. Frankfurt am Main (Suhrkamp) 1988.

Laplanche J., Pontalis, J.-B. (1967): Das Vokabular der Psychoanalyse. Frankfurt am Main (Suhrkamp) 1973.

Winnicott, Donald W. (1965): Reifungsprozesse und fördernde Umwelt. Gießen (Psychosozial-Verlag) 2002.

Wohlrab, Lutz (2005): Zur Darstellung von Psychoanalytikern im Kino. Von Pabsts Geheimnissen einer Seele über Hitchcock, Allen, Redford und Moretti bis zu Siegels Empathy. In: Psychoanalyse im Widerspruch 34. Gießen (Psychosozial-Verlag), S. 65–76.

Yalom, Irvin D. (1996): Die rote Couch. München (btb) 1998.

Yalom, Irvin D. (1992): Und Nietzsche weinte. München (btb) 1994.

Sabina Spielrein zwischen Jung und Freud. Zum Film *Ich hieß Sabina Spielrein* von Elisabeth Márton

Annette Simon

Der Dokumentarfilm *Ich hieß Sabina Spielrein* von Elisabeth Márton nähert sich behutsam und in Schwarz-Weiß der Lebensgeschichte von Sabina Spielrein. In poesievollen und manchmal traumartigen Bildern sehen wir Menschen und Orte ihres Lebens, beginnen zu ahnen, was für ein Mensch sie gewesen sein könnte.

Ich möchte einige jetzt bekannte Fakten hinzufügen, die die Geschichte ihrer Beziehungen zu Jung und Freud betreffen. Dies ist die Geschichte einer Übertragungsliebe, die in eine reale Beziehung mündete. Es ist außerdem die Geschichte einer Männerfreundschaft, die in eine erbitterte Feindschaft umschlug und – wenn man so will – auch die Geschichte einer Dreiecksbeziehung. Es ist eine aus Briefen und Tagebüchern von dem amerikanischen Psychologen und Historiker John Kerr rekonstruierte Geschichte, die ich für Sie nacherzähle, mit einigen persönlichen Anmerkungen (Kerr 1993).

Die handelnden Personen sind: Zwei berühmte Männer – C.G. Jung und Sigmund Freud – und eine Frau, die bis 1974 in der Geschichte der psychoanalytischen Bewegung nur als Fußnote vorkam und fast völlig unbekannt und unerwähnt blieb, deren theoretische Schriften bis dahin kaum neu publiziert oder wahrgenommen wurden, obwohl sie eine der ersten weiblichen Psychoanalytikerinnen war.

Da über die Biographien der beiden Männer genügend bekannt ist oder nachgelesen werden kann, werde ich mich in meinem Vortrag auf Sabina Spielrein konzentrieren. Mein Hauptinteresse gilt der Geschichte der teilweise unheilvollen, teilweise kreativen Verquickung zwischen diesen drei Personen, weil sie in eine wesentliche Zeit der Entstehung der Psychoanalyse nicht nur als Theorie, sondern auch als Bewegung fällt und diese mitgeprägt hat.

Sabina Spielrein wurde 1885 in Rostow am Don in Russland geboren – als erste Tochter eines jüdischen Kaufmannes. Sie scheint ein sehr begabtes, phantasievolles Kind gewesen zu sein, das schon früh auch neurotische Symptome entwickelte. Diese spitzten sich ab der Pubertät so zu, dass sie mit 19 Jahren in die psychiatrische Klinik Burghölzli in der Schweiz gebracht wurde, weil ihre Familie keinen anderen Weg sah, die schwer psychisch auffällig gewordene junge Frau behandeln zu lassen.

Im August 1904 wird sie dort stationär aufgenommen mit Symptomen wie Zwangsgedanken und Zwangshandlungen, die sich besonders um das Essen und die Ausscheidung sowie um sexuelle Vorstellungen bewegen. Sie schwankte zwischen tiefen Depressionen, Lach-, Wein- und Schreikrämpfen. Sie konnte niemand mehr ansehen, hielt den Kopf verborgen, streckte bei jeder Berührung unter dem Zeichen größten Abscheus die Zunge heraus. Sie hatte wahnhafte Ideen.

Die Diagnose lautete »psychotische Hysterie« und zeigt die Schwere ihres damaligen Zustandes, unabhängig davon, ob es nun wirklich eine psychotische Störung war oder eine schwere Hysterie, worüber die Diagnostiker sich heute streiten.

Auf diese junge, gebildete und als russische Jüdin exotische Patientin trifft der an der Klinik Burghölzli unter der Leitung von Eugen Bleuler arbeitende Assistenzarzt C.G. Jung. Dieser Dr. Jung hatte sich gerade mit den kürzlich erschienenen Werken Sigmund Freuds *Studien über Hysterie* und über den Traum beschäftigt. Für Jung erschien diese Patientin geradezu ideal, um die dort so faszinierend ausgeführten Gedanken in der Therapie zu erproben. Außerdem hatte er sich selbst zusammen mit Franz Riklin mit einem von Gustav Aschaffenburg kreierten neuen Verfahren befasst: den Assoziationsexperimenten. Dabei las der Versuchsleiter eine Liste von Wörtern vor und der Proband musste auf jedes Wort mit dem Wort oder der Wendung antworten, das oder die ihm spontan in den Sinn kamen. Dies war, wenn man so will, eine angeleitet freie Assoziation und Jung und Riklin stießen nach einer Vielzahl dieser Assoziationsexperimente in einer 1904 veröffentlichten Arbeit auf das Vorhandensein innerer Ablenkung, verursacht von widerstreitenden Gedanken. (Vgl. Jung und Riklin 1904) Diese ablenkenden Gedanken hätten meist eine große emotionale Bedeutung, würden jedoch verdrängt. So wurde experimentell im Burghölzli nachgewiesen, dass es verdrängte gefühlsbetonte Vorstellungskomplexe gäbe – meist bezögen sich diese auf Sexualität. Sozusagen parallel zu Freud wurde eine experimentelle Demonstration der dynamischen Wirksamkeit unbewusster Gedanken geliefert. Ich schildere dies so ausführlich, weil genau diese Assoziationsexperimente in der Behandlung von Sabina Spielrein einen großen Raum einnahmen.

Die eigentliche Therapie von Spielrein bei Jung scheint nur zwei Monate gedauert zu haben und wurde etwa so gehandhabt wie ein unstrukturiertes Assoziationsexperiment. Sitzungen im wahrsten Sinne des Wortes, denn Jung benutzte keine Couch – die Patientin saß mit dem Rücken zu ihm; Sitzungen von 1–2 Stunden jeden zweiten Tag, die mit Hilfe der auftauchenden Assoziationen der Erforschung der persönlichen Geschichte der Patientin dienten. Jung zu seinem therapeutischen Credo in dieser Zeit: »Die beste Energiekur aber ist, wenn man die Patienten mit einer gewissen Schonungslosigkeit zwingt, die ihrem Bewusstsein unerträglichen Vorstellungen hervorzuholen und bereit zu legen« (Jung 1905, S. 336). Diese assoziative Aufdeckung der »Komplexe« Spielreins besonders von auf den Vater bezogenen masochistischen Vorstellungen scheint zu einer sehr schnellen und fast sensationellen Besserung ihrer Symptome geführt zu haben. Von heute aus können wir uns dies auch mit der einsetzenden heftigen Übertragungsliebe erklären.

Über die beschriebene Art der Therapie hinaus scheinen Jungs Bemühungen um diese Patientin im weiteren eher pädagogischer als therapeutischer Art gewesen zu sein. Er ermutigte sie, ihre Konzentration und Selbstbeherrschung durch bestimmte Übungen zu erhöhen und an der Arbeitstherapie teilzunehmen. Da Sabina Medizin studieren wollte, bestand diese Arbeitstherapie nun darin, Jung und Riklin im psychologischen Labor der Klinik bei den Assoziationsexperimenten zu helfen.

Bei dieser fachlichen Zusammenarbeit stellte sich Sabina als ungewöhnlich klug und begabt heraus und war für Jung bald eine unentbehrliche Gesprächspartnerin. Unmerklich war die therapeutische Beziehung in eine Arbeits- und Freundschaftsbeziehung übergegangen. Wie und was immer zwischen ihnen in dieser Zeit vorgegangen sein mag: Es half zunächst beiden, wenn man es an äußeren Erfolgen messen möchte. Im April 1905 konnte sich Sabina zum Medizinstudium immatrikulieren und im gleichen Monat wurde Jung Oberarzt – der zweite Mann nach Bleuler. Die beiden sehen sich weiter zu freundschaftlichen und analytischen Gesprächen. Spätestens jetzt sollte erwähnt werden, dass Jung verheiratet war.

Wie kommt nun Freud in die Geschichte? Im April 1906 nimmt Jung erstmalig Kontakt zu ihm auf. Zusammen mit einem Brief schickt er ihm sein soeben veröffentlichtes Buch über Assoziationsexperimente, wo er sich mit dem Begriff der Verdrängung auf das Werk von Freud bezogen hatte. Es entwickelt sich ein Briefwechsel zwischen den beiden und im 6. Brief schildert Jung den »Fall« Spielrein. Sie ist die erste Patientin, über die er ihm berichtet. Dies zu einem Zeitpunkt, wo sie eigentlich schon kein »Fall« mehr für ihn ist, sondern eine befreundete Frau und angehende Kollegin und es mutet merkwürdig an, wie distanziert er ihre Symptome schildert. Er scheint die Distanz nötig zu haben und bittet Freud um seine Meinung zu dem »Fall«. Dieser antwortet fachlich salopp: »An ihrer Russin ist erfreulich, dass es eine Studentin ist; ungebildete Personen sind für uns derzeit allzu undurchsichtig. Die berichtete Defäkationsgeschichte ist hübsch« (Freud an Jung, 27.10. 1906, zitiert nach Hensch 2003, S. 224). Da wird eine im Sinne der Sache der Psychoanalyse bewertet und eingeordnet und als Patientin für geeignet befunden.

Dies ist für die Situation, in der der Briefwechsel der beiden Männer beginnt, typisch: Freud war schon sehr bekannt, aber die Psychoanalyse von allen Seiten heftigsten Angriffen ausgesetzt und ihm ging es besonders darum, sie in der medizinischen Wissenschaft irgendwie salonfähig zu machen und zu etablieren. Da erschien ihm ein nicht-jüdischer Arzt der sehr bekannten und geachteten psychiatrischen Klinik Burghölzli wie gerufen zu kommen. Über die Schweizer könnte sich die Psychoanalyse einen Weg in die offizielle Anerkennung bahnen – und so sollte es auch kommen.

Hinzu kam die persönliche Sympathie der beiden Männer zueinander. Die erste Begegnung zwischen ihnen im März 1907 in Wien scheint in Form einer stürmischen Verliebtheit verlaufen zu sein. Beide redeten bei ihrer ersten Begegnung 13 Stunden ununterbrochen miteinander und zeigten sich danach voneinander tief beeindruckt. Freud suchte einen idealen Sohn, Jung einen idealen Vater. Schon bei diesem ersten Besuch scheint sich in Freud die Vorstellung gebildet zu haben, in Jung seinen Kronprinzen gefunden zu haben, zumal einen arischen.

Schon bald nach der Begegnung wird es in ihrem Briefwechsel um die Herausgabe der ersten Psychoanalytischen Zeitschrift gehen – und Jung soll ihr Redakteur werden.

Wie geht die Beziehung zwischen Jung und Spielrein in dieser Zeit? Sie befindet sich weiterhin im Zustand einer nicht aufgelösten Übertragungs- und Gegenübertragungsliebe. Beide sehen sich mehrmals wöchentlich, einmal zu einem analytischen Gespräch. Sabina wünscht sich zunehmend ein Kind von Jung, dem sie in ihrer Phantasie den Namen Siegfried gibt. Jung bekommt Angst: Er ist verheiratet, seine Frau mit dem zweiten Kind schwanger und er ist sich seiner Gefühle für Sabina nicht im Klaren. Sie wird ihm auch wegen ihrer fast hellseherischen Einfühlung in ihn zunehmend unheimlich. Er versucht dem zunächst mit fast sadistischer therapeutischer Strenge zu begegnen und legt plötzlich rigide Regeln zwischen ihnen fest. Spielrein fühlt sich gedemütigt und letztendlich wird die Analyse beendet, ohne das die beidseitigen projektiven Identifizierungen aufgeklärt, geschweige denn zurückgenommen werden konnten. Beide leiden vor sich hin: Sabina einsam und studierend. Jung verheiratet und mit seiner neuen Karriere innerhalb der psychoanalytischen Bewegung beschäftigt.

Doch nehmen die Dinge durch einen neuen Patienten Jungs, der ihm von Freud überwiesen wird, eine andere Wende. Dieser neue Patient ist Otto Groß. Es ist unmöglich, die Geschichte von Groß hier auch noch ausführlich darzustellen. Nur so viel: Otto Groß stand zeit seines Lebens in einem sehr heftigen Konflikt mit seinem Vater Hans Groß, der einer der bekanntesten Kriminologen Europas war. Groß hatte sich ebenfalls als psychiatrischer Assistenzarzt der Psychoanalyse zugewandt, besonders weil er in ihr ein Werkzeug der bevorstehenden Kulturrevolution sah. Groß vertrat Ideen von einem Leben ohne autoritäre Strukturen, ohne Monogamie in einer Gemeinschaft der gegenseitigen Selbsterforschung. Das teilweise exzessive Ausleben dieser Ideen brachte ihn in schwerste Konflikte und mehrmals auch auf Grund seiner Kokain- und Morphiumsucht in psychiatrische Zwangsbehandlung. Die Behandlung bei Jung begann mit gegenseitiger überschwänglicher Sympathie. Jung bezeichnete ihn bald als seinen geistigen Zwillingsbruder (was auch ein Licht auf seinen Hang zur Herstellung symbiotischer Beziehungen wirft) und Groß begann den Spieß umzudrehen und seinerseits Jung zu analysieren und floh kurze Zeit später aus der Klinik. Jung war tief enttäuscht, fühlte sich allein gelassen und er war nicht unbeeindruckt geblieben von Groß' Ideen zur sexuellen Polygamie.

Bei der nächsten Begegnung mit Spielrein gestand er ihr die Tiefe seiner Gefühle zu ihr und um diese Zeit kann die Aufnahme einer Liebesbeziehung zwischen beiden angenommen werden.

Ende November 1908 wird das zweite Kind Jungs, der Sohn Franz geboren. Etwas später scheint Jungs Frau Emma die Initiative ergriffen zu haben, um das außereheliche Verhältnis ihres Mannes zu beenden. Sie scheint einen anonymen Brief an die Mutter Sabinas geschrieben zu haben, in dem es hieß, diese solle ihre Tochter retten.

Als die Mutter sich daraufhin an Jung wendet, beginnen sich die Dinge zu überschlagen, denn Jung antwortet: »Ich bin ihr also vom Arzte zum Freunde geworden, indem ich aufhörte, mein eigenes Gefühl in den Hintergrund zu drängen. Meine Rolle als Arzt konnte ich umso leichter aufgeben, da ich mich ärztlich nicht verpflichtet fühlte, denn ich habe nie ein Honorar verlangt. Dieses letztere ist es, welches die Grenzen, die dem Arzt gezogen sind, deutlich markiert. Sie werden nun verstehen, dass ein Mann und ein Mädchen unmöglich auf die Dauer unbegrenzt freundschaftlich verkehren können, ohne dass möglicherweise auch einmal weitere Konsequenzen dazutreten ...« (zitiert nach Carotenuto 1984, S.92). Der Brief endet mit der Festlegung eines Honorars von zehn Franken die Stunde.

Dieser Brief gilt seither als ein Musterbeispiel für Herzlosigkeit und

Feigheit – und Spielrein musste ihn als Verrat empfinden. Der amerikanische Psychoanalytiker Zvi Lothane weist aber in seinem Beitrag darauf hin, dass man nicht nur vom heutigen Stand der Zunft auf die damalige Situation schließen solle. Wie eine psychoanalytische Beziehung zu gestalten sei, mussten die Pioniere der Psychoanalyse erst mühsam durch schmerzhafte Erfahrungen am eigenen Leib lernen. »Unzureichende Honorarvereinbarungen sind eine ebenso gefährliche Grenzverletzung wie jede andere Unterlassung oder jeder andere Übergriff in der psychoanalytischen Ethik« – folgert Lothane (Hensch 2003, S. 254).

Jung stand damals von allen Seiten unter Druck: von Seiten seiner Frau, von Seiten Sabinas, die er weiter heimlich getroffen hatte und die die Beziehung nicht aufgeben wollte und von Seiten der Psychoanalyse und Freuds. In einem Monat sollte die erste Nummer des psychoanalytischen Jahrbuchs erscheinen und die Frage, inwieweit man sich mit sexuellen Fragen in der Therapie beschäftigen sollte, spaltete die Ärzteschaft der Schweiz. Sollte sich herausstellen, dass der Redakteur dieser ersten Nummer ein sexuelles Verhältnis mit einer Patientin hat, hätte dies in Jungs Phantasie und dies wahrscheinlich nicht zu Unrecht unabsehbare Folgen für die Psychoanalyse und alle Freud-Anhänger gehabt. Es ging um seine Ehe, seine Karriere und um seinen Ruf bei Freud, seinem Quasi-Vater, der sich über Groß und dessen Eskapaden so geäußert hatte: »Er ist verfallen und wird unsere Sache nur schwer schädigen« (zitiert nach McGuire/Sauerländer 1974, S.180). Beiden Männern geht es in diesen Belangen zu dieser Zeit immer um die Sache, weniger um die Personen. Dahinter steht auch die Freud'sche Phantasie, wie Mario Erdheim bemerkt, »die Psychoanalyse müsse verteidigt werden, man müsse sie vor dem Untergang retten, sie könne unwiederbringlich verloren gehen« (Erdheim 1988, S.158).

Cremerius fühlte sich veranlasst, angesichts der Kenntnis der Geschichte Jung – Spielrein Carl von Weizsäcker zu zitieren: »Wenn die Erkenntnis uns an der Liebe hindert, so müssen wir die Erkenntnis aufgeben« (zitiert nach Hensch 2003, S.28). Um Erkenntnis ging es nicht einmal – es ging um die Sache der Durchsetzung der psychoanalytischen Idee.

Wegen dieser Sache und um seine Haut zu retten, eröffnete Jung Sabina nach dem Briefwechsel mit ihrer Mutter, dass er sie nicht mehr heimlich treffen wolle und dass sie ab nun wieder einmal in der Woche zu ihm kommen solle, zur Analyse und mit Bezahlung, um die Symptome ihrer unerfüllten Wünsche zu bearbeiten. Er sei nun wieder ihr Arzt. Daraufhin schlug Spielrein nach ihm und verließ ihn.

Sie war danach wie von Sinnen und in Gefahr, wieder zu erkranken. Im Mai 1909 unternahm sie einen Schritt, von dem sie sich in ihrer verzwickten Lage den einzigen Ausweg versprach. Sie schrieb an Freud. Sie hatte alle seine Schriften gelesen und wusste von der besonderen Beziehung von Jung zu Freud. Sie suchte einerseits verzweifelt nach Hilfe und machte so den Versuch einer Triangulierung, um aus der zerstörerischen Zweiersymbiose herauszukommen, andrerseits war dies mehr oder weniger bewusst auch eine Möglichkeit zur Rache. Sie konnte nicht ahnen, dass die beiden Männer sich zunächst gegen sie verbünden würden. Freud setzte Jung umgehend von ihrem Brief in Kenntnis – dieser schrieb ihm eine sehr beschönigende Version seiner Beziehung zu Spielrein zurück. In seiner Antwort darauf benutzt Freud zum ersten Mal in der Geschichte der Psychoanalyse den Begriff »Gegenübertragung« und signalisiert Verständnis von Mann zu Mann, von Analytiker zu Analytiker.

Nachdem Freud also Jung seiner Solidarität versichert hat, schreibt er an Spielrein: »Aus der Beilage zu Ihrem Schreiben kann ich etwa entnehmen, dass ein nahes Freundschaftsverhältnis zwischen ihnen bestanden hat, und aus der gegenwärtigen Situation ist leicht zu erraten, dass es nicht mehr besteht. ... Aber wenn ich mir auf Grund der obigen Voraussetzungen erlauben darf, ein Wort an Sie zu richten, so möchte ich Sie zur Selbstprüfung auffordern, ob die Gefühle, welche diese Beziehung überdauert haben, nicht etwa verdienen, unterdrückt und erledigt zu werden, in der eigenen Seele meine ich und ohne äußere Aktion und Heranziehung dritter Personen« (zitiert nach Hensch 2003, S. 110).

Sie soll versuchen, allein damit fertig zu werden. Daraufhin findet sie in ihrer Wut die Kraft, die ganze Geschichte für sich aufzuschreiben und sich damit auch von ihr zu distanzieren. Es kommt zu einer weiteren Auseinandersetzung mit Jung, in der sie ihn unter anderem zwingt, Freud die Wahrheit zu schreiben. Jung schreibt auch wirklich einen tief zerknirschten Brief an Freud, in dem er den Brief an Sabinas Mutter nun als »eine durch Angst eingegebene Schufterei« (zitiert nach Hensch 2003, S. 235) charakterisiert. Mit dieser kleinen Genugtuung für Spielrein scheint die ganze Geschichte erstmal erledigt – Jungs Ehe ist gerettet, der Sache der Psychoanalyse ist kein Schaden entstanden. Sabina hat durch Rücknahme aller ihrer Projektionen und hohe Einsichtsfähigkeit trotz ihrer großen Verletzung keinen Skandal verursacht. Alle Beteiligten sind mit Verdrängen beschäftigt und mit kreativem Sublimieren.

Freud und Jung gründen im März 1910 die Internationale Psychoanalytische Vereinigung und Jung wird ihr erster Präsident.

Spielrein hat in dieser Zeit an ihrer Dissertation gearbeitet: *Über den psychologischen Inhalt eines Falles von Schizophrenie*. Über diese Arbeit kommt sie auch wieder mit Jung in Kontakt und ihre weitergehende Liebe zu ihm wieder zum Aufblühen. Sie versucht, sich durch Arbeit im Zaum zu halten und schreibt in diesem und den folgenden Jahren die meisten ihrer theoretischen Schriften. Die bedeutendste von ihnen ist die 1912 geschriebene *Die Destruktion als Ursache des Werdens*. Sie entwickelt in dieser Schrift eine Theorie dazu, warum ausgerechnet die sexuellen Wünsche gezielt der Verdrängung unterliegen. Ihrer Meinung nach kann man Sexualität nicht nur als Streben nach Lust, sondern auch nach Verschmelzung definieren. Damit enthalte die Sexualität vom Standpunkt des Ego aus eine implizite Drohung zur Selbstauflösung – sogar bis zum Tode hin. Wegen dieser Angst vor der Selbstauflösung werde das sexuelle Verlangen immer auch von Abwehrreaktionen begleitet – meist durch das Auftauchen innerer Bilder von Tod und Zerstörung. Destruktion sei so immer ein Teil der Sexualität. Dies war und ist eine sehr kluge und durchdachte Arbeit mit damals völlig neuen Gedanken, und wenn man so will, auch ein theoretisches Durcharbeiten ihrer persönlichen Erfahrungen. Diese Arbeit ist zum Zeitpunkt ihres Erscheinens kaum wahrgenommen worden und eben als Fußnote in die Psychoanalyse eingegangen. In seiner 1920 veröffentlichten Arbeit *Jenseits des Lustprinzips*, in der er unter anderem den Terminus der Todestriebes schafft, bezieht sich Freud in einer Fußnote auf die Schrift von Spielrein. Seitdem wird sie als diejenige missverstanden, die Freuds Theorie vom Todestrieb vorweggenommen habe. Dies ist schlicht falsch. Sie hat versucht, das Problem der Ambivalenz von Sexualität aufzuhellen und dabei das Wirken destruktiver Kräfte erkannt und schließlich ja auch am eigenen Leib erfahren – aber weder der Begriff noch der Tatbestand eines Todestriebes stammen von ihr.

Wie kommt es, dass ihre bedeutende Arbeit so untergegangen ist? Ich meine, weil sie die Männer darüber richten ließ und weil sie gleichzeitig in den beginnenden Krieg zwischen beiden geriet.

Sie schickte ihre Schrift zunächst Jung zur Beurteilung. Gleichzeitig beschloss sie, nach Wien zu gehen, um ihre Züricher Ausbildung bei Freud zu vervollkommnen. Sie war die zweite Frau, die Mitglied der Wiener Psychoanalytischen Vereinigung wurde und auch an den Mittwochs-Gesellschaften teilnahm.

Zwischen Jung und Freud waren inzwischen einige persönliche Dinge passiert und Jung begann sich mit seinem Werk *Wandlungen und Symbole der Libido* von Freud zu emanzipieren und eigene Wege zu gehen. Er hatte Freud darüber allerdings nicht eingeweiht. Spielrein wurde nun mehr oder weniger freiwillig die Botin. Sie stellte im Mittwochs-Kreis ihre Arbeit vor, sehr geprägt von der Züricher Schule – und Freud fiel fast vom Stuhl. Im Anschluss an ihren Vortrag kritisierte er Jung auf das heftigste – jedenfalls das, was er in Sabinas Vortrag von ihm herauszuhören meinte. Wieder witterte er Verrat und ahnte den kommenden Abfall von Jung. Während man diese Aktion Spielreins auch als eine weitere Rache von ihr sehen kann, beginnt nun auch Freud sich gewissermaßen vorauseilend an Jung zu rächen: Er nimmt Sabina nun unter seine Fittiche. Er widmet ihr Zeit, sie bespricht ihre Träume mit ihm und er überweist ihr Patienten. In dieser Gemeinsamkeit wird es nicht ausgeblieben sein, dass auch ihre Beziehung zu Jung erneut besprochen wurde, zumal sie ihn immer noch liebte. Wie auch immer – im Laufe ihrer näheren Bekanntschaft scheint Freud seine Zuneigung zu Jung zu verlieren oder man könnte auch sagen, seine Idealisierung Jungs bricht zusammen. Und dies wahrscheinlich nicht so sehr, weil ihm der ganze Umfang der Jung-Spielrein-Affäre deutlich wird – solche Geschichten waren in den Gründerjahren gar nicht so selten und ungewöhnlich. Er witterte vielmehr in den ganzen spirituellen und mythologischen Verklärungen dieser Liebesgeschichte eine schlimme Form von sexueller Heuchelei, die sich hinter religiöser Phrasendrescherei versteckte – dabei noch hinter christlicher. Freud war gezwungen, Jung nun als einen von sich getrennten und von sich doch sehr verschiedenen

Mann zu erleben, wobei er nun plötzlich ihre Verschiedenheit an diesem Punkt festmachte: Jude und Arier. Während er vorher immer die Nützlichkeit des Ariers für die Bewegung betont hatte, schreibt er im August 1913 an Sabina: »Wir sind und bleiben Juden. Die anderen werden uns immer nur ausnützen und uns nie verstehen oder würdigen« (zitiert nach Hensch 2003, S.118). Er versteigt sich nach dem endgültigen Bruch mit Jung sogar zu dem Vorschlag, dass sie den »Tyrannen« (ebd., S.114), »den germanischen Heros« (ebd., S. 116) in einer Analyse bei ihm »beseitigen« könne. Dazu wenigstens kommt es nicht.

Sabina Spielrein wird zum Katalysator der Trennung beider und zahlt den Preis, dass beide ihre Person und Arbeit nicht würdigen und sie in das Vergessen schicken. Aber den Männern geht es auch nicht gut. Jung hatte nach dem Bruch mit Freud eine psychotische Episode und Freud war tief verletzt, aber mit dem Ring der treuen Paladine, der dann um ihn geschaffen wurde, hatte er bessere Abwehrmöglichkeiten. (1914 wurde auf Vorschlag von Jones das geheime Komitee geschaffen, dass aus den treusten Anhängern Freuds bestand und ihn und die Psychoanalyse besonders schützen sollte.)

Bei Freud wurde Spielrein später eine misszuverstehende Fußnote, bei Jung wurde sie unsterblich – allerdings nicht mit ihrem Namen, sondern als Anima. Jung hat bekanntlich später die Theorie vom Anima-Archetypus geschaffen – die Frau oder die weibliche Kraft im Manne. Er schilderte, dass er durch eine innere weibliche Stimme dazu gekommen sei: »... und erkannte sie als die Stimme einer Patientin, einer begabten Psychopathin, die eine starke Übertragung auf mich hatte« (Jung 1971, S.188). So hat er es offiziell in seinem Werk geschrieben und er musste sie dabei wieder zur Patientin machen. In einem Brief an Spielrein im September 1919 hat er es anders ausgedrückt: »Die Liebe von S. zu J. hat in letzterem etwas bewusst gemacht, das er vorher nur undeutlich ahnte, nämlich eine schicksalsbestimmende Macht des Ubw. die ihn später zu den allerwichtigsten Dingen führte. Die Beziehung musste ›sublimiert‹ sein, weil sie sonst in die Verblendung und in die Verrücktheit geführt hätte ... Bisweilen muss man unwürdig sein, um überhaupt leben zu können« (zitiert nach Hensch 2003, S.217).

Aber das letzte Wort soll Sabina Spielrein haben aus ihrer Schrift *Die Destruktion als Ursache des Werdens*: »Bei der Liebe ist die Auflösung des Ich im Geliebten zugleich die stärkste Selbstbejahung, ein neues Ichleben in der Person des Geliebten. Fehlt die Liebe, dann ist die Vorstellung einer Veränderung des psychischen oder körperlichen Individuums unter dem Einfluss fremder Kraft ... eine Vernichtungs- oder Todesvorstellung« (Spielrein 1913, S. 92 f.).

Literatur

Carotenuto, Aldo (1986): Tagebuch einer heimlichen Symmetrie. Freiburg i. Br. (Kore).

Erdheim, Mario (1988): Psychoanalyse, Institution und Unbewusstheit. In: ders.: Die Psychoanalyse und das Unbewusste in der Kultur. Frankfurt am Main (Suhrkamp).

Hensch, Traute (Hg.) (2003): Sabina Spielrein. Tagebuch und Briefe. Gießen (Psychosozial-Verlag).

Jung, C.G. und Riklin, Franz (1904): Experimentelle Untersuchungen über die Assoziationen Gesunder. In: GW Bd I

Jung, C.G. (1905): Psychoanalyse und Assoziationsexperiment. In: GW Bd II

Jung, C.G. (1971): Erinnerungen, Träume, Gedanken. Hg. von Jaffe, Aniela, Olten/Freiburg i. Br.

Kerr, John (1993): Eine höchst gefährliche Methode. Freud, Jung und Sabina Spielrein. München (Knaur) 1996.

McGuire, William und Sauerländer, Wolfgang (Hg.) (1974): Briefwechsel Sigmund Freud/C.G. Jung. Frankfurt am Main (S. Fischer).

Spielrein, Sabina (1913): Die Destruktion als Ursache des Werdens. In: dies.: Sämtliche Schriften. Gießen (Psychosozial-Verlag) 2002.

Tanguy, der Nesthocker von Étienne Chatiliez

Florence Wasmuth

Im Paris der 70er Jahre kommt Tanguy zur Welt. Damals ging es um Utopien gesellschaftlicher Erneuerung und den Traum von der Erweiterung des Horizonts. Eine Geburt ist eine Revolution. »Sind sie dabei?« wird der Vater gefragt, der in der Eile auf dem Weg zum Krankenhaus vergessen hat, sich eine Hose anzuziehen. Um welche Revolution handelt es sich für den werdenden Vater? Ein junges Paar wird zur Familie: aus zweien sollen drei werden. Der Geburtstermin ist überschritten. Was passiert bei der Geburt? Während der Vorbereitung geht der zukünftige Vater raus, als der Arzt der schwangeren Frau eine Spritze zur Anästhesie geben will. Ist es noch üblich, so wie früher, den Vater von Frauensachen fern zu halten? Vielleicht ist ihm die Auseinandersetzung mit dem Schmerz seiner Frau bei der Geburt unerträglich? Oder fühlt sich der Partner durch die Interventionen der medizinischen Fachkräfte überflüssig – depotenziert? Auf jeden Fall ist der Mann verunsichert. Wir sehen danach keine Szenen mit dem Vater und seinem Baby, wir sehen immer wieder nur die Mutter in einer engen »ewigen« Beziehung mit ihrem Nachkömmling.

Eine Geburt reaktiviert tiefe emotionalen Wünsche und Verunsicherungen im Unbewussten. Der Vater erlebt nun seine Frau als Mutter eines Kindes, und so verblasst hinter dem Mutterbild die Partnerin und Liebhaberin. Der Vater kann das Baby als Rivalen erleben, so wie bei der Geburt eines jüngeren Geschwisters. Seine Männlichkeit, sein Vertrauen in den narzisstischen Wert des männlichen Körpers wird durch die Leistung, die Potenz des Gebärens erschüttert. Wie können sich die Eltern als Paar wieder finden? Man könnte sagen, eine Geburt verbindet das Paar als Eltern und trennt sie als Paar zugleich. In unserer Geschichte hat das Paar etwas nicht zusammen erlebt: den befürchteten und doch überschaubaren Schmerz der Geburt. Etwas hat das Paar gemeinsam – und das ist das Kind. Etwas hat dieses Paar *nicht* gemeinsam und das ist der Schmerz und die Leistung der Geburt. Außerdem erlebt der junge Vater, der nicht im Kreißsaal dabei ist, die Erschütterung über sein Vater-Werden allein und nicht mit seiner Frau zusammen. Mutter- und Vater-Werden heißt, grundsätzlich verschiedene Erfahrungen zu machen, die die Eltern als Paar trennen können. Man ist nicht mehr der Einzige für den Anderen, sondern muss seine Zuwendung auf zwei Menschen aufteilen, wobei diese Besetzungen widersprüchlich sind. Die Gefühle für den Partner und das Kind sind ambivalent. Der Vater erlebt gegenüber seinem Sohn Rivalitätsgefühle (daher seine Strenge im Gegensatz zur Großzügigkeit der Mutter). Er fühlt sich aus der Symbiose Mutter-Kind ausgeschlossen. Die Mutter behütet ihr Kind und hält es unter Kontrolle, sie klagt aber auch über die Belastungen in ihrer Rolle. Wenn der Vater seine Rivalitäts- und Neidgefühle nicht überwinden kann, wird er der Mutter entweder den Rücken kehren und sie mit dem Kind allein lassen, oder er wird autoritär handeln und die Bindung Mutter-Sohn bekämpfen. Beides führt zur Überforderung der Mutter-Frau. Für sie besteht noch ein Dilemma. Sie hat zwei Arten von Beziehungen zu besetzen: eine neue und sehr enge Beziehung zum Kind und eine ältere Beziehung zum Partner. Die Konkurrenz zwischen diesen Besetzungen reaktiviert kindliche Ambivalenzmuster mit negativen Gefühlen, unbewussten Aggressionen und Ängsten.

So gesehen ist die Geburt eines Kindes überhaupt kein glückliches Ereignis. Im Gegenteil: Die Eltern muten einander als Paar viel zu! Der Vater wird als Ehemann von heute auf morgen entthront und von seiner Frau vernachlässigt. Abgesehen davon kann der weibliche Schmerz der Geburt infantile Schuldgefühle im Mann reaktivieren und beängstigende aggressive unbewusste Fantasien aufdecken. Die Eltern müssen, um die Trennung durch die Geburt zu überwinden, wieder neu zueinander finden. Die Liebe muss über die Rivalitätsgefühle und Verletzungen siegen. Das bedeutet für den Mann: Nach der Ambivalenz und den Schuldgefühlen über das Leiden der Frau muss die Sorge für das Objekt und die Verantwortung für die Mutter-Kind Dyade zu einer Identifikation mit seiner Vater-Rolle führen. Und die Frau muss anerkennen, dass sie ihrem Partner etwas Schreckliches antut, indem sie das Baby ihm vorzieht, aber sie tut es, weil es auch sein Kind ist. So kann sie einerseits ihre Rolle als Mutter mit der der Partnerin und andererseits die Rolle ihres aus der Dyade ausgeschlossenen Mannes mit seiner als Vater versöhnen. Unbewusste Aggressionen müssen bejaht und integriert werden, damit die Beziehung des Elternpaares weiterleben und sich weiterentwickeln kann.

Dies ist oft nicht der Fall. In unserer Geschichte gelingt es dem Paar nicht. Der Vater lebt selbst noch in einer engen Beziehung mit seiner eigenen Mutter. (Sein Vater ist abwesend.) Er geht großzügig mit seinem Sohn um, hat Verständnis für seine vielen Freundinnen und für sein langes Studium. Die Mutter ist wiederum eine Frau, deren Vaterbild dominant ist. Sie befindet sich noch in der Abhängigkeit von ihrem Analytiker-Vater, kann ihm genau so wenig wie ihrem Sohn kündigen. Die Filmeltern sind also *fixiert*, ihre eingefrorenen Bindungen an die eigenen Elternteile verhindern, dass sich das Paar als Frau und Mann begegnen kann.

Das Einzelkind, das die Eltern im Film haben, ist ihnen das Teuerste überhaupt. Sie *idealisieren* ihr Kind. Was sie als Paar bindet, ist das Kind. Es ist das gemeinsame Gut, das die Beziehung zementiert. Es verkörpert ihr gemeinsames Leben, es ist ihr Projekt, ihr Ein und Alles. Wenn Eltern für einander wenig tun können, werden sie um so mehr für ihren gemeinsamen Sprössling machen. Die Erziehung, die Gesundheit, die Schönheit und die Bildung ihres Kindes werden zu ihrem idealen Ziel. Eltern gewinnen so scheinbar ihre narzisstische Kompetenz zurück, die sie wegen der Unfähigkeit, ihrer negativen Gefühle und verdrängten Aggressionen zu integrieren, verloren haben. Und nun verstehen wir, weshalb sich auch Tanguy nicht lösen kann: Konflikte und Aggressionen werden in seiner Familie grundsätzlich vermieden und bleiben in der

Beziehung der Eltern unausgesprochen. Die Mutter bleibt auf den »kleinen Tanguy« fixiert, zumindest am Anfang des Films. Ihre Fürsorge, die Mutter-Rolle möchte sie einerseits nicht missen, sie möchte den Sohn noch klein behalten. Andererseits wird ihr diese Rolle immer mehr zuwider: Sie wirft seinen Joghurt und seine Hemden weg. Nahrung und Kleidung werden weggeschmissen. Der Vater mag den jungen Mann, der, weil er viele Freundinnen mit nach Hause bringt, auch seiner Männlichkeit schmeichelt. Er wirft ein Auge auf diese Bekanntschaften und profitiert von seinem inzestuösen Blick. Andererseits fühlt er sich von der Zur-Schau-Stellung der Männlichkeit seines Sohnes auch provoziert und schließlich irritiert.

Der Film beschreibt das Zurückgewinnen der Aggressionen durch die Eltern, die während der Erziehung ihres Sohnes tabuisiert waren: »Mama, ich liebe Dich, Papa, ich liebe Dich, versprochen?« Die Eltern entdecken ihre Unabhängigkeitswünsche gegenüber dem Sohn, genau so wie es Adoleszenten normalerweise tun, wenn sie beginnen, sich von ihren Eltern zu lösen. Die Komik des Films besteht in der Umkehrung der Rollen. Der Sohn übernimmt die Rolle gleichmütig-geduldiger Eltern. Das Paar begehrt auf und findet langsam wieder zueinander, als der Sohn nicht mehr ihr gemeinsames ideales Projekt verkörpert und sie ihn als einen Fremdkörper erleben, der ausgeschieden werden muss. Ihre Liebe und ihre Fürsorge verwandeln sich in einen Komplott, der die Eltern vereinigt. Sie ersparen sich dabei Konfrontationen in ihrer Beziehung. Dieser erste Versuch gelingt aber nicht: Tanguy kehrt nach seiner China-Reise wieder in die elterliche Wohnung zurück.

Der Sohn ist ein guter Sohn! Er übernimmt die Strategie der Eltern und vermeidet Aggressionen in den Beziehungen zu seinen Partnerinnen ebenso wie mit seinen Eltern. Er lebt seine Beziehungen, ohne Verantwortung zu übernehmen. In seiner Vorliebe für die chinesische Kultur und Philosophie findet er eine praktische Rechtfertigung für seine Vermeidung von Aggressionen. Chinesische Weisheit ist unerschütterlich. Auch der Versuch der Eltern, für Tanguy eine eigene Wohnung zu mieten, scheitert. Tanguy bekommt dort psychosomatische Herzangst-Anfälle und Atemnot, als seine Eltern ihn allein wohnen lassen. Autonomie ist eben kein Geschenk, das Eltern ihrem Kind machen können. Sie ist mit einem harmonischen Klima nicht zu vereinbaren. Dazu müssen Aggressionen ausgelebt werden, um den Loslösungsprozess in Gang zu setzen.

Welcher Konflikt schafft es, dieses Abhängigkeitsverhältnis zu erschüttern? Es ist das Thema Geld, das den Vater außer sich bringt. Plötzlich bricht der herbe Geschmack der Ausbeutung durch die Abhängigkeit ans Licht, und der Vater lässt seiner Wut auf den Sohn freien Lauf. Den gut bezahlten Job hat er seinem Sohn auch noch besorgt. So ist der Vater in seine eigene Falle gegangen: Wollte er für seinen Sohn nicht die beste Karriere, die beste berufliche Zukunft? Jetzt ist es aus mit der väterlichen Fürsorge und Schluss mit der gegenseitigen Ausbeutung! Aber was ist das Ergebnis? Der angegriffene Sohn stellt sich endlich dem Streit und klagt seinen Eltern an. Das Gesetz, der Paragraf 203, schützt das Recht der Kinder. Das Gesetz und nicht der Richter, der als Vater auch Verständnis für Tanguys Vater hat, gibt dem Sohn recht: Ein Vater hat seinen Sohn zu umsorgen. Er muss ihn auch bei sich in der Wohnung behalten und Grenzen setzen können, ohne ihn rauszuwerfen. Was der Vater einstecken muss, wird auch durch die Spritze dargestellt. Wie erinnern uns: Die Mutter hatte bei der Geburt eine Spritze bekommen. Der Vater muss sich dem Gesetz unterwerfen, aber er tut es widerwillig und bleibt wütend.

Eine andere Vaterfigur des Films, der Analytiker der Mutter von Tanguy, lässt sich ebenfalls von seiner Tochter einwickeln. Vor der Nase seiner Patientin gibt er seiner Tochter die Autoschlüssel. Tanguys Mutter spürt in dieser Szene als Patientin deutlich, dass der Analytiker auch nur ein Mensch und sie nicht die einzige für ihn ist, und sie beginnt sich zu lösen.

Der Vater treibt den Paragrafen 203 nun auf die Spitze. Er will aus seinem Sohn wirklich ein kleines Kind machen, kauft Spielzeug und steckt ihn in Kindersachen. So kommt die ödipale Rivalität endlich ans Licht. Je mehr er seinen Sohn aber erniedrigt und »kastriert«, desto mehr potenziert die Mutter ihn unbewusst, indem sie z.B. als Schülerin an seinem Sprach-Kurs teilnimmt. Schließlich findet sie Gefallen an einem Schüler ihres Sohnes und betrügt mit ihm ihren Mann. Gerade an diesem Punkt leben die Eltern ihre Gefühle von Eifersucht, Neid und ödipaler Rivalität aus: Der Vater hat den Sohn als Rivalen erniedrigen wollen, und die Mutter hat ihn indirekt, durch seinen Freund, zum begehrten Objekt gemacht. Auf dem Höhepunkt des Dramas wacht der

Vater nachts ängstlich auf: Seine quälende Eifersucht muss gestillt werden! Die Schläge, die er für seinen Sohn durch den Richter heimlich bestellt hat, fallen aber auf ihn zurück, er selber wird verprügelt. Auch das Geld, das er dafür zahlte, hat er verloren. Analytisch gesehen, muss der Vater selbst die Kastration durch sein Alter und seine begrenzte Position erdulden. Seine eigenen Allmachtsfantasien aus der Jugendzeit, seine scheinbar unbegrenzten Verführungsmöglichkeiten und sein Narzissmus sind nun vom Vater endlich aufzugeben. Aber auch die Mutter büßt ihr Idealbild als fürsorgliche Mutter ein. »Scheiße!« schimpft der Vater. »Meinst du mich?« fragt die Mutter. Bevor sich die beiden mit ihrem menschlichen Schicksal versöhnen können, müssen sie ihre Aggressionen und ihre Trauer ausleben.

Zunächst wird es »stinklangweilig« in der Wohnung. Die Eltern leisten so etwas wie Trauerarbeit, sie kehren zur Normalität zurück, ohne die ganze Aufregung um Tanguy, sie verarbeiten den Verlust. Die Großmutter hat sich ein Bein gebrochen und muss wegen des Paragrafen 203 umsorgt werden. Während sich Tanguy losgelöst hat, ist seine Großmutter alt geworden. Nun ist sie auf die Hilfe ihrer Familie angewiesen.

In der letzten Szene lernen wir die neue Familie Tanguys in China kennen, in der mehrere Generationen unter einem Dach wohnen. Die Integration der widersprüchlichsten Beziehungen scheint gelungen zu sein. Ist es ein Problem unserer westlichen Gesellschaft, dass die Individuationsbestrebungen und die Loslösungen der einzelnen Familienmitglieder die Familienstruktur sprengen, während umgekehrt der Rahmen in den Familienstrukturen traditioneller Gesellschaften die Individuation und Autonomie des Einzelnen hemmt? Vielleicht stehen solche gesellschaftlichen Fragen im Hintergrund des Films. Tanguys Familie erfährt durch die Begegnung mit einer fremden Kultur eine Horizonterweiterung. Die Überwindung von Fremdheit hat mit der Konfliktlösungsfähigkeit der Betroffenen zu tun. Wir könnte uns natürlich noch fragen, ob die Vorliebe für die asiatische Kultur, ob die Begeisterung für Feng Shui, Buddhismus, traditionelle chinesische Heilkunde usw. in der gegenwärtigen westlichen Kultur eine unbewusste Sehnsucht nach einem Wertsystem ausdrückt, das der menschlichen Existenz in seiner Endlichkeit, Wandelbarkeit und Willkür Halt und Konstanz verleihen soll, da die christlichen Religionen diese Funktion nicht mehr ausüben?

Tanguy wird Vater eines Mischlings, der die Begegnung von zwei Menschen aus verschiedenen Kulturen verkörpert und gleichzeitig ihre Integration verspricht. Der Paragraf 203 sichert unabhängig von persönlichen Konflikten die Fürsorge für die Pflegebedürftigen innerhalb der Familie. Drückt er nicht die Notwendigkeit eines Bündnisses aus, Stabilität innerhalb einer modernen, auf Konkurrenz basierenden Gesellschaft zu gewährleisten, die immer mehr Flexibilität, Mobilität und Unabhängigkeit vom Einzelnen fordert? Der Titel des Filmes *Tanguy, der Nesthocker* würde in diesem Sinn auf einen unformulierten Widerstand der jungen Generation hinweisen, sich eben nicht auf eine beschleunigt wachsende und entgrenzte Gesellschaft einlassen zu wollen.

Für die redaktionelle Hilfe sei Reinhard Loup bedankt.

Anmerkungen zu *Dogville* von Lars von Trier

Jan Faktor

Schuld an meinem Entschluss, mich in diesem Vortrag auch auf psychoanalytisches Gebiet zu begeben, hat indirekt Dr. X., ein Analytiker aus unserem Freundeskreis. Er schwärmte eines Tages mit großen Augen über *Dogville* – und als er dann von mir und meiner Frau (die Analytikerin ist) einige vorsichtige Einwände zu hören bekam, wurde er etwas verlegen und sagte *den* entscheidenden Satz: »So habe ich daran noch gar nicht gedacht«. Aber so soll es doch sein, sagte ich mir etwas später. Das Licht geht aus, auch gestandene Analytiker vergessen ihre Ausbildung und lassen die Bilder in sich hineinströmen. Im Kino steckt einfach sehr viel Kraft.

Zuerst zum Lob, zuerst das Positive. Lars von Trier ist meiner Meinung nach ein großer und vor allem mutiger Regisseur. Er ist ein Experimentator, der sich nicht gern wiederholt, er hat das Potential dazu, auch ungewöhnliche Ideen wirklich filmisch und formal präzise umzusetzen. Dabei produziert er Bilder, die man nicht vergessen wird. Für diesen Vortrag musste ich mir einige seiner Filme noch einmal ansehen. Das war nützlich. Sie sind erstklassig gespielt und wunderbar fotografiert – und in ihnen steckt nicht nur handwerkliches Können, sondern auch sehr viel Liebe. Leider wirken sie gleichzeitig ziemlich konstruiert. Lars von Trier provoziert nicht nur, er kann auch meisterhaft verführen, meinen jedenfalls manche Kritiker. Kann man das so sagen?

Wer das Glück hatte, emotional stark besetzte Ideen künstlerisch zu gestalten, der weiß genau, wie befriedigend dieser Vorgang sein kann. Die Befriedigung kommt in erster Linie daher, dass – wie wir seit Freud wissen – unbewusste Quellen freigelegt und relativ ungebremst zum Fließen gebracht werden. Dieser Vorgang wird zwar von einem Gestaltungswillen vorangetrieben, als eine gleichzeitige Kontrollinstanz taugt dabei der Künstler selbst aber nur begrenzt.

Abstrahieren wir jetzt beim Nachdenken über den Schaffungsprozess erst einmal von den mittransportierten (abstrakten, höheren, edlen ...) Inhalten, also davon, ob in einem Werk etwas bloßgestellt, kritisiert oder gefeiert werden soll. Konzentrieren wir uns auf das Angenehme, auf das Genussmoment, und stellen wir uns vor, ob wir uns als Regisseure daran erfreuen würden, unsere reizende Hauptdarstellerin (Emily Watson) einigen ekligen Sexszenen auszusetzen, bis wir sie dann schließlich zweimal dem gleichen Gespann verrohter und sexuell ausgehungerter Matrosen zum Vernaschen vorwerfen würden (im Finale [Kap.7] von *Breaking the Wawes* zu sehen). Ich hoffe nicht. Aber ohne einen gewissen Lustgewinn würde man es schwer über sich bringen, solche Szenen und Bilder so fleischig, so suggestiv in Szene zu setzen. Das gerade Gesagte wirkt eventuell wie eine böswillige Unterstellung. Ich werde im Folgenden versuchen, diese so gut wie möglich zu untermauern.

Sympathisch an Lars von Trier ist, dass er über sich und seine Neurose da und dort einiges preisgibt. Seine Reisephobie ist allgemein bekannt, wegen seiner Beklemmungen geht er z.B. auch nicht mehr ins Kino. Das geht uns im Grunde aber nichts an. Für diesen Vortrag ist eine andere biographische Information von Bedeutung: Seine Mutter erzählte ihm auf ihrem Sterbebett, dass sein Vater gar nicht sein biologischer Erzeuger war. Sie hatte sich dafür von einem Nachkommen eines der bedeutendsten dänischen Komponisten des 18. Jahrhunderts (J.P.E. Hartmann) schwängern lassen, um ihrem Sohn Lars garantiert künstlerische Gene zu verschaffen. Eine Manipulation ganz am Beginn und eine tiefe Verunsicherung in der eigenen Identität durch die Mutter; der Samengeber selbst war obendrein kein Künstler, sondern ein Ministerialbeamter. Zu einem analytischen »Urteil« über Lars von Triers problematische Beziehung zu Frauen müsste man natürlich viel mehr über ihn wissen, mehrere seiner Filme spiegeln die Aggressionen gegen Frauen aber ausgesprochen deutlich wider. Und er gibt sie außerdem offen zu: »Frauen bedrohen mich, das war schon immer so«, murmelte er einmal nach einem Konflikt bei den Dreharbeiten zu *Dancer in the Dark*. Es ist auch kein Zufall, dass von Trier mit seinen beiden großen Hauptdarstellerinnen Björk und Kidman im Bösen bzw. nicht ganz Guten auseinander ging.

Ich persönlich musste beim Nachdenken über Triers Filme von Anfang an an *Männerphantasien* von Klaus Theweleit denken. Theweleits Mammutarbeit beginnt mir der Analyse von Romanen soldatischer und faschistischer Männer. Seine Vorgehensweise funktioniert aber genauso gut, wenn er sich dann – vor allem in seinen späteren Büchern – die übrige Welt- und Kulturgeschichte vornimmt. Minderwertige Kunst entblößt sich natürlich viel unverhohlener als anspruchsvolle, und die anspruchsvolle muss sich für das Preisgeben unbewusster Regungen nicht schämen. Die Anwendung der Psychoanalyse auf die Kunst geht, wie wir wissen, auf Freud zurück. Die einmalige Leistung von Theweleit besteht in der Fülle des zusammengetragenen Materials und der Präzision, mit der er bei der Arbeit vorging. Ein Blick in das Kapitel *Mütter*, und ein Zitat; dieser bezieht sich auf Rudolf Herzogs Roman *Wieland der Schmied* (Theweleit 2000, S. 112–113):

> »Ganz deutlich *will* der Autor diese Frau nur als *Tote* in seinem Roman, als Dulderin. Darin scheint ihr Wert für ihn zu liegen. Also bringt er sie um und schiebt es auf die ›Pest‹.
>
> Das Mutterbild scheint also noch tiefer in sich gespalten zu sein. Auch in der Mutter steckt wohl – besser verborgen – eine böse Seite, der aggressive Regungen von Seiten der Söhne gelten.
>
> Sind nur tote Mütter gute Mütter?
>
> Worauf zielt die Aggression der Söhne? Auf zweierlei: den Müttern die Männer zu nehmen und den Müttern die Lebendigkeit zu nehmen … Sie werden männerlos und kalt gemacht – der Angriff der Söhne gilt also wohl nicht nur ihrer Sexualität, sondern auch der Möglichkeit ihrer warmen menschlichen Nähe, ihrer *Mütterlichkeit*. Beides scheint den Sohn zu bedrohen.«

Zur Frage, ob in den analysierten Werken der »guten« Frau Gutes und nur der »bösen« Frau Böses angetan wird, führt Theweleit in einer Fußnote Folgendes aus:

> »Der ›guten‹ Frau wird nur auf eine *andere* Weise das Leben genommen als der ›bösen‹. Die Idealisierung (= Entlebendigung) ist auch eine Form des Tötens. Und: in der ›bösen‹ Frau wird wahrscheinlich nicht nur die Sexualität der Mutter abgewehrt (die Hurerei), sondern möglicherweise ihr ›tötendes‹ Wesen.«

Zur Illustration noch die Überschriften einiger Kapitel, in denen die Ängste und Abwehrstrategien der Männer illustriert und von unterschiedlichen Blickwinkeln beleuchtet werden: *Die Frau als Aggressor … Die kastrierende Frau … Die rote Krankenschwester … Die weiße Krankenschwester … Die Kameradenschwester … Attacken gegen die Frauen.*

Lars von Trier tut seinen Geschichten weh, verbiegt sie, seine Figuren werden manipuliert – dies könnte jedenfalls derjenige sagen, der sich die Machart der Filme nur intellektuell vornimmt und auf jeglichen kathartischen Genuss von vornherein verzichtet. Aber in der Tat – wenn man die Plots der Filme ohne die Qualität der schauspielerischen Leistungen, ohne den Zauber der Bilder und die raffinierte Kameraarbeit nacherzählen würde, könnte man sie tatsächlich relativ leicht dem Spott preisgeben. Dies gilt besonders für das Musical *Dancer in the Dark*, wo sich einiges an der Grenze zur Trivialkunst bewegt; auch in Groschenromanen oder Kitschfilmen ist die drohende Erblindung der schönen Heldin oder eines ihr nahestehenden Wesens ein beliebtes Motiv. Lassen wir aber die abstruse Geschichte dieses Films beiseite (die wunderbar inszenierten Tanz- und Singszenen waren für mich sowieso das Eigentliche), sehen wir uns lieber an, wie in diesem Film die Aggressionsabfuhr durchgespielt wird.

Die Sängerin Björk spielt hier eine geistig etwas arm ausgestattete Person, eine Tschechin, die vor der Unfreiheit im Lande in die USA geflohen war. Sie ist rein und selbstlos über alle Maßen. So einfältig und ohne jeden Selbsterhaltungstrieb sind aber auch hinterwäldlerische Tschechen nicht, egal wie lange sie hinter dem eisernen Vorhang vegetieren mussten (als gebürtiger Tscheche kann ich es bezeugen). Die Protagonistin *muss* aber so beschränkt sein, sie *muss* in die Fallen von bösen Menschen hineintappen, sie *darf* den sie betreffenden Justizirrtum nicht verhindern – sie soll und muss hingerichtet werden ... Ja, aber warum? Will hier jemand unbedingt das Krachen ihrer Halswirbelsäule hören? Am Ende des Films wird die Heldin, die alles Entlastende tapfer zurückhielt, tatsächlich erhängt, die Hinrichtung kommt voll ins Bild. Björk selbst hat bei den Dreharbeiten vergeblich gegen die Realisierung dieser Szene gekämpft.

Vordergründig geht es in mehreren Filmen von Lars von Trier natürlich um die Verteidigung der Frau, die Filme sollen Plädoyers für ihre Rechte sein, egal ob es den Frauen gefällt oder nicht (sie gehen darin nämlich regelmäßig vor die Hunde). In *Dogville* ist Grace (Nicole Kidman) auch kurz davor. Lars von Trier könnte dazu postwendend sagen: »Die Frau bin ich.« Und ich könnte es ruhig so stehen lassen, da er es sicher ehrlich gemeint hätte. Dass er mitleiden, mitfühlen und lieben kann, glaube ich ihm ohne weiteres. Dass er *nur* Mitleid mit den bedrohten und sich opfernden Frauen hat, kann aber nicht ganz stimmen. Mir scheint es kein Zufall zu sein, dass seine Interview-Äußerungen oft ziemlich widersprüchlich ausfallen.

»Ich bin doch ein Masochist. Oder sagen wir: Meine weibliche Seite ist masochistisch und nur meine männliche sadistisch«, sagt Lars von Trier. Und im gleichen Gespräch für den *Spiegel* (Jenny 2003, S.173): »Als ich klein war, habe ich mich immer ein bisschen geschämt, ein Junge zu sein«. Er ist aber nun mal der männliche Schöpfer, der auf den üblen Opfergang nicht sich selbst, nicht sein Alter Ego schickt, sondern ausschließlich seine weiblichen Figuren, und dies tut er konsequent. Interessant ist, dass solche Opfergeschichten emotional immer noch gut funktionieren. Sie gehen uns prompt unter die Haut, schalten die Kontrolle ab, rühren uns maßlos und bringen uns auf.

Ein Detail noch, das meine These über den »Frauenhasser« zu untermauern scheint: Die Protagonistin in *Dancer in the Dark* heißt Selma – und ich möchte hier die Wahl dieses »unpassenden« Namens kurz deuten. Es ist kein tschechischer Name, für einen Tschechen klingt er fremd, im Lande war er nie gebräuchlich. Bekannt ist er höchstens aus der Schottischen Mythologie (aus der Ossiam-Dichtung von Macpherson: *Gottes Helm*) oder als Vorname der Schwedischen Schriftstellerin Lagerlöf. Im Tschechischen gibt es aber das Wort ŠELMA, allerdings mit einem Häkchen auf dem »S« – was Raubtier, aber auch Schelm bedeutet. Ein anderer tschechischer Name wird in diesem Film zwar nicht besonders korrekt ausgesprochen, von diesem Namen ist das typographisch problematische Häkchen aber nicht wegzudenken (Oldřich Nový, der angebliche Vater von Selma). Ist hier dem Perfektionisten Lars von Trier, der sich unbedingt beraten lassen musste, ein Fehler unterlaufen? Ich kann mir das schwer vorstellen. Er spielt mit uns entweder nur ein kleines Spielchen oder er stellt sich selbst folgende provokante Frage: Steckt in der naiven und reinen Selma gleichzeitig ein gerissenes Biest? (Dieser Erklärungsversuch ist zugegebenermaßen etwas spekulativ. Leider brachte auch eine Kontaktaufnahme mit dem offiziellen Biographen von Lars von Trier keine Klarheit.)

Jetzt zum eigentlichen Gegenstand des Vortrags – zu *Dogville*: Hier bekommen nebenbei die amerikanische Gewalt- und Staatsgewalt-Kultur, die amerikanische Gesellschaft an sich ihre Portion Kritik ab; das versagende Justizsystem der USA, die korrupte und verbrecherische amerikanische Polizei werden vorgeführt. Das konnte aber, analytisch gesehen – und nach dem bereits Gesagten sowieso –, nicht der eigentliche Impuls zu diesem Film gewesen sein. Ich kann den Film auch nicht vereinfachend als eine allgemeine Anklage »des Bösen im Menschen« deuten. Mir fiel aber auf, dass Lars von Trier hier etwas absolut nicht unter Kontrolle hatte – und fand es ausgesprochen bedenklich. Diesen Kontrollverlust möchte ich an dem – vielleicht als Nebenimpuls zu sehenden – Antiamerikanismus von Lars von Trier aufzeigen. Was wird aus dieser legitimen kritischen Haltung im Film wirklich?

Schon *Dancer in the Dark* spielte in den USA – müsste es nicht unbedingt, es ist aber so. Nachdem der Film in den Vereinigten Staaten als antiamerikanisch kritisiert wurde, wurde von Trier ärgerlich und beschloss, eine Fortsetzung zu drehen. Die Nr. 2 haben wir gerade gesehen, es soll eine ganze Trilogie entstehen. *Dogville* ist also ein erklärtermaßen antiamerikanischer Film. Als ich ihn zum ersten Mal sah – und ganz allgemein verstand –, hatte ich gegen seine Lokalisierung lange Zeit keine grundsätzlichen Einwände. Für mich spielte das Geschichtlich-Konkrete erst einmal keine große Rolle. Und ich war froh, dass die Intention des Regisseurs, die ich bereits kannte, nicht zu vordergründig zu Tage trat. Dann kam aber das neunte Kapitel, das große Abschlachten. Ist dieser Film wirklich antiamerikanisch? Ich muss es verneinen. Der Film bejaht stillschweigend die Brutalität der amerikanischen Gangsterfilme, predigt die schlichteste Rächermoral in Wildwestmanier, zelebriert sie sogar – und geht noch weiter. Hier wird nicht einmal auf die – egal wie fragwürdige – Verhältnismäßigkeit der »gerechten« Selbstjustiz geachtet. In einem konventionellen Film würde jemand, der einen anderen ausgebeutet oder schlecht behandelt hat, nicht ohne weiteres umgebracht. Zu dieser Story würde gehören, dass er – egal wann – selbst jemand getötet oder ein Kapitalverbrechen nicht verhindert hätte, also einst moralisch versagt hätte. Wenn zum Beispiel am Ende eines Hollywoodfilms die zum Helden eigentlich passende Partnerin stirbt oder von ihm am Rande der Straße stehen gelassen wird, hat sie sich in der Vergangenheit wenigstens eine Nacht als Hure verkauft. Und sie muss sowieso sterben oder alleine verdorren, weil der Held eben frei bleiben und davon reiten will und muss. Genau das gleiche Klischee liefert der Film *Breaking the Wawes*. Die Heldin opfert sich am Ende ihrer Hurerei-Odyssee, dafür steht der bis dahin querschnittsgelähmte Held von seinem Krankenlager auf und läuft wieder. Wie oft haben wir das schon gesehen!

Es hat keinen Sinn, über die zu Kunst gewordenen Phantasien moralisch zu urteilen. Lars von Trier befindet sich hier – sieht man sich im *Buch der Könige* von Theweleit um – sowieso in bester Gesellschaft. Am Anfang steht die Sage von Orpheus und Eurydike, weiter geht es dann mit Dante, Benn, Hamsun, Brecht, Pound, aber auch mit Kafka und Godard … Das einzige Kriterium, die einzige Frage ist – die allerdings jeder für sich beantworten muss: Hat der Autor seine innere Zerrissenheit für sich so weit verarbeitet, dass wir sie nicht transparent und nackt zu sehen bekommen? Präsentiert er uns im Gegenteil ein geschlossen umgesetztes, ästhetisches Ganzes?

Den religiösen und breit diskutierten Konnotationen in den Filmen von Lars von Trier habe ich nie allzu viel Gewicht beigemessen, ich empfinde sie als aufgesetzt. Der analytische Blick hat den Vorteil, dass er tiefer geht. Bei diesem Zugangsmodus hat man einfach die Möglichkeit, auf die zeitlich weiter zurückliegenden Prägungen zurückzugreifen.

Lars von Trier ist erst als Erwachsener und ehemaliger Kommunist zum Katholizismus übergetreten; und es war, denke ich, sowieso eher eine Provokation, die seinen Eltern galt. Und warum gerade Katholizismus, wenn die Dänen mehrheitlich evangelisch sind? Mein Deutungsangebot: Kann man eine Mutter – repräsentiert hier durch die exzessiv verehrte Jungfrau Maria – in der Phantasie besser quälen, als ihr jederzeit ihren zu Tode gequälten Sohn in die Arme zu legen? Dass sich Lars von Trier als ein religiöser Mensch fühlt, will und kann ich ihm natürlich nicht wegnehmen. Sein künstlich zugelegtes »VON« ist, nebenbei gesagt, dagegen wirklich eine Provokation. In Dänemark ist es generell verpönt, sich als etwas Besseres herauszustellen, egal auf welche Art und Weise.

Zurück zu *Dogville*: Das Provokative in *Dogville* geht sehr weit, ist in gewisser Hinsicht schamlos. Wegen der Versklavung einer Frau wird ein ganzes Dorf eliminiert, ein Baby aus dem Kinderwagen bekommt auch einen sauberen Schuss. Die Logik ist die von Vergeltungsaktionen in totalen Kriegen da und dort auf der Welt – auch dem in Vietnam; von den vielen Genoziden des zwanzigsten Jahrhunderts spreche ich lieber gar nicht. Als ein Spiel mit und gegen die Ästhetik von Hollywood lässt sich *Dogville* auch kaum deuten. Dass von Trier die dumpfe Rache-, Frau-als-Opferlamm- oder Freisein-ist-alles-»Logik« der amerikanischen Klischeekultur fast unschuldig übernimmt, wiegt meiner Meinung nach schwer. Auch deswegen, weil von Trier keine vergleichbaren Absatzstrategen im Nacken zu sitzen hat. Gleichzeitig weiß er aber doch, was er tut und verrät: »Meine Eltern hätten *Dogville* gehasst: Rache ist eine so verbotene Sache«.

Zurück zu der noch offenen Frage, wo die tieferen Impulse zu diesem Film liegen mögen. Eine mögliche, etwas nüchterne Antwort wäre: Der Racheakt von Grace wird in einem einzigen Kapitel durchgezogen, ihre Erniedrigung und die Quälereien werden dagegen viel länger zelebriert – und sie können/sollen ganz ausgiebig »genossen« werden. Die psychologisch meisterhaft dargestellte Gemeinschaft der braven, gleichzeitig auch sadismusbereiten Bürger funktioniert hier unter anderem auch als Spielfläche für die Befriedigung einer zusätzlichen, und zwar gegen das Publikum gerichteten Aggression. Auf die uns Zuschauern angebotene Möglichkeit, unseren latenten Sadismus oder unsere Rachegelüste zu befriedigen und zu genießen, können wir hier nämlich nicht wie in Kampf- und Gewaltfilmen offen zugreifen. Das Angebot des Regisseurs ist in sich tief gespalten, wir werden lange Zeit mitgequält.

Lars von Trier wurde schon in der Kindheit von opferbringenden Frauen stark angezogen, z.B. in dem Märchen *Das goldene Herz*. Nochmals ein Deutungsangebot: Ist ihm seine Mutter etwas schuldig geblieben, weil sie ihn nicht wirklich selbstlos geliebt hat? Tragen hier seine weiblichen Figuren eine Schuld ab? Wir müssen aber sehr gut aufpassen – *Dogville* ist voller intellektueller Fallen und falscher Spuren (dass Grace aus dem Gangstermilieu kommt, erfahren wir erst im letzten Kapitel des Films); und die verräterischen Spuren werden vom Autor gekonnt verwischt.

Ist diese Grace, die so rein ist und so frei von jeglicher Grobheit des Gangstermilieus, in dem sie groß wurde, glaubhaft? Wuchs diese Grace, die nicht verwöhnt zu sein scheint, überhaupt auf dieser Welt auf? Wieso blieb sie trotz des zusammengegaunerten Vermögens der Familie so unverdorben? Grace sollte man nicht als eine lebendige, sondern eher als eine phantasierte Modellfigur begreifen. Eine realistisch dargestellte Gangstertochter, die weiß, wie mit den Gegnern (des Vaters) sonst umgegangen wird, würde sich niemals so lange und widerspruchslos erniedrigen lassen. Als eine Masochistin ist Grace ausgesprochen wenig überzeugend (von Lust am Gequältwerden keine Spur), auch nicht als eine Dulderin aus schlechtem Gewissen, die aus Trotz, also aus negativer Abhängigkeit heraus handeln würde. Für eine überhebliche »Moralterroristin« (eine Unterstellung des Vaters) besitzt sie außerdem nicht die dafür typische Bitterkeit oder eifrige Verbissenheit. Das Gespräch im Auto zwischen Grace und ihrem Vater (großartig gespielt von James Caan) ist daher alles andere als schlüssig, auch die Psychodynamik von Grace' Wandlung ist emotional schwer nachzuvollziehen. Diese Wandlung dient im Grunde nur der auf die Aggressionsabfuhr ausgerichteten Dramaturgie.

Woher kommt nun die Reinheit von Grace? Die Antwort: Sie ist so rein, um als Identifikationsfigur die geeignete Position einnehmen zu können – ihre Qualen sollen besonders ungerecht ausfallen. Der Kreis der vielen Widersprüche lässt sich an dieser Stelle folgendermaßen schließen: Die übermenschliche Dulderin Grace trägt eine imaginäre

Schuld ab. Aber nicht etwa die ihres filmischen Vaters, es ist viel mehr die Schuld einer Mutterfigur, die sich vollkommen außerhalb der Filmhandlung befindet und in der Realität – also der Realität des Autors – zur Sühne nicht gezwungen werden konnte. Wenn aber die (dem Kind) zugefügten Verletzungen nicht wirklich verarbeitet wurden, bleibt bei der späteren künstlerischen Sublimierung als Alternative – statt z. B. der bewussten Trauer – nur eine Art Bestrafung übrig: In Grace wird unbewusst die Mutter durch Leiden bestraft. Grace rächt sich dann allerdings – rächt sich aber nicht unbedingt als die ungerecht abgestrafte Mutter, sie rächt sich genussvoll und unverhältnismäßig eher in der Rolle des »bösen« Kindes. Die angestaute Aggression wird so am Ende des Films noch gekonnt umgeleitet. Die ideelle Zündung zu diesem Film hatte Lars von Trier das Lied von der *Seeräuber Jenny* geliefert (paraphrasiertes Zitat: »Tötet sie alle …«). Die Fokussierung dieses Vortrags auf die Aggressionsproblematik scheint daher mehr als berechtigt.

Eine unangenehme Panne passiert dem Regisseur des heutigen Films noch mit dem letzten Schnitt zum Nachspann; im Grunde ist aber der ganze Nachspann ein grober Fehler. Nachdem viele der einfachen Dorfbewohner von Dogville für ihre, teilweise nur geringen Vergehen als Kollektiv hingemetzelt wurden, sieht man diese bis dahin nur stilisiert dargestellten menschlichen »Monster« plötzlich im realen amerikanischen Alltag. Man sieht Menschen mitten in der schlimmsten amerikanischen Armut – tot oder nicht weit davon entfernt. In schneller Folge blicken einen Gewalt-, Drogen- und Alkoholopfer an, verzweifelte menschliche Wracks. Man sieht diese »Monster«, d. h. gleichzeitig auch die zukünftigen Täter nun leibhaftig (MONSTER – interessanterweise war das beim Anblick der Elendsgestalten das erste, was mir einfiel). Das sind sie also, dachte ich noch halb im etwas bitteren, aber doch erleichternden Rausch, das sind die Kreaturen, die man alle eliminieren sollte, das ist die moralisch minderwertige Masse. Natürlich wusste ich gleichzeitig, dass die Bilder des Nachspanns so nicht gemeint sein konnten. Wie aber? Eben rein ideologisch: Seht mal her, was diese Gesellschaftsordnung mit den Menschen macht – der amerikanische Kapitalismus treibt sie so weit, bis sie zu den schlimmsten Dingen fähig sind (das Milgram-Experiment hat es bewiesen, wie wir wissen). Den Nachspann verstehe ich als ein äußerst hilfloses Ablenkungsmanöver.

Auf den nächsten Film von Lars von Trier bin ich trotz allem gespannt. Sehr sprechend finde ich allerdings seine Äußerung, ihm werde mitunter bange vor seinem eigenen Talent.

Zum Schluss noch ein versöhnliches Zitat aus Theweleits *Orpheus und Eurydike* (Theweleit 1988, S. 102–105):

> »Opheus als Figur der Geschichte … ist ein Hadeserfahrener, der … zulässt, dass seine Frau … geopfert werde der Aussicht oder der Notwendigkeit, ihm selber eine günstige Produktionsposition zu verschaffen … ›Eurydike‹ scheint in der Konstruktion von besonderem Wert zu sein als eine Art Ferment der eigenen Verwandlung und als eine mediale Brücke zu jenseitigen Orten, Körperbrücke zum Hades …
>
> … So ist mir die Vermutung gekommen, es ist nicht aus reiner Liebe, sondern aus anderer Leidenschaft, dass Orpheus sich umwendet … Möglicherweise tut er es, um sie dort unten zu halten in einer Funktion, die für den Secret Service eine Figur wie *Unser Mann in Havanna* hätte … ein wichtiger Pol im Jenseits-Speicher …, zu dem ein Draht zu ziehen wäre … Draht zu einer der Hauptquellen der sog. Inspiration.«

Literatur

Forst, Achim (1998): Breaking the Dreams. Das Kino des Lars von Trier. Marburg (Schüren Presseverlag).

Hauser, Bernd (2003): Hundeleben. Magazin der Berliner Zeitung vom 01.11.2003.

Jenny, Urs (2003): Der Feldherr von Europa. Spiegel 43/2003.

Theweleit, Klaus (1978): Männerphantasien. Frankfurt am Main (Verlag Roter Stern).

Theweleit, Klaus (1998): Buch der Könige. Band 1: Orpheus und Eurydike. Basel, Frankfurt am Main (Stroemfeld/Roter Stern).

Theweleit, Klaus (2000): Männerphantasien 1 + 2. München, Zürich (Piper Taschenbuch).

Insomnia von Christopher Nolan

Herbert Kley

Insomnia ist das Remake eines norwegischen Films von 1997, und zwar, wie der Regisseur Christopher Nolan (der mit *Memento* bekannt wurde) sagt, »das Remake des Subtextes dieses Films«. Wenn man sich beide Filme anschaut, kann man das nur bestätigen. Die Handlungen beider Filme sind sehr ähnlich, es gibt allerdings einige wesentliche Veränderungen, auf die ich später noch eingehen werde.

Wir erleben die Handlung von *Insomnia* aus der subjektiven Sichtweise von Will Dormer. Gleich zu Anfang wird die Ursache seines inneren Konflikts gezeigt, der sich vor dem Beginn des Filmes ereignet hat. Wir als Zuschauer können in diesem Moment noch nicht verstehen, um was es eigentlich geht. Man sieht, wie Dormer sich Blut auf den Hemdsärmel tropft und es wegreiben möchte, was aber nicht gelingt; in den Eingangsbildern und auch später immer wieder wird in starker Vergrößerung gezeigt, wie sich ein Blutstropfen in weißem Gewebe ausbreitet – so wird sich die Schuld von Dormer ausbreiten, ihn immer stärker bedrängen. Über seinen Kontrahenten, man könnte vielleicht auch sagen, über seinen Doppelgänger Walter Finch sagt er: »Er hat eine Grenze überschritten, von da gibt es kein zurück«. Das Gleiche gilt auch für ihn selber. So wie Finch, gekränkt, weil Kay ihn auslacht, diese

Kränkung aus der Welt schaffen muss, sie nicht ertragen kann, so kann Dormer die Kränkung nicht ertragen, zu wissen (oder, wie wir vorsichtigerweise sagen sollten, zu glauben), dass ein von ihm Verhafteter ein Kindermörder ist, es ihm aber nicht nachweisen zu können. Dieses Gefühl der Ohnmacht kann er nicht aushalten, er überschreitet die Grenze des Gesetzes und platziert das Beweismittel, die verräterischen Blutspuren selbst und »befleckt« sich dabei im doppelten Sinn gleich mit. Er hat sich schuldig gemacht und fürchtet jetzt, dass alles andere, was er leistete, damit gleich mit entwertet würde, alle Verbrecher freigelassen werden und er deshalb verhindern müsse, dass dieses eine Vergehen bekannt wird.

Der Film beginnt damit, wie Will Dormer im Flugzeug die Augen aufschlägt, er wird wach; man könnte sagen, er erwacht in einem Albtraum, in einer Tragödie, die aus seinem Vergehen folgt. Er gerät in eine Welt, in der er sich nicht auskennt, in der andere Regeln gelten, in der die Sonne immer scheint oder gar nicht, in der der Polizeichef sagt: »Bei uns ist alles einfach, gute Jungs und böse Jungs«. Er gerät, könnte man etwas gewagt postulieren, in seine Innenwelt, in sein Unbewusstes, in dem einerseits Gut und Böse klar von einander gespalten erscheinen und andererseits das, was richtig und was falsch ist, verschwimmt – wie die Buchstaben des Vorspanns.

Wir werden in dem Film auf überzeugende Weise in die Selbst- und Weltsicht eines Menschen hineingezogen, dessen narzisstisches Gleichgewicht offensichtlich gestört ist, der zunächst nicht ertragen kann, sich im Recht zu wissen, ohne die Macht zu haben, es durchzusetzen; der dann seinen Fehler nicht zugeben darf, weil seine ganze Selbstachtung davon abhängt, keine Fehler zu machen. Dieses Erleben stellt der Film ganz bildlich in der Szene dar, als Finch (der zu diesem Zeitpunkt noch alles unter Kontrolle hat) über die Baumstämme läuft, fast wie Jesus über das Wasser, während Dormer einen Fehler macht und daraufhin in Lebensgefahr gerät. Ein einziger Fehler genügt, um alles, jede Selbstachtung, auszulöschen. Wir, die Zuschauer, lassen uns, mehr oder weniger jedenfalls, davon überzeugen, dass dies die richtige Sicht der Dinge wäre, genauso wie wir später davon überzeugt sind, dass es in seinem Zimmer viel zu hell sei, um schlafen zu können – bis Rachel, die Hotelbesitzerin, das Licht anschaltet und wir sehen, dass es in Wirklichkeit dunkel ist und wir realisieren müssen, genau wie Dormer, dass er aus anderen Gründen nicht schlafen kann. Es ist sein Schuldgefühl, das gleißende Licht seines Gewissens, seines überaus strengen Über-Ichs, das ihn nicht zur Ruhe kommen lässt, das ihn immer wieder sehen lässt, wie das Blut auf seinen Ärmel tropft und wie er Hap erschießt. Zwar sind wir manchmal etwas irritiert, beispielsweise, wenn Dormer feststellt, sein Job sei es, »Schuld zuzuweisen«, so mag einen das verwundern. Sollte er nicht einfach nur aufklären, wer schuldig ist? Aber tendenziell identifizieren wir uns mit seiner Sicht und erleben denjenigen, der sich entschlossen hat, die Wahrheit zu sagen, nämlich seinen Kollegen Hap Eckhard, doch eher als unsympathischen Verräter, der sein Vergnügen im Sinn hat, mit der Hotelbesitzerin flirtet, der an seine Familie denkt und darüber die Aufgabe der Cops aus den Augen verliert – alles gesehen aus der Perspektive von Will Dormer. Aber, nüchtern betrachtet, was tut Hap anderes als zu sagen, was wirklich passiert ist? Und Warfield, der Leiter der Dienstaufsicht, der die Vergehen der Polizisten aufklären will, wird als karrieregeil verachtet und beschimpft, was uns völlig überzeugt.

Familie war ein wichtiges Stichwort. Hap hat eine Familie, Dormer hat nur seine Arbeit, er scheint Beziehungen nicht wichtig zu finden, er schaut nicht aus dem Fenster des Flugzeugs und hat so auch keinen Bezug zu der großartigen, menschenleeren Landschaft um ihn herum, die man zugleich als Symbol für die idealisierte, menschenleere innere Landschaft eines Narzissten sehen kann. »Wir sind hier nicht im Urlaub«, weist er seinen Kollegen zurück, der ihn auf die Schönheit aufmerksam machen will. Er hält Abstand zu den Menschen, denen er begegnet.

Dem Regisseur gelingt es mit verschiedenen Kunstgriffen, uns in die psychische Realität von Dormer hineinzuversetzen. Gleich zu Beginn hören wir ein lautes Dröhnen, das uns zu umgeben scheint, und das wir erst nach einiger Zeit als das Geräusch eines Flugzeugs identifizieren können, dem Dormer genau wie wir ausgesetzt ist. Dann ist die Kamera häufig sehr dicht bei ihm, wir sehen seine inneren Vorstellungen als Bilder aufblitzen, häufig schauen wir ihm über die Schulter; und es ist auch die schauspielerische Leistung von Al Pacino, dass wir auf seiner Seite sind, ihn sympathisch finden. Oder eher, dass wir ihn bewundern, so wie Ellie Burr ihn bewundert, als sie ihr großes Vorbild vom Flugzeug abholt. Er ist der Gute, der ohne Fehler ist, der weiß, wer ein Mörder ist und wer nicht, der der Leiche noch weitere Informationen entlockt, der sofort ein Bild des Mörders hat. Die Arbeit der anderen wird entwertet, Dormer will alles mit eigenen Augen sehen, verlässt sich nur auf sich selber. Auch Hilfe kann er nicht annehmen, beispielsweise als die Pathologin ihn besorgt fragt, ob er schlafen könne, lügt er, statt sich vielleicht von ihr ein Schlafmittel geben zu lassen. Unter dem Schutz und hinter der Mauer dieser Überlegenheit macht sich Dormer auf die Suche, schaut sich das Zimmer von Kay an, und bekommt – natürlich – sofort ein Bild von ihr. Er nimmt eine Beziehung zu ihr auf, könnte man fast sagen. Liebevoll lässt er ihre Haare durch die Finger gleiten, genau wie der Mörder es tat, dann stellt er ihr Bild auf seinen Nachttisch, wohin sich andere vielleicht ein Bild ihrer Frau stellen würden oder das der Geliebten.

Allerdings passiert ihm im Zimmer von Kay der erste Fehler. Er möchte sofort in die Schule, um Randy zu verhören und merkt nicht, dass es schon 10 Uhr abends ist – offenbar ist er in einer Umgebung, in der andere Regeln gelten, in der er sich nicht so sicher fühlen kann. Er ist in Alaska, genauer in »Nightmute«. »Mute« heißt »gedämpft« oder »unterdrückt«, man könnte also frei übersetzen »Nacht weg«. Und das ausgerechnet für jemand namens »Dormer«. »Dormant« heißt »schläfrig«. »Insomnia« – Schlaflosigkeit ist also die Folge. Eine Seite des Lebens, die Nacht, fehlt. Es ist immer hell – wir könnten sagen, das Gewissen schläft nicht, was sowieso stimmt, wie wir Analytiker wissen, aber speziell im Fall von Menschen mit narzisstischen Störungen liegt ein überstrenges Gewissen immer auf der Lauer und verzeiht nichts, keinen Fehler, keine Schuld, so wie Dormer das Licht nicht aussperren kann und sich davon verfolgt fühlt.

In der Schule dann, im Verhör von Randy, ist wieder klar: Die anderen könnte Randy vielleicht einschüchtern oder verunsichern, ihn, Will Dormer, aber nicht. Im Gegenteil, er schüchtert Randy ein und bekommt von ihm zu hören, was er wissen will – und lässt ihn dann sitzen. Er braucht ihn nicht mehr. Dies steigert sich im Verhör von Tanya, wenn wir die gemeinsame Autofahrt einmal so nennen möchten, die er in Angst und Schrecken versetzt, indem er auf den Laster zurast, auf der falschen Straßenseite, aber das ist ja für ihn erlaubt, der Zweck heiligt schließlich die Mittel. Später, gegen Ende des Films, wird er genau die gleiche Situation selbst erleben, zwar nur als Halluzination, aber der Schock ist genauso groß, als er plötzlich einen LKW vor sich zu sehen meint und ihn sogar hupen hört. Inzwischen haben wir erlebt, wie seine Größenvorstellung, sein narzisstisches Größenselbst, schwer erschüttert ist und er Angst hat, Angst um Ellie, die ihm wichtig geworden ist.

Aber zurück zu der zentralen Szene des Films, die passenderweise im Nebel stattfindet. Dormer springt in den Stollen, gerät in den Nebel, wieder ein Bild für sein Unbewusstes, in dem er sich nicht gut auskennt, in dem Gut und Böse ineinander verschwimmen. Immer wieder beteuert Dormer, er habe Hap nicht gesehen, was wir, identifiziert mit unserem Helden, als Entschuldigung gelten lassen mögen. Aber eigentlich heißt das doch: Will hat geschossen, ohne zu wissen auf wen, er hat sich darauf verlassen, dass seine innere Überzeugung richtig ist, und darin besteht seine Schuld. Er handelt, ohne die Realität wahrnehmen und prüfen zu können. Nur folgerichtig doziert er dann im Krankenzimmer gegenüber dem angeschossenen Polizisten, der sich zu Recht Vorwürfe macht: »Alles, was dort geschah, ist die Schuld des Mörders!« Alles wird projiziert, auch die eigene Verantwortung. Und faszinierenderweise bringt uns der Film dazu, das zu glauben.

Nun endlich taucht Robin Williams auf, der zweite große Star – nach 50 Minuten hören wir zum ersten Mal seine Stimme, als er Dormer anruft. Die Verhältnisse scheinen sich zu verkehren, der Detektiv wird zum Gejagten, er wurde aufgespürt vom Verbrecher, der scheinbar mitfühlend mit ihm spricht, ihm Hilfe anbietet. Er habe »alles gesehen«, teilt er Will mit, der versucht, cool zu bleiben, der seine Angst noch im Griff hat. Allerdings spürt er an dieser Stelle, dass sein inneres Bild des guten, des unfehlbaren Cops Risse bekommen hat. Finch sagte ja auch zu ihm: »Wir haben etwas gemeinsam.« Ehe er sein Zimmer verlässt, legt Will seine Dienstmarke auf den Nachttisch, erst ganz am Ende, nach seinem, man möchte beinahe sagen therapeutischen, Gespräch mit Rachel wird er sie wieder mitnehmen.

Eingangs hatte ich den von Robin Williams dargestellten Walter Finch als Doppelgänger von Dormer bezeichnet. Warum? Er scheint doch das genaue Gegenteil, ein Mörder, der skrupellos versucht, die Schuld einem anderen in die Schuhe zu schieben. Aber, wenn man genauer hinschaut, werden immer mehr Ähnlichkeiten sichtbar: beide haben keine Frau, gehen in ihrer Arbeit auf, beide ertragen kein Gefühl der Ohnmacht oder Kränkung und sind bereit, das Gesetz zu brechen, um solche Gefühle aus der Welt zu schaffen. Finch weiß immer ganz genau, wie sich Will fühlt, was er tut, auch er selber konnte nicht schlafen, als er nach Alaska kam. Als sie sich dann, nach fast einer Stunde, erstmals begegnen, entsteht eine fast intime Nähe zwischen beiden, Will trocknet sich in Walters Wohnung ab, füttert die Hunde, geht ans Telefon; auch später auf der Fähre scheinen sie sich fast liebevoll zu unterhalten. Finch erzählt ihm, dass er gerne Polizist geworden wäre, er schaut Dormer bewundernd an. Die Drehbuchautorin Hillary Seitz sagt auf der DVD, sie habe darstellen wollen, »dass Finch auf Dormer steht«. Würde man den Ton abstellen und nur die Bilder sehen, wer würde denken, dass sie Gegner auf Leben und Tod sind?

Deshalb möchte ich die Behauptung aufstellen, dass beide Personen unterschiedliche Seiten eines Menschen mit einer schweren narzisstischen Störung darstellen, der eine ist das ideale, strahlende Vorbild, so wie jeder Narzisst gerne sein möchte – und der von Schuldgefühlen gemartert und innerlich verfolgt wird, wenn er diese Ideale nicht erfüllen kann, der das nach Außen projiziert und sich deshalb von der Verachtung der ganzen Welt bedroht sieht. Er ist »der gute Cop, der nicht schlafen kann, weil ein Teil des Puzzles fehlt«, wie Ellie Dormer zitiert; der andere verkörpert die eher destruktive Seite, die Beziehungen abbricht, ehe sie das scheinbar erstrebenswerte Gefühl völliger Unabhängigkeit zu sehr bedrohen würden, (auch deshalb muss übrigens Kay sterben, weil Finch sie begehrt, schwach wird und sich dann für dieses Begehren ausgelacht fühlt, so wie der Narzisst sich selber für solche libidinösen Wünsche verachtet), der im wahrsten Sinne des Wortes über Leichen geht, um zu Vorteilen zu kommen, der keine Schuldgefühle kennt, Hauptsache, es kommt nichts ans Licht. Während einerseits das Über-Ich zu streng erscheint, scheint es im anderen Falle zu fehlen, genauer gesagt, es wird nach außen projiziert und dann werden die anderen als gefährlich erlebt. Deshalb ist es psychologisch folgerichtig, wenn Finch das Kleid von Kay absichtlich Ellie Burr zeigt und sie damit zu seiner

Verfolgerin macht, seine Aggression in sie hineinprojiziert, und sie dann angreift. Er kann es jetzt tun, denn er wird ja bedroht, es scheint beinahe Notwehr zu sein.

Auch in der Charakterisierung von Walter Finch geht der Film beeindruckend zu Werke. Erst ganz am Ende, als er Ellie Burr zu Boden schlägt, sehen wir ihn Böses tun und schrecken zusammen, als ob wir ihm das nicht zugetraut hätten. Vorher erleben wir ihn als jemand, der vernünftig argumentiert, der alles im Griff hat – und zwar, wie sich bald herausstellt, viel besser als Will Dormer – und der doch nur eine Lösung sucht, die für sie beide am besten wäre und mit der sie unbehelligt weiterleben könnten. Und außerdem, wenn man die Schuld Randy in die Schuhe schieben würde, dann träfe es doch keinen Unschuldigen, ja man könnte sagen, man würde ihn daran hindern, Böses zu tun, was man doch sicherlich erwarten dürfte und insofern täte man Gutes. So einfach ist die Weltsicht des narzisstisch Gestörten. Walter scheint auch hier Will überlegen, er schaltet den Bösen schon aus, noch ehe er Böses tun kann und nicht erst danach. Aus dieser Perspektive aber wird die Realität bedrohlich. »Die Wahrheit ist ein Tyrann«, sagt Finch, und er hat Recht, finde ich. Allerdings sind wir gut beraten, uns dieser Tyrannei zu beugen.

Meine Deutung des Films wird, glaube ich, durch den Vergleich mit dem norwegischen Original bestätigt. Dessen Handlung ist der des Remake sehr ähnlich, allerdings gibt es einige entscheidende Unterschiede. Es gibt keinen Konflikt zwischen den beiden Detektiven. Dormer ist nicht der idealisierte Narzisst, sondern selber aktiv böse. Er schiebt Randy die Pistole unter, erschießt den Hund, geht auf Tanyas sexuelle Offerten ein und liebkost ihr Bein. Und er überlebt am Ende. Dadurch wird er zu einem Narzissten, dessen Verhalten erfolgreich ist, und dem Film entgeht die Dramatisierung eines innerseelischen Konfliktes als etwas, das zwischen zwei Menschen stattfindet.

Einerseits könnte man sagen, dass der norwegische Film in seiner düsteren Stimmung durchaus etwas Realistisches hat, schließlich sind narzisstisch gestörte Menschen häufig sehr erfolgreich. Man merkt eben doch: Unser Film stammt aus Hollywood, wo das Gute am Ende triumphieren soll. Andererseits glaube ich aber, dass es dem Regisseur Christopher Nolan wichtig war, genau diese Konstellation herauszuarbeiten, die in dem Original nur als Möglichkeit angelegt war. Er erzählt die Tragödie eines Menschen, der allwissend sein will, um dem Guten zum Sieg zu verhelfen, und der dadurch selber böse wird. Auch die Stimmung beider Filme ist verschieden, der norwegische ist in graublauen Farben gehalten, eher düster, während der amerikanische ein »heller Film über das Dunkel in der Seele« ist, wie Nolan sagt, er thematisiert also auch in seiner Form die Spaltung zwischen der hellen, idealisierten Seite und der dunklen, destruktiven, die beide zur narzisstischen Persönlichkeit gehören.

Apropos Form: An vielen Stellen legt der Film Wert darauf, das, was psychologisch passiert, auch formal auszudrücken. Beispielsweise, wenn man die beiden Szenen vergleicht, in denen Dormer sich in dem Durchgang befindet, in dem der tote Hund liegt. Beim ersten Mal muss er sich übergeben, nachdem er Hap erschossen hat, und die Kamera fährt ganz langsam auf ihn zu, hat er unser Mitgefühl. Als er die Kugel aus dem Hund herausholt und sich damit entscheidet, die Wahrheit zu vertuschen, zieht sich die Kamera aus der gleichen Perspektive langsam zurück – damit wollen wir nichts mehr zu tun haben. So wird, obwohl zumindest beim ersten Sehen gar nicht bewusst wahrnehmbar, auch formal eine Gefühlsbewegung ausgedrückt, so dass man von dem Film ganz unmittelbar emotional berührt wird.

Aber zurück zu unserem Film, der ja glücklicherweise zu einem anderen Ende kommt, wenn auch die Protagonisten dabei ihr Leben lassen müssen – wenn wir die beiden aber als Seiten einer narzisstischen Störung betrachten, können wir uns da etwas trösten und uns sagen: Diese Störung wird beseitigt, indem Finch im Wasser versinkt und Dormer ins Wasser schaut wie Narziss; anders jedoch als jener verliebt er sich nicht in sein Spiegelbild, sondern ist froh, diese Seite von sich losgeworden zu sein. Er kann jetzt Ellie daran hindern, in seine Fußstapfen zu treten und Beweismittel zu manipulieren, sie auffordern, bei der Wahrheit zu bleiben, und er kann endlich schlafen. »Lass mich schlafen«, sagt er ihr. Im Hintergrund sehen wir den Gletscher, über den er zu Beginn geflogen war, und den ich als Symbol des Narzissmus, der Kälte und Leblosigkeit verstehen möchte; im Vordergrund eine liebevolle Beziehung: Ellie wärmt ihn mit ihrer Jacke und schaut ihn traurig an, sie hat liebevolle Gefühle ihm gegenüber trotz seiner Fehler, die

Wolken reißen etwas auf, wir sehen den blauen Himmel und sind froh, dass Dormer sich jetzt als der wirklich gute Mensch beweist, als den wir ihn von Anfang an erlebten. Allerdings, wir sind traurig, weil er stirbt, so wie wir alle unseren Narzissmus nur überwinden können, indem wir trauern und uns so von Gefühlen der Allmacht und Allwissenheit verabschieden, um die (innere und äußere) Realität wahrnehmen und ertragen zu können. Dann wird es wichtiger, von anderen Menschen geliebt zu werden statt nur bewundert.

Hier ist es vielleicht wichtig zu betonen, was die Unterschiede zwischen Will und Walter sind. Will sorgt dafür, dass die Wahrheit ans Tageslicht kommen muss, z. B. indem er Ellie anweist, den Bericht nicht einfach routinemäßig abzufassen (ganz wunderbar übrigens, wie Hillary Swank in dieser Szene schaut wie ein gescholtenes kleines Mädchen). Es gibt eine Seite in ihm, die Kontakt sucht zum Leben, zu anderen Menschen, zur Wahrheit, während Walter nur noch destruktiv handelt, er möchte Will als Verbündeten, um die Wahrheit vernichten zu können, egal um welchen Preis.

Zuletzt noch die Frage: Wie konnte Will dazu kommen, seinen Narzissmus als alleiniges Regulativ seines Handelns zu überwinden? Eine Frage, die natürlich gerade uns Analytiker brennend interessiert, wenn wir solche Störungen behandeln wollen.

Entscheidend ist seine Begegnung mit Rachel, der Besitzerin des Hotels. Zunächst einmal merkt man von Anfang an, dass sie ihm zugetan ist, ohne ihn aber, wie z. B. Ellie, zu bewundern. Dann hilft sie ihm (und uns auch) dabei zu erkennen, was real ist und was seine Vorstellung. Sie weist ihn darauf hin, dass es in seinem Zimmer nicht hell ist, ohne sich über ihn lustig zu machen. Sie hilft ihm dabei, aufzuräumen, ohne ihn zu beschimpfen. Und sie fällt kein Urteil über ihn, im Gegenteil ermutigt sie ihn, eine eigene Einschätzung zu gewinnen, mit der er leben könnte. Sie hört sich seine Geschichte an (auf der DVD ist übrigens noch eine wunderbare Szene enthalten, in der Will Rachel von seiner Vergangenheit erzählt, die im Film nicht verwendet wurde) und sie sagt ihm, dass ihr kein Urteil zustehe, weil sie zu den Menschen gehört, die nach Alaska kamen, weil sie vor etwas auf der Flucht sind, die also selber schuldig ist und diese Schuld ertragen kann. Nach diesem Gespräch kann Dormer seine Dienstmarke wieder tragen, er kann sich dafür entscheiden, das

Gesetz zu befolgen und sich, sozusagen, wieder ins Gesicht sehen. Jetzt fühlt er sich nicht mehr verfolgt, sondern ist frei zu handeln, er durchsucht die Wohnung von Walter Finch, erkennt die Gefahr für Ellie und kann sie retten.

Insofern hat diese Unterhaltung etwas von einer gelungenen psychoanalytischen Sitzung an sich, in der wir dem Patienten helfen wollen, sich selber zu erkennen, seine abgewehrten Schattenseiten anzuerkennen, ohne sich dafür entwerten oder verurteilen zu müssen und auf diese Weise ein reiferes Selbstbewusstsein zu erlangen.

Bei Anruf Mord von Alfred Hitchcock

Florence Wasmuth

Eine Dreiecksgeschichte

Der Film ist nach einem Theaterstück entstanden und alle Szenen spielen sich wie auf einer Theaterbühne bzw. metaphorisch im Innenraum ab. Die Anfangsszene zeigt die drei Protagonisten: Eine Frau, Margot, ihren Ehegatten Tony und ihren Liebhaber Mark. Die entscheidende Frage stellt der Ehemann: »Vielleicht werdet ihr die dritte Karte los?«. Dreiecks-Verhältnisse stellen ödipale Konfliktssituationen dar. Der störende Dritte muss ausradiert werden, damit die Zweisamkeit wieder hergestellt wird. Aber wer will hier wen ausradieren? Margot ist unentschieden und weist deshalb Marks Wunsch ab, eine Klärung mit ihrem Ehemann zu wagen. Sie kann aber auch die Affäre mit Mark nicht beenden. In ihr herrscht eine Unentschlossenheit, so wie auch zwischen den beiden Männern, die ihre Rivalität nicht offen austragen.

Tony und Margot

Ein narzisstischer Mann wird wegen seines Glanzes von einer Frau geliebt, die für ihn wiederum als reiche hübsche Frau die ideale Frau verkörpert. Sie genießt durch den Erfolg des Mannes als Tennisspieler narzisstischen Gewinn, sie will ihn aber nicht als Spieler, sondern als Ehemann haben. Da er oft weg bleibt, geht sie eine heimliche Beziehung ein, die der Ehemann schließlich entdeckt. »Es ist so komisch anzusehen, wenn Menschen verliebt sind«, sagt der betrogene Ehemann. Was ist das, Verliebtheit? Es ist ein Ausnahmenzustand in der Beziehung, wo man das Gesicht des Anderen »ganz groß« vor den Augen hat, d.h. die Idealisierung des Bildes vom anderen. Dieser Zustand entspricht einer frühen Beziehungsebene, wie sie sich zwischen Kleinkindern und ihren Eltern abspielt. Diesen starken und emotional erfüllenden Zustand der Beziehung vermisst Tony. Die Schönheit und das Geld seiner vermögenden Frau reichen zunehmend nicht mehr aus, um die fehlende Intensität in der Beziehung zu kompensieren. Die Liebe, die ihm seine Frau nicht mehr gibt, und die sie inzwischen einem anderen schenkt, will sich Tony in Form von Geld nehmen. Tony beginnt, seine Frau heimlich zu erpressen, und er schmiedet Pläne, um sie zu töten. Auffallend ist seine absolute Gefühlskälte und die Geduld, mit der er vorgeht; die Abwesenheit jedes Affekts. Weder Hass noch Wut werden sichtbar. Alles wird kaltblütig ausgeführt.

Die Psychoanalyse versucht, menschliche Handlungen nach den Beziehungsmustern zu erklären, die den Aufbau der Persönlichkeit in der Kindheit bestimmt haben. In Tony und seiner Frau begegnen uns Menschen, die ihr Selbstwertgefühl durch die »grandiose« Erscheinung eines anderen bestätigen müssen. Er ist ein Tennisstar, und sie ist eine reiche und schöne Frau. Als Margot hinter seinem Rücken einen anderen liebt, bricht für ihn die Illusion der idealen Frau zusammen. Das entspricht der zugespitzten Enttäuschung eines Kindes, das die Liebe seiner Mutter auf einmal verliert, weil sie sich von ihm ab – und einem Dritten, dem Vater oder einem Geschwister, zuwendet. Wenn das Kind nicht ausreichend Zuwendung bekommen hat, um solche Enttäuschungen »normal« zu verarbeiten, gerät alles außer Kontrolle. Das idealisierte, großartige Bild der Mutter kippt. Nun wird sie als böse, verfolgend, vernichtend empfunden und entsprechend gehasst und gefürchtet. Analytiker sprechen von archaischen Über-Ich-Vorläufern.

Tony sucht sich einen alten Kumpel aus der Uni-Zeit als Helfer für seinen Mordplan. In Swann findet er einen Komplizen, einen männlichen Freund, der seinen Hass auf Frauen teilt. Frauen müssen ausgebeutet werden, weil sie grundsätzlich enttäuschend sind. Beziehungen zu Frauen werden benutzt, um sich an der bösen »Mutter-Imago« zu rächen. Tony weiß, dass sein Kumpel bereits Affären mit Frauen eingegangen ist, um sie zu berauben. Swann ist gegenüber Tonys Erpressung wehrlos. Da er bereits vorbestraft ist, würde ihm niemand glauben, sollte er Tony anzeigen. Da er schon einmal Täter gewesen ist, kann er für andere nur der Täter sein. Es tritt ein Teufelkreis des negativen Selbstbildes ein, das zu weiteren Verbrechen führt. Schuldgefühle führen nicht zur Reue, sondern erzeugen Ängste vor Verfolgung, vor Vergeltung, vor Strafe d.h. vor potentiellen Gefahren, die bekämpft werden müssen.

Der Film zeigt eine »zivilisierte« Entmenschlichung, d.h. eine Grausamkeit, die ihr wahres Gesicht verbirgt. Die Psychoanalyse erklärt solche Prozesse wiederum mit einem Blick in die frühe Kindheit. Je kleiner ein Kind ist, um so intensiver und radikaler ist die Qualität seiner Affekte. Im kindlichen Denken geht es aufgrund der existentiellen Abhängigkeit von den Bezugspersonen immer um Alles oder Nichts. Die Mutter ist entweder gut oder sie ist böse, je nachdem ob sie die Bedürfnisse ihres Kindes befriedigt oder nicht. Frustrationen erzeugen Schmerzen, Aggressionen, Wut und Hass – und später den Rückzug als Abwehrstrategie. Um die Anerkennung der Erwachsenen nicht zu verlieren, kann sich ein Kind angepasst verhalten. Da die negativen Affekte in diesem Fall nicht ausgedrückt und anerkannt werden können, verbleiben sie unverdaut in der Seele. Der Groll bleibt still im Unbewussten, solange die Anpassung an die Umgebung befriedigend verläuft, wie z.B. bei Tony, solange er ein erfolgreicher Tennisspieler ist. Auch für ihn war es immer wichtig, ein positives Selbstbild zu behalten. So hat sich Tony immer angepasst. Ein solcher Mensch lernt nicht, mit seinem inneren Groll umzugehen. Er kann seine negativen Affekte (die Wut und den Schmerz) nicht tolerieren, er muss sie unbewusst verleugnen. Dieses Gleichgewicht ist jedoch zerbrechlich. Sobald die Umgebung ernsthaft versagt, brechen diese Affekte und die eigene Destruktivität mit aller Macht an die Oberfläche. Es kommt zu einer Dekompensation, deren Ausdruck umso gewaltiger ist, je erfolgreicher die Anpassung an die Umgebung vorher war. Als Tony am Telefon den Mordversuch mithört, befindet er sich in einer ähnlichen Situation wie damals, als er beobachtete, wie seine Frau mit ihrem Liebhaber Spagetti kocht. Damals war er in der Rolle des ausgegrenzten Dritten. Diesmal kostet er seine kontrollierende, voyeuristische und rächende Machtposition aus. Für ein Kind ist es schlimm, in seinem Klein-Sein aus dem Leben der Erwachsenen und der Intimität der Eltern oder aus der Zweisamkeit der Mutter mit einem Geschwister ausgeschlossen zu sein. In der Logik eines Menschen, der Kränkungen und Aggressionen schlecht verarbeiten kann, löst eine Kränkungssituation den starken Wunsch nach Kontrolle und Rache aus, der hier mit einer sadistischen Komponente verbunden ist.

Tony hört den Angriff am Telefon mit. Als Margot den beauftragten Mörder jedoch in Notwehr tötet, ergibt sich für Tony logischerweise daraus, dass Margot die Täterin ist. Sie hat ihn nicht nur betrogen, sie hat auch seinen Komplizen getötet. Tony gelingt es, Margot als Schuldige erscheinen zu lassen. Sie ist ja nicht unschuldig. Margot ist eine Ehebrecherin, sie hat sich erpressen lassen und ihren Mann belogen und sie hat einen Menschen getötet. Tony lenkt von seiner eigenen Schuld ab und kann sie bei seiner Frau unterbringen. Margot ist blind für die Handlungen ihres Mannes, weil sie bezüglich ihrer Wünsche so ambivalent ist. Einerseits will sich von Tony trennen, ihn aber gleichzeitig als guten Ehemann behalten. Tony muss sein positives Selbstbild unbedingt aufrechterhalten, deshalb macht er seine Frau zu einer Mörderin. Bei Margot verhält es sich umgekehrt, für sie muss das Bild des Anderen vor allem positiv bleiben, auch auf Kosten einer vollständigen Selbstentwertung und von Schuldgefühlen. Als ihr Todesurteil gefällt wird, scheint der Höhepunkt dieser Dynamik erreicht. Alle Aggressionen und mörderischen Anteile sind auf Margots Seite verschoben und Tony spielt die Rolle des »guten« Opfers. Margot wird zur Bösen gemacht, damit Tony seine aggressiven Anteile verleugnen kann, um sein gutes Selbstbild aufrecht zu erhalten. Sie übernimmt die »Container-Funktion« für die aggressiven Projektionen Tonys.

Tony und Mark

Als Margot im Gefängnis ist, besucht Mark Tony. »Wir müssen etwas unternehmen, um sie zu retten«, sagt er. Mark appelliert an die guten Gefühle, die Tony doch für seine vom Tode bedrohte Frau haben sollte. Er geht sogar noch einen Schritt weiter. Tony soll eine Geschichte erzählen, die Margot entlastet. Er soll die Wirklichkeit seiner Aggressionen auf die Ebene einer Erzählung bringen, auf eine Als-ob-Ebene. Mark, der Kriminalromane schreibt, weiß, wie das geht. Um sie schreiben zu können, muss man mörderische Fantasien haben, deswegen ist man aber noch längst kein Täter. Die Ebene der Erzählung, der Theaterbühne oder des Filmemachens gestattet einerseits, Mordfantasien auszudrücken, und andererseits kann das Symbolisieren auch davor schützen, aggressive Fantasien einfach zu realisieren. Tony kann seinen Wunsch, Margot aus Eifersucht töten zu wollen, doch zugeben, denn er hat sie *in der Tat* nicht getötet. Wunsch- und Realitätsebene unterschieden sich hier deutlich. Durch diesen Kunstgriff spricht der Schriftsteller die Wirklichkeit indirekt an, ohne dass Tony sich in der Enge getrieben fühlen muss. Trotzdem weicht Tony aus: »Warum sollte ich Margot töten lassen?«. Mark antwortet: »Uns erscheint es unbegreiflich, weil wir sie beide lieben«. Hiermit bietet er Tony eine andere Möglichkeit der Betrachtung an. Mit Swann teilte Tony den Hass gegenüber Frauen sowie den Wunsch nach Rache, mit Mark teilt er die liebenden Anteile. Tony braucht kein Todesurteil zu fürchten. Die Vergeltung für seinen Mordplan unterliegt nicht dem alten Gesetz: Auge um Auge. Zu ein paar Jahren Gefängnis verurteilt, behält er doch sein Leben.

Der Schlüssel

Ein letztes Mal taucht der Inspektor auf. Er will noch zwei Sachverhalte prüfen: Woher stammt Tonys Geld, dass er so großzügig ausgibt? Und warum passt Margots Schlüssel nicht in das Schloss? Um das herauszubekommen, vertauscht er seinen Mantel mit dem von Tony. Das heißt, er probiert die Identität von Tony aus, denn er kann sich gut genug in einen eifersüchtigen Mann und in dessen destruktive Absichten hineinversetzen. Tony verlässt mit dem Mantel des Inspektors die Wohnung. Ohne seinen eigenen Schlüssel und damit ohne die deckende Abwehr der Projektion kann er seine Wohnung nicht mehr betreten. Was wird er machen? Er greift auf seinen ursprünglichen Plan zurück und sucht den Schlüssel dort, wo ihn der Mörder gelassen hat. Der Schlüssel zur Aufklärung des Verbrechens lag die ganze Zeit versteckt unter dem Läufer vor der Tür, d.h. in der Verdrängung, und wird zum Schluss wieder entdeckt. Damit ist die Verdrängung aufgehoben.

Und so zeigt sich Tony wahrhaftig mit dem Schlüssel in der Hand und überführt sich selbst als Mordanstifter. Margots Entsetzen spiegelt den Zusammenbruch ihres idealisierten Objekts wieder; es ist ein Moment des Ausbruchs von Destruktivität aus ihrem Innern, der für alle im Raum Anwesenden erkennbar ist. Der Mord ist aufgeklärt und weder Margot, als Ehebrecherin, noch Tony, als sich rächender Ehemann werden schließlich wegen Mordes hingerichtet. Winnicott schreibt, dass die primitiven Ängste humanisiert werden, indem das Kind seine Eltern zwar missbilligend und wütend sieht, sie jedoch *real* nicht als so vernichtend erlebt werden, wie es das *in seinen eigenen Fantasien* ihnen gegenüber ist (Winnicott 1965, S.135). Nur so kann der Teufelskreis von Aggressionen und Vergeltung durchbrochen werden.

Was hat der Film mit der analytischen Situation zu tun?

Der analytische Raum bildet eine Theaterbühne für die Darstellung des inneren Szenarios des Patienten. Die Position des Analytikers ähnelt der des Inspektors im Film, der vorurteilsfrei die Wahrheit sucht. Er soll sich in seinen Identifikationen nicht zu sehr mit den einzelnen Anteilen des Patienten verstricken. Das Vertrauen, dass sich der Prozess zum Guten entwickelt, und das Abwarten können sind weitere wichtige Punkte. »Wenn sie Mrs. Wendice retten wollen, bleiben Sie ruhig«, sagt der Inspektor zu Mark. Auch ein Analytiker bleibt so gefasst sein wie der Inspektor. Er soll nicht verurteilen, die unbewusste Wahrheit suchen und er trägt die Verantwortung für die Einhaltung des Rahmens, so wie die Sicherheitskräfte, die vor der Tür stehen und eine mögliche

Flucht (d.h. ein Agieren) zu verhindern haben. Sie sichern die so genannte Container-Funktion des Integrationsprozesses. Auch die Konstruktion der narrativen Wirklichkeit, die sich von der historischen Wirklichkeit unterscheidet, spielt dabei eine wesentliche Rolle. Die fantasierte Erzählung gleicht einem Geständnis aber auch einem Theaterstück oder einem Kriminalroman. Wenn die nackten Aggressionen auf die Bühne der inneren Vorstellungen verschoben und zum Gegenstand der Kommunikation werden, sprechen wir Analytiker von einer Symbolisierung. Dabei wird in der therapeutischen Situation eine Beziehung aufgebaut, die dem Subjekt aus der Vereinsamung in seiner inneren verpönten Welt heraushilft. Schritt für Schritt gehen die »Schlüsselversuche« mit Identifikationen einher bis zu dem Augenblick, wo der Schlüssel passt oder das Netz der Beziehung nicht mehr nur ein »Spinnennetz« ist, sondern als sicher tragendes Beziehungswerk erlebt werden kann. Diesen Reifungsprozess zu fördern, ist das Ziel der analytischen Situation. Es geht dabei auch um die Integration der Schattenseiten bzw. der Aggressionen des Patienten und schließlich um die Entwicklung seiner Liebesfähigkeit.

Literatur

Winnicott, Donald W. (1965): Reifungsprozesse und fördernde Umwelt. Gießen (Psychosozial-Verlag) 2002.

Für die redaktionelle Hilfe sei Reinhard Loup bedankt.

Chihiros Reise ins Zauberland von Hayao Miyazaki

Heike Bernhardt

Hayao Miyazaki, geb. 1941, gilt als einer der wichtigsten Vertreter des japanischen Animationsfilmes. *Chihiros Reise ins Zauberland* gewann 2002 bei den Filmfestspielen in Berlin den Goldenen Bären und 2003 den Oscar für den besten Animationsfilm. Der Film ist einer der erfolgreichsten japanischen Filme.

Miyazaki wurde durch Mädchen in seiner Umgebung angeregt, einen Film für sie zu machen. Es war für ihn eine Herausforderung zu fragen, was Mädchen in diesem Alter bewegt, und er hat in wunderbarer Weise ein Bild über die innere Entwicklung in der Vorpubertät gemalt. Ich möchte Sie einladen, Chihiros Reise auf psychoanalytische Weise zu sehen.

Das Mädchen Chihiro ist die Hauptheldin des Films. Ihre Familie zieht mit dem Auto von Tokio aufs Land um. Schon fast am neuen Haus angekommen, verfährt sich der Vater und bleibt mit dem Auto mitten im Wald vor einem alten Tor stehen. Er überredet Frau und Kind auszusteigen und sich umzuschauen. Das Tor führt in einen Tunnel, an dessen Ende sie einen Vergnügungspark finden, der verlassen wurde und zu verfallen scheint. Der Vater hat Hunger und plötzlich gibt es ein Restaurant mit großem Angebot, jedoch ohne Bedienung. Die Eltern bedienen sich selbst. Chihiro hat keinen Hunger und ist vom gierigen Essen der Eltern angewidert. Sie geht spazieren und als sie wiederkommt, verwandeln sich die Eltern gerade in Schweine. Chihiro ist entsetzt und begibt sich in großer Angst auf die Suche nach einer möglichen Erlösung für ihre Eltern. Sie hat viele Mutproben in einer Welt der Götter und Geister zu bestehen, ehe ihr dieses gelingt. Die Eltern sind am Ende des Filmes wieder Eltern und ahnen nichts von den Abenteuern ihrer Tochter.

Als ich den Film das erste Mal sah, war ich niedergedrückt und fand ihn unheimlich. Warum hat Chihiro so viel für ihre Eltern tun müssen, ohne dass diese es bemerkten? Ich fand die Eltern unempathisch und war enttäuscht von ihnen. Ich hatte großen Hunger und Durst. Zwei Kinder, Charlotte und Hans, waren mit mir im Kino. Ist das eigentlich ein Kinderfilm, ist das nicht vielleicht ein Film für Eltern? Charlotte und Hans jedoch teilten meine Zweifel nicht, sie waren begeistert. Das reizte mich, über den Film nachzudenken.

Muss ich für eine Interpretation eines japanischen Films mehr über die fremde Kultur wissen? Wenn dieser Film in Europa gezeigt wird, ist es auch erlaubt zu fragen, wie wir diesen Film verstehen können. Es könnte sein, dass meine Interpretation in Japan nicht aufgeht, es könnte aber auch sein, dass ein Film, der in so vielen Kulturen gezeigt wurde, wie Chihiro, ein universelles Menschheits-Thema behandelt.

Meine erste Frage an den Film war die nach der Verwandlung und Erlösung der Eltern. Gibt es Märchen, in denen Kinder ihre Eltern erlösen müssen? Es war einmal eine Königstochter, die Jüngste, die sagt ihrem Vater, sie liebe ihn wie das Salz. Daraufhin verstößt der König sie. Das Salz geht aus im Königreich, und der König beginnt seine Tochter zu verstehen. In Rumpelstilzchen kann sich eine Königin, die als Tochter vom Vater verkauft wurde, entwickeln, als sie selbst Mutter wird. Sie beginnt für ihr Kind zu kämpfen und kann es retten. Aber diese Märchen sind nicht vergleichbar mit dem, was Chihiro für ihre Eltern leisten muss.

Es musste eine andere Lösung für den Film geben. Ich empörte mich zunehmend gegen das Elternschicksal und so kam ich zu meiner wichtigsten Arbeitshypothese: Eltern sind keine Schweine!

Ich möchte entlang der Filmhandlung, die ich in einzelne Kapitel unterteile, meine These beweisen.

Der Anfang oder »Der erste Strauß muss ein Abschiedsstrauß sein«

Chihiro ist zehn Jahre alt und steht am Anfang der Pubertät. Der Umzug von Tokio aufs Land nimmt Chihiro die Freunde, sie trauert und drückt einen Blumenstrauß an sich. Durch den Verlust der Freunde ist sie den Eltern wieder mehr ausgeliefert, die Fahrt auf der Hinterbank im Auto macht das deutlich. Der Vater will eine Abkürzung nehmen. Im Wald stehen Shintu-Schreine, das sind die Behausungen uralter japanischer Götter. Der Wald wirkt wie ein Friedhof. Die Götter werden schlecht behandelt. Der Gott der Reisenden, der Steinmann, bewacht den Tunneleingang. Chihiro fürchtet sich, die Eltern bemerken weder ihre Trauer noch ihre Furcht. Der Vater drängt die Familie, in den Tunnel einzutreten.

Die Eltern werden aus der Sicht der Zehnjährigen »von unten nach oben« gezeigt. Der Vater ist vor allem Körper, er hat einen dicken Bauch und dicken Hintern. Die Mutter scheint kühl und unerreichbar. Chihiro selbst ist, wie viele Zehnjährige, ein Strich in der Landschaft. Auf der anderen Seite des Tunnels liegt eine verlassene Vergnügungsstadt. Die Wirtschaftskrise hat sie wohl zu einer Geisterstadt werden lassen.

Die Eltern haben Hunger und fangen an zu essen. Chihiro isst nicht mit und schaut ihre Eltern an. Sie schämt sich für ihre Eltern. Chihiro, die als Zehnjährige körperlich fast nicht anwesend ist, ist von der Körperlichkeit und den lustvollen Bedürfnissen der Eltern überwältigt.

Mir fiel diese Scham für die eigenen Eltern erst wieder ein, als meine Tochter sagte: »Ich komm nicht mit euch mit, ihr seid mir zu peinlich«. Als Eltern hat man da keine Chance! Die Eltern werden in Schweine verwandelt, nachdem Chihiro sie als Schweine gesehen hat. Das ist die Schuld, die es abzuarbeiten gilt.

Chihiro begegnet Haku

Chihiro gerät ohne ihre Eltern in Panik, die fremde Welt wird unheimlich und gefährlich. Sie begegnet dem Jungen Haku, der zu ihr sagt: »Ich kenne dich, seit du ein kleines Mädchen bist!« Wer ist Haku? Er entspricht einem Wesen von rätselhafter Art, das wir aus Märchen kennen, als Frosch oder Fuchs, Fee oder Zwerg. Diese Wesen sind notwendig, um aus dem Antihelden einen Helden zu machen.

Chihiro fängt plötzlich an, sich aufzulösen, sie wird durchsichtig. Haku bietet ihr etwas zu essen an. Als Chihiro ablehnt, sagt er: »Wenn du nicht von unserer Welt isst, wirst du dich auflösen. Keine Angst, hiervon wirst du nicht zum Schwein«. Chihiro kann zwar essen, aber sie kann sich nicht mehr bewegen. Haku spricht einen Zauber: »Im Namen des Wassers und des Windes, die in dir wohnen: Sei frei!«

Er nimmt Chihiro mit in das Bade-Haus der Hexe Yubaba. Damit überschreitet Chihiro ein Verbot, Menschen dürfen nicht in diese Welt, die den Göttern und Geistern vorbehalten ist. Eine Verbotsüberschreitung bedeutet immer Abenteuer. Auf der Brücke begegnet Chihiro das erste Mal dem schmalen Hemd Ohngesicht, einem Geist, und stutzt. Haku rät Chihiro, sich Arbeit zu suchen, nur so könne sie überleben.

Gier, Kontrolle und Arbeit, die Welt der Yubaba

Chihiro tritt in eine Welt der bösen Hexe ein. Der Spruch: »Wer nicht arbeitet, soll auch nicht essen« wird hier zu »Wer nicht arbeitet, wird aufgefressen«. Als erstes kommt Chihiro zu dem Heizer Kamaji, in den Bauch der Hexenwelt. Die tausend kleinen Rußmännchen, das Proletariat, namen- und gesichtslos, schuften. Die Heiz-Maschine verschlingt die Kohle, wer hier nicht arbeitet, wird in Ruß verwandelt, gefeuert, verheizt. Chihiro erkämpft sich Eintritt durch ihre Hilfsbereitschaft und trotzt der Hexe einen Arbeitsvertrag ab. Chihiro muss mit ihrem Namen bezahlen, sie wird zu Sen. Damit versucht Yubaba, Kontrolle zu gewinnen. Der Name ist Identität, er ist von den Eltern bedeutungsvoll gegeben. Die Hexe verbietet Chihiro das Heimweh und setzt darauf, dass Chihiro mit ihrem Namen auch ihre Eltern verliert. Und so kann Chihiro, als sie im Schweinestall ruft: »Mama, Papa, ich bin's, eure Sen!«, folgerichtig die ersehnten Eltern nicht finden.

Chihiro lernt das Tyrannen-Baby Boh kennen. Boh ist das Kind von Yubaba und hat seine Mutter in der Hand. Yubaba erfüllt ihm sofort jeden Wunsch. Boh hat keine Luft für eine eigene Entwicklung, erstickt fast unter den Kuschelkissen. Boh ist ein Gegenentwurf zu Chihiro. Während Chihiro sich kaum das nehmen kann, was sie zum Leben braucht, sei es Essen oder Badesalz, hat Boh keine Erfahrung von Verzicht.

Chihiro verändert die Welt der Yubaba

Chihiro nimmt im Badehaus zu drei Wesen Kontakt auf, dem Heizer Kamaji, der Mitarbeiterin Lin und dem rätselhaften Haku. Während Lin und Kamaji ihr vertrauter werden und sich ihr elterlich zuwenden, wird Haku immer fremder.

Die Gäste des Badehauses, acht Millionen Götter, sind unheimlich, groß und träge. Sie kommen verschmutzt und von Menschen gedemütigt ins Badehaus. Chihiro putzt mit vielen anderen das Badehaus. Das schwarze Gespenst Ohngesicht zeigt sich Chihiro erneut, und aus Mitleid lässt sie das einsame Wesen eintreten. Auch Ohngesicht ist wie Haku ein rätselhaftes Wesen.

Die große Herausforderung Chihiros, bei der Ohngesicht hilft, ist das Bad eines schrecklich stinkenden Faulgottes. Chihiro riskiert ihr Leben. Ihr Einsatz lässt das wahre Wesen des Gottes, der kein Faul- sondern ein großer Flussgott ist, kenntlich werden. Früher wuschen sich die Menschen, um zu den Göttern zu gehen, heute müssen die Götter gebadet werden. Aus Dankbarkeit schenkt der stolze Flussgott Chihiro einen Zauber zum Essen. Chihiro glaubt damit am Ende ihrer Reise zu sein und ihre Eltern erlösen zu können.

Aber jetzt entpuppt sich Ohngesicht. Aus dem traurigen schmalen Hemd wird ein grausamer Bestecher und gefräßiges Monster, das die Gierigen gierig verschlingt und auch Chihiro verfolgt. Sie lässt sich durch Ohngesicht weder erschrecken noch bestechen.

Zu welchem Ziel wollen uns Gier und Unersättlichkeit bringen? Sie sind unsere Antriebsfeder und liegen unserer Lebensfreude und Lebenskraft zu Grunde. Aber bei Entgleisung kann Gier zerstörerisch werden. Ohngesicht ist die nicht integrierte Gefräßigkeit, es ist verzweifelt, traurig, grausam. Ohngesichts Gier ist anders als die Gier von Chihiros Eltern, nicht von der geringsten Freude oder Lust begleitet.

Chihiros Grenzsetzung hilft Ohngesicht. Ohngesicht kann das Verschlungene wieder auskotzen.

Haku ist in Lebensgefahr

Auch Haku hat eine zweite Seite: Meister Haku. Er verwandelt sich in einen Drachen und richtet im Namen Yubabas schreckliche Dinge an. Chihiro erkennt ihn auch in Gestalt des Drachen und ist zutiefst erschrocken, als er von Papiervögeln schwer verletzt wird. Sie bleibt von Hakus guter Seite überzeugt und kämpft um ihn. Aus Hakus Verfolgern wird ein schützender Vogel für Chihiro, der sich als Zeniba, die Zwillingsschwester von Yubaba, entpuppt. Von ihr erfährt Chihiro, dass Haku ihr Hexen-Siegel entwendet hat.

Mit dieser Information kann Chihiro Haku helfen, sie gibt ihm das Zaubermittel des Flussgottes und Haku kann befreiend das Siegel Zenibas und einen Kontroll-Wurm Yubabas erbrechen. Chihiro ist sicher, das Siegel Zeniba zurückbringen zu müssen, um Haku zu retten. Zeniba gibt Chihiro zwei Gefährten mit, aus dem gefräßigen Baby Boh zaubert sie eine kleine lustige Ratte und aus dem Yu-Vogel, dem Begleiter Yubabas mit dem Kopf der Hexe, einen winzigen Fliegenvogel. Kamaji weiß: »Die Liebe ist eine wunderbare Macht«, und er schenkt Chihiro vier Fahrkarten für den Zug. Lin wünscht den Dreien gute Fahrt.

Die Zugfahrt ohne Rückfahrkarte

Ohngesicht folgt und bittet Chihiro um Erlaubnis mitzureisen. Chihiro löst eine Fahrkarte, auch Ohngesicht darf mit ihr kommen. Alle vier gehören zusammen, gemeinsam sind sie auf Entwicklungsfahrt. Die Welt des Zuges wird lebendiger und farbiger, so wie die innere Welt von Chihiro. Durch die Integration von Gier und Aggressivität in Gestalt des Babys Boh, des Ohngesichts und der kleinen bösen Hexe reichert Chihiro ihre innere Objektwelt an. Dadurch findet sie eine mütterliche versorgende Seite in sich und streichelt die beiden Tiere in ihrem Schoß, das Ratten-Baby kann zur Ruhe kommen und schlafen. Sie ist jetzt wahrlich nicht mehr in Gefahr, sich aufzulösen und unsichtbar zu werden. Sie ist eine Heldin geworden, mutig und stark. Um das Märchen zu vervollständigen fehlt aber die Erlösung des rätselhaften Wesens, die Erlösung Hakus.

Das Ziel ihrer Fahrt heißt Sumpfland, zu Wasser und Wind kommt Mutter Erde. Hier wohnt Zeniba, die gute Hexe. Aber auch hier muss man arbeiten um weiterzukommen. Besonders das Baby Boh muss sich anstrengen und Garn im Endlos-Laufrad spinnen. Chihiro gibt Zeniba mit dem Siegel ihre Kraft zurück. Die Hexe bedankt sich mit dem Rat: »Wenn sich die Wege einmal kreuzen, vergisst man das nie. Es kann höchstens sein, das man sich nicht erinnert«, und mit einem Talisman: »Das Garn, das wir gemeinsam gesponnen haben« wird das Stirnband für Chihiro. Die vielen Teile von Chihiro gehören jetzt fest zusammen. Haku kommt als männlicher prächtiger Drache um Chihiro zu holen, ein wunderbarer Flug beginnt. Chihiro ist bereit für die Pubertät, für Sexualität und Körperlichkeit.

Die Erlösung

Während des Fluges erinnert Chihiro den wahren Namen Hakus, Niki Yuhami Kohaku. Auch Haku hat den Namen Chihiros nie vergessen. Zeniba hat Recht behalten, wenn sich die Wege einmal kreuzen, vergisst man das nie. Beziehungserfahrungen bleiben in uns und sind wirksam. Haku hatte am Anfang gesagt: »Ich kenne dich, seit du ein kleines Mädchen bist«. Haku ist der Gott eines kleinen Flusses, den es nicht mehr gibt. Die Menschen haben ihn zugeschüttet. Chihiro ist als kleines Mädchen in diesen Fluss gefallen und der Flussgott hat sie gerettet. Eine frühe tröstende und lebensrettende Beziehung verbindet die beiden. Die Geschichte und den Namen des Flusses hat Chihiro von ihrer Mutter erfahren, Chihiro kann eine gute Erinnerung an ihre Mutter zulassen. Hier wird ein weiterer Aspekt der Entwicklungsgeschichte Chihiros sichtbar. Sie wäre als kleines Mädchen fast ertrunken, sie hatte den Schutz der Eltern verloren. Am Anfang des Filmes war sie erneut in Lebensgefahr, in Gefahr sich aufzulösen, nicht mehr zu essen, sich nicht mehr bewegen zu können und unsichtbar zu werden. Es ist auch möglich, den Film als eine unbewusste Wiederholung und gelungene Verarbeitung eines traumatischen Erlebnisses in der frühen Kindheit zu lesen.

Am Ende des Films bringt Chihiro Yubaba ihr Baby Boh zurück, das laufen gelernt hat, und fordert dafür ihre Eltern. Aber die Hexe stellt sie erneut auf die Probe. Sie soll ihre Eltern unter den vielen Schweinen erkennen. Woher weiß Chihiro die Lösung? Sie sagt: »Meine Eltern sind nicht dabei«. Aber vielleicht ist der Film hier falsch übersetzt und es sollte genauer heißen: »Meine Eltern sind keine Schweine«? Chihiro hebt ihre gnadenlose Sicht auf ihre Eltern auf, sie kann die Projektion der eigenen Gier zurücknehmen. Die Eltern sind erlöst.

Die Eltern haben von all dem nichts gemerkt, so wie die Entwicklung der eigenen Kinder oft unbemerkt verläuft. Was für Chihiro eine lange Reise war, war für die Eltern ein Augenblick, sie staunen über die welken Blätter auf dem Auto. Und dennoch haben die Eltern für Chihiro eine große Leistung vollbracht. Sie haben die Projektion von Gier und Scham angenommen und ausgehalten. Sie haben sich zu Schweinen, das heißt zu einem Container für die nicht aushaltbaren Gefühle ihrer Tochter machen lassen. Sie haben nicht zurückgeschlagen und geduldig gewartet. Was für eine ungeheure emotionale Leistung, die wir als Eltern aber auch als Psychotherapeuten vollbringen müssen.

Der Gott der Reisenden zwinkert Chihiro zu. Chihiro fragt Haku zum Abschied: »Werden wir uns wiedersehen?« Er antwortet: »Ganz sicher«.

Resümee

Chihiros Reise ins Zauberland ist ein modernes Märchen. Es fordert viele Erlösungstaten. Chihiro erlöst ihren potentiellen Liebsten und Teile von sich selbst. Die Individuation wird einem nicht geschenkt, sondern sie muss erkämpft und errungen werden. Hayao Miyazaki gibt mit einer unglaublichen Phantasie der innerpsychischen Realität Chihiros Gestalt. Ihre Aktivität steht im Vordergrund, die Aktivität einer Zehnjährigen. Entwicklung geschieht immer zwischen Individuation und Identifizierung mit den primären Liebesobjekten, ist deshalb unauflösbar verknüpft mit Aggression und Schuldgefühlen gegenüber den Eltern. Die Möglichkeit der Wiedergutmachung von begangener Aggression und Schuld ist für die

Individuation unbedingte Voraussetzung. Chihiro muss die Schuld, die Eltern als Schweine gesehen zu haben, wieder gut machen können. Das ermöglicht ihr die böse Hexe, und deshalb ist die böse Hexe auch gut.

Ich möchte am Schluss einen Brief von Hans und einen Brief von Charlotte veröffentlichen. Hans war acht und Charlotte war zehn Jahre alt, als wir den Film sahen.

Doch vor den Briefen möchte ich meiner Kollegin Kaschi Bräutigam danken. Wir haben das Garn der Filmbesprechung gemeinsam gesponnen. Erst danach kamen die Briefe von Hans und Charlotte. Hans bestätigt die Ideen von Kaschi Bräutigam, während Charlotte meine Überlegungen verifiziert.

Hans schreibt:

> »Liebe Heike. Ich finde der Film ist einer der besten. Die beste Scene war die mit dem Monster, das Chihiro/Sen jagte, nicht wahr? Bis zum nächsten Mal von Hans. PS. Ich finde, der Film handelt über die Gier, weil die Eltern das Essen haben wollten, ohne zu fragen«.

Charlotte schreibt:

> »Liebe Heike, vielen Dank für deinen schönen Brief. *Chihiros Reise ins Zauberland*: Ich fand diesen Film fantastisch. Es war ein Film für sich und es war bezaubernd. Ich weiß fast nicht welche meine Lieblingsscene war aber ich glaube da wo die Eltern Schweine wurden und alles sich veränderte. Ich glaube viele Kinder träumen manchmal davon. Ich jedenfalls. Es war auch spannend die vielen Ideen, die der Film hatte, zu sehen. Als ich raus gegangen bin hatte ich es als ob ich verzaubert wurde es war einer der schönsten Filme, den ich je gesehen habe. Hier in Dänemark ist alles gut. Ich gehe jetzt in die fünfte aber es ist nicht besonders schwierig.
>
> Ich finde der Film handelt auch darüber dass alle Fehler machen und dass man sich dann manchmal zusammen reißen muss, auch Kinder. Ich sehe jetzt auch anders auf die Dinge als vorher. Viele Grüße Charlotte«.

Literatur

Stork, Jochen (1998): Vom Kinderbuch zum Märchen. Wege der Phantasiebildung in den ersten Lebensjahren. In Kinderanalyse, Heft 4, 1998, S. 329–421.

Spiegel und Metamorphosen in *Mulholland Drive* von David Lynch

Simon Brückner

Einleitung

Mulholland Drive erzählt die Geschichte Diane Selwyns, die nach Hollywood kommt, um eine große Schauspielerin zu werden. Doch ihr Traum will sich nicht verwirklichen. Ihre Beziehung mit der Star-Aktrice Camilla Rhodes ist von Konkurrenz und Abhängigkeit geprägt: Die andere ist erfolgreich, sie das Mauerblümchen. Die groteske Welt der Traumfabrik verlangt für ein paar Minuten »Singing in the Rain« alles von ihr, und alles gibt sie hin. Am Ende setzt sie einen Killer auf ihre Freundin an und nimmt sich danach selbst das Leben. Doch nichts ist, wie es zunächst erscheint. Schon der Vorspann sagt uns, dass in diesem Film mit Realitätsebenen und Identitätskonstruktionen gespielt wird. Die Swing-Tänzer verbildlichen mehrere Ebenen, die sich gegenseitig überlagern, verdecken und sichtbar machen. Von Bedeutung ist auch der Ort der Filmhandlung. Als »Betty« und »Rita« für das Vorsprechen üben, wissen wir zunächst nicht, ob es ein Spiel ist oder ernst; in einer anderen Szene sieht es erst so aus, als befänden wir uns in einem realen Tonstudio, dann wird drum herum ein Filmset sichtbar. Im Club Silencio erscheint als natürlicher Klang, was realiter Playback ist. Die Verwirrspiele haben eine gemeinsame Wurzel: Sie sind Tricks aus der Zauberwelt der Filmindustrie. Auch Hollywood bedient sich an Namen und Identitäten – baut die einen auf, zerstört die anderen, und jeder Film funktioniert über Illusionen, manipuliert durch die Begrenzung des Sichtbaren, durch gezielte Bildauswahl und Verknüpfung. Diesem (ideellen) Ort, hat die Filmhandlung mal untergründig, mal offen ihre Antriebsenergie zu verdanken. Diane wünscht sich nichts sehnlicher, als eine gefeierte Schauspielerin zu werden. Die Studios sind ihr verlorenes Paradies, der geheime Ort, an dem sich ihre Wünsche erfüllen sollen. Doch im zweiten Hauptteil des Films kommt ans Licht, was sie am Ende von Diane übrig gelassen haben: Sie ist bloß noch Exkrement des amerikanischen Starswesens. Eine gescheiterte Existenz, die an den eigenen Ansprüchen und dem durchdringenden Konkurrenzdruck in der Traumfabrik zerbrochen ist.

Wenn wir die beiden Hauptteile des Films, welche durch das Erwachen Dianes getrennt sind, miteinander vergleichen, sehen wir, dass sie sich in einer Art spiegelbildlicher Symmetrie gegenüber stehen. Neben bestimmten Requisiten betrifft das vor allem Personen: z.B. kehrt die »Camilla Rhodes« vom Foto (eine blonde Frau) wieder als (dunkelhaarige) Freundin Camillas im zweiten Teil, während »Coco« von den Havenhurst-Apartments am Ende Keshers Mutter ist. Außerdem lassen sich fast alle weiblichen Figuren äußerlich einer der beiden Hauptdarstellerinnen zuordnen, die ja ihrerseits unerwartet die Rollen (und ihre Haarfarbe) tauschen. Welcher Art sind diese spiegelbildlichen Beziehungen? Wir kommen einer möglichen Lösung auf die Spur, wenn wir uns fragen, was das Gemeinsame zwischen zwei blauen Schlüsseln ist. Es ist eine Idee, ein Begriff. Es sind bestimmte Eigenschaften eines Dinges, das wir Schlüssel nennen – er öffnet ein Schloss – und optische Qualitäten der Bläue, des metallischen Glanzes usw. Die Bezüge sind hier sprachlich strukturiert.

Traumdeutung

Beginnen wir unsere Analyse mit dem Offensichtlichsten. Der Film selbst liefert sozusagen eigene Deutungsansätze mit. Im Zentrum steht dabei das Motiv des Traumes. Schlaf und Betten spielen, wie schon an der formalen Analyse erkennbar wird, eine wichtige Rolle. Eine der ersten Einstellungen in *Mulholland Drive* ist die Kamerafahrt über Dianes Bett und in ihr Kopfkissen hinein. Der Cowboy sagt zu Diane, es sei »Zeit aufzuwachen«. Es liegt also nahe anzunehmen, dass wir *ihren* Traum mitverfolgt haben. Der erste Hauptteil des Filmes wäre danach ein Traum von Diane Selwyn. Einige wichtige Fragen lassen sich beleuchten, wenn wir diesen Traum nach dem klassischen Prinzip der Wunscherfüllung deuten. Als Traummaterial fungieren die Gäste auf Adam Keshers Party, das Treffen mit dem Killer Joe und Erlebnisse aus der vergangenen Beziehung zwischen den beiden Protagonistinnen.

Diane und Camilla

Die eigentliche Filmhandlung eröffnet mit einer ruhigen Fahrt durch die Dunkelheit. Unnatürlich langsam schwebt die Limousine über den Mulholland Drive. Es ist ganz still, bis auf ein gedämpftes Rauschen. Dann plötzlich gleißenden Licht, Aufprall, Hinausgeschleudertwerden und Schock. Der Autounfall erscheint so wie eine Geburtsszene und er markiert einen fundamentalen Neuanfang. Noch einmal ganz von vorne beginnen: in Hollywood wie auch im Verhältnis zwischen Diane und Camilla. Dafür muss »Rita« alles vergessen: dass sie (Camilla) eigentlich eine berühmte Schauspielerin ist, was zwischen ihr und Selwyn war, dass Diane sie umbringen wollte. Der Mordanschlag kommt zwar vor, schlägt aber fehl. Dadurch dass Selwyn Camilla nun an ihre eigene Stelle in der Limousine setzt, oder besser: als die andere noch einmal diesen Weg fährt, identifiziert sie sich mit der Dunkelhaarigen, eignet sich ihre Qualitäten an (die schauspielerische Begabung), während die andere ihre Rolle, ihren Platz (den der Abhängigen und Unwissenden) einnimmt. »Ritas« Neugeburt ist also zugleich auch ihre eigene.

Das Erstaunliche an dieser »Rita« ist zunächst, dass sie als Unbekannte erscheint. Diane selbst muss genauso radikal vergessen wie Camilla, und ihr gelingt es offenbar besser. Camilla dagegen bleibt auch als Traumfigur ein Stück widerspenstig, sie erinnert sich noch immer an ihre unheimliche Vergangenheit. Warum aber, ist dann unsere nächste

Frage, ist »Betty« nur so versessen darauf, die wahre Identität der Dunkelhaarigen zu erforschen – ihr müsste doch im Gegenteil an der Vertuschung der ganzen Geschichte gelegen sein? Um diese Frage zu beantworten, müssen wir in Zweifel ziehen, ob das dunkle Geheimnis »Ritas« tatsächlich so ist, wie wir, als angeblich allwissende Beobachter, vermuten. Wie man aus der Szene des Leichenfundes schlussfolgern könnte, hängt dieses weniger mit dem Auftragsmord als vielmehr dem Suizid Selwyns zusammen. Hinter Dianes aufgeregter Bemühung, »Rita« bei deren Identitätssuche zu unterstützen, steht nämlich auch ihr (verschobener) Wunsch, das eigene, in die Brüche gegangene Selbst neu zu strukturieren. *Wer bin ich?!* Das ist nicht wirklich das Problem Camillas, sondern das Diane Selwyns! Insofern ist die Dunkelhaarige ein libidinös besetztes Objekt, von dem Diane begehrt zu werden wünscht, und sie ist zugleich Objekt ihrer Identifikation. Der Wunsch, sich Camillas Qualitäten anzueignen, ja diese immer schon als die eigenen anzusehen, führt zum aggressiv-bemächtigenden Charakter von Dianes Begehren, den wir z.B. auch im Szenentext für das Vorsprechen angelegt finden, und der sich in der zweiten Badezimmerszene mit der Perücke als Einverleibung »Ritas« in die visuelle Figuration »Bettys« ausdrückt. Die Liebesbegegnung ist deshalb ein eher archaischer Moment, ein Verschmelzen (oder Verspeisen) ohne viel Erotik.

Bevor es aber dahin kommt, ist im ersten Hauptteil lange nichts von einer beginnenden geschlechtlichen Beziehung zu spüren. Bis zur Audition bei Bob Brooker scheint »Betty« eher asexuell und »Rita« gegenüber nur von dem Wunsch beseelt zu sein zu helfen. Womit sich die Abhängigkeitsverhältnisse der Wirklichkeit umdrehen: Diane ist jetzt die stabile Persönlichkeit, die der anderen scheinbar selbstlos unter die Arme greifen kann; Camilla dagegen die Verlorene, Ängstliche, Hilflose und Bedrohte, die das schauspielerische Talent ihrer Freundin bewundert. Und Diane kann der Dunkelhaarigen sogar eine loyalere Freundin sein, als Camilla es für sie wahrscheinlich je gewesen ist.

Adam Kesher

Seit langem quält die Diane Selwyn des Wachlebens die Frage, warum immer Camilla die großen Rollen bekommt und nicht sie. Ihr Traum liefert dafür eine gefällige Erklärung: Ganz Hollywood ist von mafiösen Seilschaften beherrscht, denen Talent oder künstlerischer Anspruch wenig bedeuten. Natürlich hätte der Regisseur der Sylvia North Story – des Filmes, bei dessen Casting Selwyns zweifelhafte Karriere begann – lieber ihr die Hauptrolle zugesprochen, aber er konnte, durfte es nicht. Als Adam Kesher sich bei Ryan-Entertainment weigert, die Frau auf dem Photo zu engagieren, erhöhen die Castigliane-Brüder den Druck mit reichlich unsportlichen Methoden, bis später der Cowboy dem Regisseur schließlich die Zusage abnötigt. Für Diane ist klar: Von seinen skrupellosen Finanziers wurde Kesher dazu gezwungen, nicht ihr, sondern einer dahergelaufenen Anfängerin namens Camilla Rhodes den Vorzug zu geben. Doch damit ist das darauf folgende Martyrium Adams nicht hinreichend erklärt. Schließlich kann er doch im Grunde nichts dafür, dass Diane den Part nicht spielen darf. Trotzdem verliert er seinen Film, sein Geld, seine Zuhause. Ziemlich depotenziert steht er vor dem Bett, in dem seine Frau Lorraine mit dem Poolreiniger geschlafen hat und aus dem heraus sie ihm obendrein noch Vorwürfe macht. An einen Blinden erinnert er, mit seiner schwarzen Brille und dem Golfschläger. Als Genie erscheint Adam hingegen nicht; eher als exzentrischer Schnösel. Das angebliche Regie-Wunderkind wird entzaubert und lächerlich gemacht. Doch Diane kann ihn nicht bestrafen, ohne sich darauf an jenen zu rächen, die diese Strafe ausgeführt haben. Als der Mafioso Kenny auf der Suche nach Kesher Lorraine und Gene niederschlägt, die Adam doch zuvor so übel mitgespielt haben, wird kaum einem Zuschauer ein Gefühl der Befriedigung abgehen. Erklärlich, wenn wir annehmen, dass Kesher mehr für Diane ist, als nur Nebenbuhler oder Arbeitgeber. Brav geht er im Traum den Avancen seiner Mitarbeitern Cynthia aus dem Weg – einer Frau eindeutig vom Typ Camilla! Sie bietet ihm an, bei ihr zu übernachten, während er in der heruntergekommen Absteige »Cookies« einquartiert ist, aber er wiegelt ab. Warum? Weil er für Diane bestimmt ist. Er gibt Camilla einen Korb und nimmt Diane, weil sie doch »die Richtige« ist. Es geht Selwyn im

Traum nicht bloß darum zu beweisen, dass Camilla nur auf Druck mafiöser Hintermänner besetzt wurde – im gleichen Atemzug möchte sie selbst der Idealtyp sein, für den Luigi Castegliane sich beim Streit mit Adam Kesher so herzerweichend begeistert. Deshalb sieht die Frau auf dem Bild *ihr* ähnlich und nicht der Dunkelhaarigen. Fast unter Tränen stößt Luigi hervor: »Das ist die Richtige!«. Wir Zuschauer sind gerührt – und wissen jetzt warum oder besser: wozu. Es ist Dianes eigene Trauer, ihr selbstverliebtes Sentiment, wenn er zärtlich und liebevoll das Bild betrachtet. Diane erblickt sich selbst. Sie ist doch die Richtige! Sie könnte eine große Schauspielerin sein – warum sieht das nur kein anderer?! Auch Kesher erkennt es nicht auf den ersten Blick. Doch er bekommt eine zweite Chance. Der Cowboy ist da, um ihn zu läutern, stellt ihn einer Art analytischer Herausforderung. Er bringt ihn dazu, emotional zugänglicher, greifbarer zu werden, innezuhalten, über sich selbst nachzudenken – etwas, das Diane Kesher im wirklichen Leben offenbar nicht zutraut.

Bis zu einem gewissen Grade ist auch der Regisseur Identifikationsfigur für Diane. Das liegt schon nahe, wenn wir bedenken, dass Diane im Traum nur ein einziges Mal mit ihm zusammentrifft. Durch die Identifikation mit Kesher kann sie es den blöden, verstockten und brutalen Filmleuten, die keinen Sinn für ihre künstlerische Arbeit haben, zeigen: Kesher widerspricht den Brüdern und demoliert ihr Auto. Und er *wundert* sich, fast die ganze Zeit über. Durch ihn kann Selwyn in etwa sagen: Das ist doch wohl alles ein schlechter Scherz, oder? Später gießt Kesher pinke Farbe in den Schmuckkasten seiner Frau – die Farbe Dianes. Noch in der Szene mit dem Cowboy trägt er den selben Anzug, der über und über mit diesem Pink besudelt ist. Hier wird Dianes Annäherung an Kesher als Besitznahme sichtbar. Und so schließt sich ein Kreis: Alle drei Hauptfiguren stehen (zumindest auch) für Diane. In der Kombination von Begehrt-werden-wollen, Identifikation und Inkorporation wird in der Beziehung Dianes zu Adam das gleiche Muster sichtbar, dass auch für ihr Verhältnis zu Camilla gilt.

Die Vorsprechen

Die beiden Auditions-Szenen des Films gehen ursprünglich auf eine einzige zurück, wie man u.a. aus Dianes Erzählung auf der Party in Adam Keshers Villa schließen kann: Selwyns Vorsprechen für die Sylvia North Story bei Regisseur Bob Brooker. Ihr Traum widerruft den mäßigen Start, den Diane in Hollywood hingelegt hat. Diesmal kann alles so funktionieren, wie sie es sich vorgestellt hat. Schon das erste Vorsprechen wird ein voller Erfolg. Sie überzeugt alle Anwesenden und uns Zuschauer gleich mit. Nur Regisseur Brooker scheint die Qualität ihres Spiels nicht recht zu würdigen. Aber der ist ein phlegmatischer Dummschwätzer, und niemand nimmt ihn richtig ernst. Tatsächlich war es Brooker, der die Diane der Realität bei ihrem ersten Vorsprechen rüde ablehnte und statt dessen Camilla die Hauptrolle gab. Doch diese Konstruktion hat einen Nachteil. Was Diane fehlt, ist die Anerkennung eines ernstzunehmenden Regisseurs. Der »Bob Brooker« ihres Traumes kann das nicht mehr leisten. Deshalb konstruiert sie eine weitere Audition und schiebt die Sylvia North Story Adam Kesher unter, der in Wirklichkeit ja nie etwas mit dem Projekt zu tun hatte. Doch schon nach wenigen Augenblicken verlässt sie den Set der Probaufnahmen und schlägt ihre große Chance in den Wind, nur um sich mit »Rita« zu treffen. Sie kann tatsächlich völlig zufrieden wieder gehen und das aus drei Gründen: Erstens genügen ihr die Blicke Keshers, um sich zu vergewissern, dass sie »die Richtige« ist (für ihn wie für die Rolle). Zweitens glorifiziert sie sich damit als loyale Freundin Camillas. Und drittens ist die »Camilla Rhodes« des Vorsingens (das Mädchen, welche die Castegliane-Brüder in der Szene bei Ryan-Entertainment dem Regisseur präsentierten) ihrem Aussehen entsprechend sowieso eine Chiffre für Diane. Die blonde Unbekannte tritt allein, ohne Backgroundchor auf die Bühne. Sie kommt also von außen, ist ohne Freunde in der Traumfabrik – ganz wie Diane nach ihrer Ankunft. Kesher beugt sich dem Druck der Hollywood-Granden und engagiert das Mädchen. Der Code dafür ist der Satz: »Das ist die Richtige« (»This is the girl«). Er hat im Traum einen Platz eingenommen, der scheinbar meilenweit von seiner eigentlichen Quelle entfernt liegt. Er stammt aus Dianes Treffen mit dem Killer Joe, und es ging dabei ursprünglich um die Identifikation der Zielperson.

Durch seine erneute Verwendung im Traum wandelt sich der Mord in eine Ausdruck von Liebe, während gleichzeitig jeder Verdacht auf die Urheberschaft des Anschlags in das Milieu einer »Hollywoodmafia« verschoben wird.

Durch den Ansatz der Traumdeutung könnten noch andere Aspekte des ersten Hauptteils schlüssig beleuchtet werden, doch er stößt mit zunehmendem Fortschreiten der Filmhandlung an Grenzen. Lediglich die Liebesszene ist noch ohne weiteres als Wunscherfüllung deutbar. Zunächst: Was hat die Tote in Selwyns Apartment zu bedeuten? Wir könnten annehmen, dass Diane in ihrem Traum Todessehnsucht ausdrückt oder sich an »Ritas« Entsetzen weidet. Doch diese Erklärungen, auch wenn etwas Wahres daran sein mag, befriedigen nicht. Was passiert in der Badezimmerszene, und welchem Bedürfnis entsprechen wohl die Vorgänge im Club Silencio? Das alles bleibt wenigstens zum Teil rätselhaft, ähnlich wie der Auftritt Luise Bonners und der blaue Schlüssel. Doch denken wir einmal darüber nach, ob diesen Fragen vielleicht ein gemeinsames Grundproblem innewohnt. Der Schlüssel, die Warnung Luises, der Leichenfund, das Schneiden der Haare, die Vorgänge im Club – sie alle haben mit diesem dunklen Geheimnis zu tun – dem Finsteren, Schrecklichen, an dass uns die Musik Angelo Badalamentis ständig erinnert. Etwas, vor dem »Rita« von Beginn an Angst hat und was »Betty« durch ihre Nachforschungen zum Hervortreten bringt, ohne dass sie zunächst wirklich weiß, worauf sie sich einlässt.

Der Spiegelprozess

Das zunehmende Abgleiten der Handlung ins Surreale beginnt auf dem Weg zum Club Silencio und es scheint sich unbeirrbar über das Erwachen Dianes hinweg fortzusetzen. Der Ausgangpunkt dieser Entwicklungen ist die Leiche. Und ist es nicht unheimlich, wie sehr diese der schlafenden Diane Selwyn gleicht? Wie kann Diane ihr Ende so detailliert vor Augen haben? Ihr Selbstmord scheint später alles andere als vorgeplant. Für die Analogie zwischen Leiche und Schläferin gibt es scheinbar keine vernünftige Erklärung. Und: Kurz nach dem Schuss, dringt dichter

Nebel hinter dem Bett hervor. Dianes halluzinatorische Wahrnehmung kann das nun nicht mehr sein! Aber wessen dann?

Wenn man über diese Fragen nachdenkt, erkennt man, dass beide Hauptteile des Films durch eine ästhetische und strukturelle Symmetrie miteinander verbunden sind, die über das Verhältnis von Imagination und Wirklichkeit, Träumen und Wachen hinausweist. Sie sind Parts eines symbolischen Ganzen. Mit Blick auf die erste Szene im Schnellrestaurant Winkie's könnten wir auch sagen: Wenn wir denken, wir wachen, befinden wir uns bloß in einem neuen Stockwerk des Traumes. Zeigt uns der erste Teil Traumszenen Selwyns, erfassen wir im zweiten im wesentlichen Wahnvorstellungen und Erinnerungen an die verstorbene Geliebte. Die Entwicklung Dianes über den ganzen Film hinweg lässt sich in etwa so beschreiben: Im ersten Teil bemüht sie sich, ein idealisiertes Selbstbild in sich aufzunehmen, sich noch einmal neu zu erfinden – was misslingt. Im zweiten Teil scheinen die Verhältnisse verkehrt: Die Blonde ist nun die mit den Symptomen, die Dunkelhaarige eher das entfernte Ideal (die Pole sind die nämlichen geblieben!). Dabei scheint der erkrankte Teil jetzt noch pathologischer, der idealisierte noch unerreichbarer geworden zu sein. Das Verhältnis von Diane zu Camilla ist eines der Aggression bis zur Vernichtung der anderen und des eigenen Selbst. Das desillusionierende Scheitern ihrer Liebe (Club Silencio) und die daran anschließende (Auto-)Aggression bietet sich problemlos dar, wenn wir die Dichotomie von Traum und Wirklichkeit einmal beiseite lassen. Wenn wir bereit sind, die beiden Frauen als Teile ein und derselben Persönlichkeit zu verstehen.

Der französische Psychoanalytiker Jacques Lacan hat mit seiner Theorie der Identitätsbildung gezeigt, wie untrennbar die Entwicklung und Aufrechterhaltung des menschlichen Ichs verbunden ist mit Vorgängen, die dem Übertragungsgeschehen entsprechen. Dabei baut er auf Überlegungen auf, die Freud in seiner Narzissmusabhandlung formuliert: »Es ist eine notwendige Annahme, dass eine dem Ich vergleichbare Einheit nicht von Anfang an im Individuum vorhanden ist; das Ich muss entwickelt werden. Die autoerotischen Triebe sind aber uranfänglich; es muss also irgend etwas zum Autoerotismus hinzukommen, eine neue psychische Aktion, um den Narzissmus zu gestalten« (Freud 1913, S. 142).

1936 formuliert Lacan seine Theorie des Spiegelstadiums: Zwischen dem sechsten und achtzehnten Lebensmonat erkennt das Kleinkind sich selbst im Spiegel und setzt sich dabei als eine Ganzheit, die de facto nicht gegeben ist. Während die Kontrolle des *zerstückelten Körpers* noch nicht gelingen kann, der Säugling von unorganisierten und unverbundenen, Partialtrieben beherrscht wird, konstituiert sich das Ich durch die »jubilatorische Aufnahme seines Spiegelbildes« (Lacan 1973, S. 64). Das Ich als ein Zustand der Integration beruht auf einer Täuschung, einer Verherrlichung des Gegenübers im Spiegel, mit dem man sich identifiziert. Wo *eines* wird, sind deshalb im selben Augenblick schon zwei. Ich-Sagen heißt verkennen, in verzweifelter (Übertragungs-) Liebe von einem »anderen« abhängig und ihm ausgeliefert zu sein, in den man projiziert, was einem selbst fehlt – so sucht das Subjekt seinen Mangel an Sein zu überwinden. Nach Lacan steht aber nicht ein ursprüngliches Ich einer Idealgestalt gegenüber, sondern jegliches »Ich« ist von Anfang an gespalten, es resultiert überhaupt nur aus einem ständigen, selbstreferentiellen Spiegelprozess. Mit der Setzung dieses Ichs zündet ein unerfüllbares, aggressiv-erotisches Begehren nach Verschmelzung mit der mit narzisstischer Liebe belegten Spiegelimago, um die existentielle Entfremdung und Spaltung zu überwinden. Das Ich ist deshalb ein instabiles System, ständig bedroht von Prozessen der Depersonalisation und Dissoziation.

Im ersten Teil des Filmes verfolgen wir Diane Selwyns Neuanfang, und der ist viel fundamentaler als ein bloßer lebensgeschichtlicher Rücksprung. Er inszeniert die Wiedererstehung eines kollabierten Ichs. Den Crash, der »Rita« zu Beginn das Leben rettet, haben wir bereits als Geburtsmetapher gedeutet. Ihr Leben beginnt in diesem Moment noch einmal neu, sie hat keine Erinnerung mehr an das, was vorher war. Was aus dem Autowrack heraustaumelt ist der Säugling im Zustand des *corp morcelé.* »Rita« bewegt sich unkoordiniert, die einzelnen Glieder ihres Körper sind (noch) nicht zu einer Einheit integriert. Ihr Bewusstsein ist zumindest unvollständig, eine Persönlichkeit nur ansatzweise erkennbar, und sie tut das, was alle Babys machen: ständig schlafen. Als sie sich auf der Grünfläche vor den Havenhurst Apartments ins Gras gelegt hat, setzt der kleinwüchsige Mr. Roque eine Anrufkette in Gang mit dem Satz: »Die Kleine... wird immer noch vermisst«. Seine Suche gilt jedoch nicht »Rita«, sondern der Spiegelimago Dianes. Um den Urzustand (»Rita«) zu verlassen und sich als Ich neu zu konstituieren, benötigt sie ihr Spiegelbild. Die Anrufe enden beim Telefon neben dem roten Lampenschirm, das sich später als Apparat Diane Selwyns erweist, und das Klingeln blendet über in die Bilder vom Flughafen: Auftritt »Betty« – hier kommt das benötigte idealisierte Selbstbild: hoffnungsvoll, glänzend, optimistisch, begabt, begehrt, erfolgreich. Der Anruf bei sich selbst bietet sich dar, als eben jene neue psychische Aktion, um den Narzissmus zu gestalten. Erst nachdem »Betty« im Badezimmerspiegel erschienen ist, bekommt die Dunkelhaarige ihre erste Großaufnahme. »Rita« ist noch nackt, aber in diesem Augenblick über das Null-Stadium hinaus: Über ihren eigenen Zustand tief beunruhigt, gibt sie sich den Namen »Rita«, ein weiterer wichtiger Schritt der Personalisation. Sie findet diesen Namen auf dem »Gilda«-Filmplakat, und der Spiegelprozess wird dabei über den Bildaufbau verdeutlicht. Wer genau hinschaut, bemerkt den Schriftzug: »There NEVER was a woman like GILDA«. Den man auch so lesen könnte: Eine Gilda hat es nie gegeben! Rita Hayworth soll einmal gesagt haben, ihre Männer hätten stets nur Gilda geliebt und niemals sie. Diese Rolle machte sie zum Star, aber sie zahlte einen hohen Preis dafür. Und einen mindestens ebenso hohen wird Selwyn zahlen für ihr neues Leben in der Traumfabrik. »Betty« ist ihr Ideal – strahlend, aber von der Realität umso weiter entfernt.

Das Begehren, welches Real-Sein und Spiegelimago einander umkreisen lässt, bleibt unerfüllbar, der jeweils andere nicht besitzbar. Die Erotik dieser Bindung nährt sich aus Liebe und Hass zugleich, und so ist es auch zwischen Diane und Camilla. Ein aggressiv-besitzergreifender Unterton kommt schon im ersten Hauptteil direkt und indirekt zum Vorschein: z.B. in der Probe bzw. beim Vorsprechen und in der Badezimmerszene nach dem Leichenfund. Indem »Betty« »Rita« die blonde Perücke aufsetzt, übernimmt sie die Rolle der Herrscherin und leugnet damit, dass sie nur das Produkt einer Re-Präsentation ist (vgl. Pagel 1999, S. 30). »Rita« dagegen glaubt in der Liebesnacht die ersehnte Einheit für einen Moment ganz nahe. Die beiden Hauptthemen der Musik verschmelzen zu einem einzigen, während auch das Bild Vereinigung suggeriert. Doch im Club Silencio enttarnt der Magier die Hoffnung der beiden als illusionär, und Rebekah del Rio weint um die verlorene Liebe, um ihre Unmöglichkeit.

Nicht irgend eine Illusion ist es, die *Silencio* thematisiert. Hier geht es nicht um Taschenspielertricks. Die Täuschung ist eine ganz bestimmte: sie wird durch Synchronizität erzeugt. Kongruenzen von Klangereignissen und Bühnengeschehen rufen den Eindruck hervor, eine Trompete werde gespielt oder ein Song gesungen. Aber: »Es gibt keine Band«. So wenig wie die Einheit des Subjektes vor oder im Spiegel. Im Club laufen zwei Informationsebenen (Bild und Ton) auseinander, ebenso wie Diane die beiden Pole ihres Ichs nicht mehr in relativer Übereinstimmung, in einer *stabilen Umlaufbahn* halten kann. Damit lassen sich auch die Unschärfen deuten, die ab der Fahrt zum Club immer wieder auftauchen. Denn was ist Schärfe anderes als das passgenaue Verschmelzen zweier optischer Ebenen? Freud erklärt in der *Traumdeutung*, die Vertauschung zweier Personen bringe »eine bloß *gewünschte* Gemeinsamkeit zum Ausdruck« (Freud 1900, S. 327), wie auch unvollständige Mischgebilde mit deutlichem Kern, »an den sich undeutlichere Bestimmungen anfügen. Die Vereinigung zu einem Bilde ist hier gleichsam nicht gelungen; die beiden Darstellungen überdecken einander und erzeugen etwas wie einen Wettstreit der visuellen Bilder« (Freud 1900, S. 329).

In *Mulholland Drive* finden wir beides: Bilderwettstreit und Vertauschung (der Frauenfiguren). Weshalb die Unschärfen auch mit der Masturbationsszene und dem Essen bei Ádam Kesher verbunden sind: Dies sind Dianes letzte Anstrengungen, doch noch in Kontakt zu treten mit der fernen Geliebten, ihre inneren Bilder im scharfen Bereich zu halten. Doch da sie die andere nie erreichen wird, verkehren sich ihre Gefühle in Wut und Mordlust: Um den Albtraum zu beenden, muss jene Person verschwinden, die ihr das falsche Glück verheißen, sie in den Teufelskreis hineingezogen, den Traum lebendig gehalten hat vom großen Erfolg auf der Leinwand. Das Bildnis des Dorian Gray muss zerstört, vorher kann der Fluch nicht gebrochen werden. Als Diane Joe mit Camillas Ermordung beauftragt, ist das nicht bloß ein Akt der Rache sondern auch der Befreiung, Vorwärtsverteidigung. Doch mit Vernichtung ihres Ebenbildes, ist auch ihr eigenes Dasein verwirkt. Die Depersonalisation schreitet voran. Mord und Selbstmord sind so auf zwingende Art miteinander verkettet.

Der ewige Kreis

Wenden wir uns jenen Versen zu, die sowohl Freud als Lacan zu wichtigen Überlegungen inspiriert haben. *Narcissus* verschmäht die Liebe der Jünglinge, der Mädchen und der Nymphe Echo, aber sein Begehren erwacht, als er sein eigenes Antlitz auf der Oberfläche eines klaren Sees erblickt. Er ist verzückt vom »Sternenpaar« seiner Augen und dem »Rot« auf seinem Gesicht, »gepaart mit schneeiger Weiße« (Ovid 1 n. Chr., S. 90f, Vers 420–423). Die nämlichen Farben sehen wir im Typ Camilla.

Erscheint Diane ihr Spiegelbild zunächst noch als vergoldeter Selbstentwurf (»Betty«), erweist es sich später als *ein anderer* (»Camilla«). Diese andere kann Diane ebenso wenig berühren wie Narcissus jene Figur, die ihm aus den Wassern entgegenblickt:

> »Gestreckt auf den schattigen Rasen
> Schaut er mit unersättlichem Blick die Lügengestalt und
> Geht an den eigenen Augen zugrund« (Ovid 1 n. Chr., S. 91, Vers 438–440).

Und nach einiger Zeit:

> »Der da bin Ich! Ich erkenne! Mein eigenes Bild ist's! In Liebe
> Brenn' ich zu mir, errege und leide die Flammen!« (Ovid 1 n. Chr., S. 92, Vers 463–664).

Nach seinem »Erwachen«, nachdem Narcissus die Unmöglichkeit seiner Liebe also erkannt hat, ruft er aus:

> »Was ich begehre ist an mir! Es lässt die Fülle mich darben.
> Könnte ich scheiden doch von meinem Leibe! O neuer
> Wunsch eines Liebenden: wäre – so wollt' ich – fern, was ich liebe!
> Und schon nimmt der Schmerz mir die Kräfte, es bleibt mir nicht lange
> Zeit mehr zu leben, ich schwinde dahin in der Blüte der Jahre.
> Schwer ist der Tod nicht mir, der mit ihm verliert seine Schmerzen:
> Er, den ich liebe, ich wollte, dass Er beständiger wäre.
> Jetzt, jetzt sterben vereint in einem Hauche wir beide!« (Ovid 1 n. Chr., S. 92, Vers 466–473).

Warum treibt es Diane zur Leiche? Weil sie sich wünscht »zu scheiden vom eigenen Leibe«. Die aus der folgenden Begegnung herrührende Melange aus Ekel, Genuss, Entsetzen und Befreiung führt zur Liebesbegegnung der beiden Frauen. Das ist der Moment des »einen Hauches«, als Narcissus in die Wasser der Styx blickt und für einen unendlich kurzen Moment denken darf: »Nun sind wir vereint!«. Für diesen einen Augenblick wird alles hingegeben. Und deshalb markieren die fallenden Haare »Ritas« auch eine Opferhandlung. Bei Ovid heißt es da: »Seine Schwestern, die Nymphen, klagen und weihen dem Bruder die abgeschnittenen Locken« (Ovid 1 n. Chr., S. 93, Vers 505–506).

Der Tod des Geliebten wird zwar beklagt, trotzdem scheint dieses Ende die letzte und einzige Möglichkeit die immer schon verlorene Einheit doch noch zu erlangen. Dianes finale Krise beinhaltet deshalb einerseits Narzissmus und andererseits auch dessen Verunmöglichung durch Einleitung der Psychose: die Zerstörung der Selbstrepräsentanz. Narcissus sind äußerlich weder Mord noch Selbstmord anzusehen, vielmehr scheint es, als würde ihn das Leben einfach verlassen. Er sinkt nieder in das grüne Gras, während sein Leib entschwindet. Dieses Entweichen und Verwelken erinnert an den Tod der Nymphe Echo, aber auch den Selwyns, bei dem ihr ein Nebel entströmt, als hätte jemand ein Loch in einen gasgefüllten Ballon gestochen. Was danach bleibt von ihr und von Narcissus ist eine Pflanze, und sie steht in Verbindung mit dem Namen Camilla:

> »Man fand eine Blume statt seiner, dem Crocus gleich, die mit weißen Blättern umhüllt das Herz ihrer Blüte« (Ovid 1 n. Chr., S. 93, Vers 509–510).

Die Metamorphose ist beendet und siehe da: Das Ende ist zugleich ein neuer Anfang, die Blume treibt in der Farbe des Neubeginns. Dianes Leib entschwindet im Nebel, und wir können überblenden zu den sich lichtenden weißen Schwaden des Autounfalls. Dort steigt Camilla aus dem demolierten Wagen – dem Ort von Geburt und Tod. Mit dem Anruf bei »Betty« beginnt der Spiegelzyklus von neuem; ab dem Telefonat bei Winkie's tauchen mehrfach weiße Blumen in den Interieurs auf. Das Ende ist also *noch* im Anfang enthalten wie auch *schon* vorweggenommen.

So erleben wird das grandiose Scheitern einer Liebe und eines Selbstentwurfes. Die tragische Geschichte der altgriechischen Mondgöttin Artemis (römisch: Diana) muss uns an Diane Selwyn erinnern: Artemis verliebte sich in den Orion und kam ihren Aufgaben nicht mehr nach, woraufhin die Nächte dunkel blieben. Die Götter berieten sich und schickten Artemis' Bruder Apollo, der ihr einen winzigen Punkt im Meer wies, den sie mit ihrem Pfeil gewiss nicht treffen könne. Die leidenschaftliche Jägerin stellte ihr Können sogleich unter Beweis, doch musste sie feststellen, dass es ihr Liebster gewesen war, der dort in den Wellen badete. Als Trost erhielt sie vom Göttervater die Erlaubnis, den Orion unter die Sterne versetzen zu dürfen und ihn mit prächtigen Edelsteinen zu schmücken.

Die Göttin tötet ihren Geliebten. Zwar geschieht es ohne Absicht, trotzdem ist der tödliche Schuss unheilvolles Ergebnis ihrer Affäre. Auch Diane tötet ihre Geliebte (und damit sich selbst) aus tragischer Verstrickung. Und sie kann sich durch die Tat zu den Sternen erheben, ein *Star* werden. Wenigstens in der Erinnerung möchte sie funkeln als die große Schauspielerin, die sie immer sein wollte. Doch ihr Ende ist zugleich ein neuer Anfang, der Beginn neuer Qualen. Die Kreisbewegung des Spiegelprozesses hat etwas zutiefst Deprimierendes. Kann Diane das »fürchterliche Gefühl« denn niemals loswerden? Nicht dort, wo sie jetzt steht. Die Traumfabrik ist eine Arena überhöhter Ich-Ideale, wo einige wenige erfolgreich sind und viele zu Grunde gehen. Das internationale Mainstream-Kino funktioniert über Identifikationsfiguren und Spiegelflächen, die Publikum und Mitarbeitern die großen Illusionen vorgaukeln: Einheit, Kontrolle, Autonomie, Selbstverwirklichung. In diesen falschen Verheißungen gefangen, wird die weiße Blume immer wieder zu einem Narcissus heranwachsen, der immer wieder an jener unmöglichen Liebe zugrunde gehen muss. Alles ist bloß »eine Bandaufzeichnung«, eine Täuschung; das Publikum weint allein und alleingelassen in einem Kabinett hohler Puppen. Die wirklichen, verborgenen Quellen, dieser in der Kunstwelt des Kinos aufbewahrten Gefühle, liegen sorgsam verschüttet, abgeschnitten von ihren Wurzeln. Das ist Lynchs Kritik an der Ideologie und Praxis Hollywoods. In der Montagesequenz erscheinen Diane und Camilla ein letztes Mal vereint in einem Bilde. Übrig bleiben die *leere* Bühne des Clubs und die Frau mit den blauen Haaren, die flüstert: »Silencio«. In diesem Moment ist nicht nur Trauer, sondern auch Frieden. Und vielleicht ist es das, was Lynch seiner Filmheldin wirklich wünscht: Stille, Versenkung – Abstand zu nehmen von den immer gleichen Süchten, Plänen, Begierden und vom (überhöhten) Ego als solchem.

Literatur

Freud, Sigmund (1900): Die Traumdeutung. GW Bd II/III.
Freud, Sigmund (1913): Zur Einführung des Narzissmus. GW Bd X, S. 137–170.
Lacan, Jacques (1973): Schriften I. Weinheim, Berlin (Quadriga Verlag) 1991.
Ovid (1 n. Chr.): Metamorphosen. München (Deutscher Taschenbuch Verlag) 1997.
Pagel, Gerada (1999): Jacques Lacan. Hamburg (Junius Verlag).

Intime Fremde von Patrice Leconte – Darf Psychoanalyse auch vergnüglich sein?

Elisabeth von Strachwitz

Spielerisch leicht erschienen mir die Vertraulichkeiten zwischen einem »Berater« und seiner »Patientin«, als ich den Film zuerst in Frankreich sah, wo ich seit vielen Jahren lebe. »Confidences trop intimes« – »Allzu intime Vertraulichkeiten«, so heißt der Originaltitel.

Als ich den Film später auf Deutsch sah, traf mich – nun erst – der darin unterschwellig drohende »sexuelle Missbrauch«, die Verletzung der »Abstinenz«, wenn die professionelle Distanz verlassen und der Prozess zu einem intimen Liebesspiel wird. Unterscheidet sich die psychoanalytische Situation von anderen Begegnungen dadurch, dass beide Beteiligte »intime Fremde« bleiben müssen, wie es der deutsche Titel nahe legt? Diese Problematik bewog mich, den Film als Analytikerin mit einem allgemeinen Publikum in unserer Reihe zu diskutieren.

Bevor wir diesen zentralen Leitfaden beleuchten, stellen Sie sich die Bilder vor:

Ein langer Gang im dritten Stock eines großbürgerlichen Gebäudes. Eine anmutige, noch jung wirkende Frau (Sandrine Bonnaire) schreitet suchend. Sie wählt eine Tür, tritt in ein schwerfällig möbliertes Zimmer, sieht die Couch, die schalldichte Tür, die Zeitschrift *Analyse*. Anna ist »zur vereinbarten Stunde« erschienen und beginnt, ihre Probleme zu erzählen. Der weiche Mann mittleren Alters (Fabrice Luchini) hört geduldig ihre Ehe- und Geldprobleme an. William ist Finanzberater.

Allmählich ahnen beide, dass ein Irrtum vorliegt. Anna hält William für »ihren« Analytiker, der jedoch eine Tür weiter praktiziert. Dieser genial einfache Auftakt der verwechselten Tür leitet eine stunden- und monatelang währende wechselseitige Verstrickung ein, die sich während des ganzen Films subtil steigert.

Mein analytischer Kommentar: Wie erkennen Menschen einander, auch Patient und Analytiker? Wie erspüren sie, ob die Wellenlängen passen? »Positive Passung« wird in einem aktuellen Ethikpapier der Deutschen Psychoanalytischen Gesellschaft für wichtig gehalten. Unzählige analytische Facharbeiten beleuchten diese ersten Begegnungen.

Und was passiert, wenn man sich im Gegenüber irrt? Hat man noch die Wahl? Oft wird, wie im Film, eine Fehlhandlung zu einem unbewusst sehr wohl passenden Arrangement.

Die subtile Verstrickung beider ist nachvollziehbar und überzeugend durch Annas Bedürftigkeit und Williams Verlegenheit. Feine Beziehungsspiele ziehen beide in ihren Sog. Die »Patientin« Anna wirkt sehr charmant, manchmal undurchschaubar oder flunkernd und willkürlich. Dann und wann tritt sie cool-dominierend auf. In einer Szene schneidet sie William den Schlips ab.

Der versehentliche »Analytiker« William wirkt schüchtern, erstaunt, hilflos, fasziniert. Ein »trauriges, früh gealtertes Kind, ein klarer Fall für den Analytiker«, meint Kerstin Decker (Tagesspiegel, 30.12.2004). Er kann auch neugierig erregt sein, verliebt und voller Retterphantasien.

Anna wird sagen: »Er braucht mich, ich bin seine einzige Patientin«. Damit bezeichnet sie eine Art narzisstischer Gemeinschaft, wie sie nicht selten Patient und Therapeut umschließt, in einer manchmal selbstüberschätzenden, von der Realität sich wegbewegenden Dyade bis hin zur »folie à deux«. Ein Analytikerwitz sagt: Psychoanalyse ist etwas für zwei, die zu gehemmt sind, sich gemeinsam auf die Couch zu liegen.

Der echte Psychoanalytiker, Williams Nachbar, den dieser um Rat ersucht, kommentiert etwas arrogant: »Vielleicht hat sie sich nicht in der Tür geirrt, sondern es extra so gemacht; eine falsche Neurotikerin, die einen falschen Psy konsultiert!« – »Wir beide haben ähnliche Berufe:

Klagen anzuhören. Und wir haben mit ähnlichen Neurosen zu tun: Was wird dargelegt und was verborgen? Sie, William, haben nicht alles unter Kontrolle. Der Patient muss selbst suchen.« Dann nimmt er 120,– Euro von William für ein eher Lacanianisch knapp anmutendes Flash. (In Frankreich ist Psychoanalyse keine Kassenleistung.)

Was sind die Unterschiede zwischen einem vertraulich aufdeckendem Gespräch, wie etwa zwischen Freunden, und der professionellen »gleichschwebenden Aufmerksamkeit« eines Analytikers, der sich an »Übertragung« und »Gegenübertragung« orientiert? Und wie sehen die Rahmenbedingungen, das »Setting«, für eine psychoanalytische Behandlung aus? Ich will das einmal in den Kategorien von »Richtig« und »Falsch« kommentieren:

»Richtig« ist das Wiederholungs-Ritual: Immer wieder derselbe Gang, die Tür, das Verabreden der »Sitzungen«. Richtig, wenn die Patientin sagt: »Er weiß alles von mir, ich nichts von ihm«. – Möglich ist, ihr ein Taschentuch zu reichen; nicht zu oft! Oder dass er sagt: »Schönes Kleid!« – Sie: »Ihre Arbeit ist wichtiger« und geht. – Richtig ist auch, dass der Analytiker, im Privatleben frustriert (Williams Frau hat andere Partner), trotzdem mit geduldiger »Neutralität« die manchmal nicht so schwer wiegenden Probleme seiner Patienten anhört. Zutreffend: dass ein Analytiker vieles ertragen muss: Von Patienten dominiert, vom Ehemann einer Patientin bedroht, in Beziehungsfallen genötigt wird, und ähnliches mehr …

»Falsch« ist für ein analytisches Setting, dass er hinter dem Schreibtisch sitzt und schreibt; und dass sie liegt und raucht. Falsch auch, dass die Sekretärin während der Stunde einfach ins Zimmer tritt. Sie schüttelt kritisch den Kopf, als sie Getränke servieren soll; das wäre doch nur in Pausen zwischen den Stunden oder eventuell bei der Supervision von Kollegen denkbar. – Sehr falsch: dass William zu Annas Mann sagt: »Ich liebe sie«; und zu Anna: »Ihr Mann ist furchtbar!« – Falsch auch der recht willkürliche Wechsel von Ausfallstunden und wachsendem Begehren; und dass William Anna auch bei zufälligem Wiederauftauchen einlässt. (Doch Zufall, sagt der Regisseur Patrice Leconte, ist eine Chance zu Bewegung.)

Anna erwähnt zunächst Eheprobleme (die noch zur Finanzberatung passen) und wechselt bald zu Berichten über ihr Liebesleben. Sie erzählt William von Intimitäten mit ihrem Mann, der impotent sei, erzählt von

Berührungen und ihrem Höhepunkt. Durch den ganzen Film zieht sich die Phantasie von Sex auf der Analysecouch. Anna wird sagen: »Sex mit seinem Analytiker ist viel erregender als mit seinem Steuerberater« (»excitant« – »erregender«, sagt sie – die deutsche Synchronisierung übersetzt »interessanter«).

Sie tauschen ein Buch über wilde Tiere aus – »la bête« ist französisch weiblich. Ist Anna wild? Sie fühlt sich auch »wie vergewaltigt«, durch die Irreführung, und mehr noch durch die unbewusst wachsende Unausweichlichkeit. Beide wissen: »Liebe ist eine unheilbare Krankheit«.

Mein analytischer Kommentar: Sexualität gehört zum Kern der Psychoanalyse! – Doch baut eine Analyse nicht auf sexueller Intimität auf, sondern auf einem Minimum von Vertrauen, welches dem Patienten die Annäherung an die »Grundregel« ermöglicht, alles zu sagen, was in ihm auftaucht. Auch etwa Liebes- und Sex-Berichte sind in einer distanziert abstinenten Haltung zu begleiten, aber nicht kalt und schweigsam, sondern mit Anteilnahme. Das verlangt Professionalität und Ausbildung der Selbsterkenntnis in jahrelanger Eigenanalyse. Freud schreibt in den *Bemerkungen über die Übertragungsliebe*: Der Arzt »muss erkennen, dass das Verlieben der Patientin durch die analytische Situation erzwungen wird und nicht etwa den Vorzügen seiner Person zugeschrieben werden kann« (Freud 1915, S.308). Im Film werden Rahmen, Setting und Narrativ »verschoben«, aus der psychoanalytischen wird eine flirtende Beziehung. Mit dieser »Verschiebung« spielt der Film. Patrice Leconte schildert das vergnüglich und kenntnisreich.

Der echte Analytiker im Film kommentiert, wie schwierig es ist, die »Abstinenz« zu wahren, wenn eine verführerische Patientin die Tür zum weiblichen Geheimnis immer wieder »halb öffnet«. Wenn eine Frau vom Orgasmus erzählt, erwecke das im Mann (William) Erregung und zudem archaische Ängste seiner Kindheit. Er kann die »Tür« (in Deutschland eher das *»Schlüsselloch«*) zur »Urszene« nicht mehr schließen, in der er die Eltern beim Beischlaf entdeckte.

Was erfahren wir über die Kindheiten beider? Anna ist im Wohnwagen aufgewachsen, in den ihre Mutter Partner mitbrachte. Die Mutter hat den Vater totgefahren, wie auch Anna ihren Mann verletzt, als sie mit dem Auto rückwärts fährt (»anale Potenz« ist »hinterrücks« aggressiv, statt phallisch-dominant zu agieren).

Williams Mutter hat nie jemanden mitgebracht. William lebt immer noch in der Wohnung seiner Eltern, arbeitet in Vaters Büro und mit dessen Sekretärin.

Mein Kommentar: Das Rekonstruieren der Vorgeschichte (in Anamnese wie Therapie) galt lange als ein Hauptanliegen psychoanalytischen »Durcharbeitens«. Doch heute steht die subjektive Interaktion im Vordergrund, die Analyse von Übertragung und Gegenübertragung. Das Schlagwort »hier und jetzt« ist allerdings zu eng, denn in der »Übertragung« wird die Vergangenheit in einer komplexen emotionalen »Szene« in die Gegenwart übersetzt.

Der Einbruch der »äußeren Realität« lässt nicht lange auf sich warten. Er wird von den Partnern beider kräftig geschürt. Williams Frau geht selbst in Analyse, ironisiert das typische »hm«; und weiß z.B.: »Sie (Anna) muss bezahlen! Das ist die Regel!« So spielt Williams Frau sich als Expertin auf. Eigentlich müsste er, der »Vater«, das Gesetz vertreten. Depotenzierend ist sie auch, als sie sich von ihrem »Macker« trennt und sagt: »Er ist 'ne solche Null!« (deutsch: »nichtssagend«). – Gröber als Williams Frau tritt Annas Mann auf. Er dringt bei William ein, ein kräftiger Typ, und sagt: »Ich wollte Sie mir mal ansehen«. (Kommentar: Sicher möchten das die meisten Partner von Patienten. Aber meistens schaffen wir es, das bei allen Beteiligten in der Phantasie zu halten.) William sagt: »Sie sind Monsieur…?« – »Ja genau, ich bin Monsieur!« (er hält sich für einzigartig). William: »Was ist Ihr Problem?« – » Sie!« – Annas Mann betrachtet die Couch und denkt, dort »bumsen« sie, und sagt: »Kommen Sie in mein Haus, um meine Frau zu bumsen!« Er greift William bei den Wangen: »Machen Sie sie glücklich!«

Anna sagt später zu William: »Ich nehme mir wieder meine Freiheit. Das war doch Ihr Rat, nicht wahr?« (Öfter missverstehen Patienten eine »deutende« Überlegung des Analytikers als Rat.)

Zunehmend entsteht ein Agieren im Dreieck. (»Agieren« heißt, die intrapsychische Dynamik wird in reale Handlung umgesetzt, statt in Einsicht.) Annas Mann schickt ihr einen jungen Spion nach. Anna »lügt«, William schlafe mit ihr. – Annas Mann mietet ein Hotelzimmer, das William einsehen kann, um dort ihre Intimitäten mit ansehen zu müssen (französisch: »spectacle«). Später werden ihm Details erzählt. –

William, verstört, erklärt Anna: »Ihr Mann hat mich aufgesucht«. – William folgt Anna zum Bahnhof und sieht sie in Ohnmacht fallen.

Mit hintergründigem Humor arrangiert der Film die Abweichungen von den psychoanalytischen Regeln. Immer mehr wechseln Anna und William von einer therapeutischen in eine reale Beziehung: Das »Verabreden« wird zum Begehren. Das analytisch-psychische »Spionieren« wird zum realen Spionieren.

Im letzten Teil des Films folgt William Anna real in ihre neue Realität. Sie ist Ballettlehrerin in Nizza. Dezent nähert sich die Phantasie »Sex mit dem Analytiker« einer Verwirklichung, doch zögerlich. Bei ihrer damaligen Verabschiedung gab Anna William nur eine Andeutung von Kuss auf die Wange. Sogar nun beim Wiedersehen geschieht kaum Berührung. Im Schlussbild rauchen beide gemeinsam.

Auf symbolischer Ebene zeigt sich die Doppeldeutigkeit des Rauchens quer durch den ganzen Film: Ist Rauchen Ersatz für Sex und die Zigarette ein Sexualsymbol? Oder behindert Rauchen Nähe und Berührung? Dazu passt Annas klemmender Reißverschluss; sie sagt: »je suis bloquée« = »ich bin verklemmt«. – Aus den reichhaltigen Anspielungen, die alle Szenen begleiten, hier einige weitere: Das Abschneiden seines Schlipses als kastrierende Geste erwähnte ich schon. In einer anderen Szene sehen wir ihn in etwas lüsterner Art einen Bleistift im Anspitzer drehen. Dass durch ihre Schuld sein Papierkorb brennt, unterstreicht beider »brennende« Liebe. Die dabei wegfliegenden Schriftstücke lassen uns die leidenschaftliche Verachtung der Realität assoziieren.

William sammelt Spielzeug = joujou , tanzende Blechfiguren = zouzou = zizi, das ist der kindliche Penis: William muss noch zum Mann werden. – Annas Feuerzeug, sie nennt es »Vater« (»ich finde meinen Vater nicht mehr«), geht unter seiner Couch verloren, er bringt es oder »ihn« ihr wieder. Oder besser: Sie gelangt von der Vaterbindung zur Partnerbindung. William, der das Feuerzeug findet und hat, wird damit als erwachsen charakterisiert.

Anna ist schon mit dem Therapeut-Sein identifiziert. Sie hilft einem Patienten des (echten) Analytikers, der an Fahrstuhl-Phobie leidet (Fahrstuhl ist z. B. »Mutterhöhle plus Erektion«). Sie reden über ihre Analytiker (geschieht sicher häufiger, als wir wissen). Er ist mit seinem nicht so zufrieden: »Es ist wie beim Zahnarzt, danach tut es noch mehr weh«.

Insgesamt hält der Film uns – den Analytikern und dem Publikum – einen (etwas augenzwinkernden) Spiegel vor: Da seht ihr, was Psychoanalyse für ein Unternehmen sein kann. Die Kritiken nennen das Beziehungsspiel »Melodram und Thriller«, »Kammerspiel«, »voyeuristisch«, »mysteriös«, »Geheimnis und Offenbarung«. Bekommt die Psychoanalyse damit ihre »Diagnosen«? Etwa: Sie ist voyeuristisch, ein Leben aus zweiter Hand? Meines Erachtens hat der Regisseur die Hinter- und Tiefgründigkeit der psychoanalytischen Beziehung gut erfasst. Darin ist der Film französisch. Ich fand in Frankreich ein zutreffenderes Verständnis für die Psychoanalyse als in Deutschland, wo (auch in der Synchronisation) vom »Psychiater« gesprochen wird. Andere Abweichungen der Übersetzung erwähnte ich schon. Damit verrät der Film manche interkulturelle Botschaft, nicht zuletzt die des ubiquitären »Ödipuskomplexes«. Der Film wurde als französischer Beitrag auf der Berlinale 2004 gezeigt. Ich weiß nicht, ob ein deutscher Regisseur einen so arglosen »psychoanalytischen« Thriller hätte drehen können.

Eine kleine Auswahl aus der Diskussion

Wenn sogar ein Finanzberater einen Behandlungs-Erfolg hat, warum dann die aufwendige Psychoanalyse? – Der Steuerberater erwarb schon einige notwendige Fähigkeiten: Umgang mit Ratsuchenden, Zuhören, Ertragen. Doch das Münden in eine Liebesbeziehung, mit zwei getrennten Ehen, kann nicht das übliche Ziel von Patienten sein. – Auch Annas »Verhaltenstherapie« in der Fahrstuhl-Szene zeigt, wie rasch sie die Phobie des Patienten bessert, der beim Analytiker nur immer neue Schmerzen erfährt. – Dennoch erleben die meisten der Diskussionsteilnehmer den Film nicht als Kritik an der Psychoanalyse.

Annas verlassener Ehemann könnte sie aus Rache aufsuchen? – Eher sucht er William aufgrund seiner latenten Homosexualität; so wie er um William agierte. Auch im Fernseher der Hauswartsfrau erscheint der Kommentar »homosexueller Mann«. – Die Hauswartsfrau, die »Concierge«, sitzt in ihrem »Cabinet« (so heißt französisch auch die Arztpraxis). Ihren voyeuristischen Beruf sehe ich als Kommentar zur Psychoanalyse, die auch von den Metaphern »welche Tür wird geöffnet«, »wohin gehen die Blicke«... begleitet wird.

Im fortgeschrittenen Teil werden vertraute Menschen verschwimmend gefilmt – wie interpretieren Sie das? – Hier hört das Verstehen auf. – Oder das Bild soll in den Zuschauer eindringen, Verinnerlichung. – Genauer: es bedeutet Verschmelzung. – Also: Verstehen nicht rational, sondern von Unbewusst zu Unbewusst.

Dies war die 13. Veranstaltung an einem 13. März. Da darf man auch schmunzeln und die Psychoanalyse vergnüglich erleben, die sonst meist die »dunkle Seite der Seele« beleuchtet. Das Gefühl der Bezauberung bleibt nach dem Film erhalten.

Literatur

Freud, Sigmund (1915): Bemerkungen über die Übertragungsliebe. GW Bd X, S. 305–321.

Decker, Kerstin (2004): Die Wir-Spielerin. Filmrezension im *Tagesspiegel* vom 30.12.2004.

Mary Shelleys Frankenstein von Kenneth Branagh

Gudrun Minnich

Eigentlich war ich immer der Überzeugung, Monster- und Gruselfilme wie *Frankenstein* würden ungesehen und ohne das Gefühl, etwas versäumt zu haben, an mir vorübergehen. »Dr. Frankenstein« – das klang immer wie ein angstmachender Mythos, der Herr über Leben und Tod in seinem persönlichen Gruselkabinett, der Macht über seelenlose Monster oder künstliche Kampfmaschinen hat und in seinem Größenwahn skrupellos und machtgierig nach der Weltherrschaft strebt.

Nachdenklich wurde ich in der Behandlung eines jungen Mannes mit einer ausgeprägten Identitäts- und massiven Kontaktstörungen, der sozial absolut isoliert lebte, nicht einen verbindlichen Kontakt zu anderen Menschen herstellen konnte und bei diesen wiederholt auf vernichtende Ablehnung stieß. Als eine Frau auf seiner Arbeitsstelle schwanger wurde und die Umgebung dies erwartungsgemäß als freudiges Ereignis begrüßte, konnte er als einziger die Begeisterung nicht teilen. Mir gegenüber äußerte er, dass er nicht verstehe, dass sich alle auf das Kind freuen, da man nicht sicher sein könne, ob es für das Kind auch eine Freude werden würde. Seine Überzeugung war: »Jeder könnte Frankenstein sein«, und er fragte: »Wie kann man Verantwortung für ein anderes Leben übernehmen?« Er hätte keine Hemmungen zu töten, zum

Beispiel als bezahlter Killer, damit wären auch seine finanziellen Probleme gelöst: »Killer – das ist eine Arbeit, Killerfilme haben etwas Beruhigendes«.

Zu dieser Zeit lief *Mary Shelleys Frankenstein* im Kino, und ich beschloss, mir den Film anzusehen, um mich mehr in seine Welt hineinversetzen zu können. Das Drama des Ausgestoßenseins, der Kontaktlosigkeit und der Absolutheit der Einsamkeit hatte mich ergriffen, und ich konnte mir besser vorstellen, wie er sich in der Welt erleben musste und dass er sich selbst als ein Geschöpf empfand, von dem sich andere mit Grausen abwenden, und welche Gefühle von Hass, Neid und rachsüchtiger Vergeltung dieses in ihm ausgelöst hatte.

Frankensteinverfilmungen gibt es seit der Stummfilmzeit, erstmals 1910, wobei nur der grobe Plot (Wissenschaftler erschafft künstliches Wesen) und einige Motive mit Mary Shelleys Roman zu tun haben. Seitdem entstanden über hundert Frankensteinverfilmungen: 1931 der vom deutschen Expressionismus geprägte klassische Horrorfilm *Frankenstein* (Regie: James Whale); später folgten u. a. *Frankensteins Braut, Frankensteins Sohn*, *Frankensteins Rache*, *Frankensteins Ungeheuer*, *Frankenstein schuf ein Weib*, *Frankenstein muss sterben*, *Dracula jagt Frankenstein* und viele andere. Die letzte Kinoversion von 1994 *Mary Shelleys Frankenstein* stammt von dem irischen Regisseur Kenneth Branagh, der darin auch selbst die Rolle des Victor Frankenstein spielt. Branagh hält sich bei der Verfilmung ziemlich genau an den zugrundeliegenden Roman von Mary Shelley mit dem Titel »Frankenstein oder der moderne Prometheus« (Gruselserie Almanach). Die Mutter der Autorin, Mary Wollstonecraft, erste Frauenrechtlerin Englands und Schriftstellerin, verstarb 1797 nach der Geburt von Mary Shelley. Mary Shelley hatte den Roman im Alter von neunzehn Jahren geschrieben, damals (1816) verbrachte sie einen Sommeraufenthalt mit ihrem späteren Ehemann, dem Dichter Lord Percy Bysshe Shelley und Lord Byron sowie dessen Leibarzt John Polidori. Die Anwesenden beschlossen, jeder eine Schauergeschichte zu schreiben. Mary Shelley schrieb die Geschichte über Frankenstein, und Byrons Leibarzt verfasste eine Vampirgeschichte.

Der Roman beschreibt die Anmaßung Frankensteins, sich zu einem modernen Prometheus, einem menschlichen Gott zu stilisieren, was zur Epoche des frühen 19. Jahrhunderts und deren Aufbruchsgeist passt. Der Mensch kann zu Gott werden, doch der Preis ist ungeheuer (als Hybris des Menschen der Romantik). Es ist auch ein Roman der modernen Wissenschaft, die die Kräfte, die sie entfesselt, nicht mehr bannen kann und, statt Fortschritt zum Wohle der Menschheit zu bewirken, destruktiv in den Untergang treibt. Psychoanalytisch gesehen handelt der Roman von Schöpfungsphantasien, der Auseinandersetzung mit der biographischen Realität von Gebären und Sterben, der Phantasie von Töten und Überleben und dem unbewussten Wunsch wiedergutzumachen; das Thema der schriftstellerischen Kreativität ist die Wiedererweckung der toten Mutter (Overbeck 2003).

Am Beginn der Handlung sehen wir im Film einen Forschungsreisenden, der von seinem Ehrgeiz besessen ist und trotz der tödlichen Gefahr auf seiner Nordpolexpedition keine Rücksicht auf sich und seine Leute nimmt, diese bewusst seinen Zielen aufopfern will. Damit nimmt die Rahmengeschichte die Erfahrung voraus, die Frankenstein am Ende seines Lebens gewinnt, nämlich dass sein fanatisches Streben nach Unsterblichkeit alle seine lebendigen Beziehungen zerstört hat und letztlich ihn selbst. Am Ende seines Lebens ist er vollkommen verlassen. Frankenstein erkennt die eigene Haltung im anderen: »Sie teilen meinen Wahnsinn!«, und fragt den Kapitän, auf Kosten wie viel weiterer Leben er sein Pläne durchsetzen will, worauf dieser antwortet: »Soviel, wie nötig sind. Wenn wir erfolgreich sind, werden wir für alle Zeiten weiterleben und unsterblich sein!«

Wir erleben eine Verfolgung durch das Eis. Frankenstein jagt sein Geschöpf in mörderischer Wut und will es von den Seeleuten erschießen lassen. Das Geschöpf zerfetzt in blindem Zorn die Hunde, die ihm entgegenjagen: ein Kulminationspunkt des gegenseitigen Hasses und der Paranoia. Man weiß nicht mehr, wer wen verfolgt, beide scheinen als verfolgte Verfolger untrennbar miteinander verschmolzen. Ihre Affekte sind ununterscheidbar eins und streben nach Vernichtung und Auslöschung der eigenen Existenz im anderen, es sind mörderische Leidenschaften, die beide miteinander verketten. Die Gestalten von Schöpfer und Geschöpf gehen hier in psychotischer Weise ineinander über und sind als Motiv des Doppelgängers gestaltet (Overbeck 2003). Wenn man »Frankenstein« sagt, denkt man nicht an den unglücklichen Victor, sondern an das Ungeheuer. Hier liegt keine triviale Verwechselung vor, sondern beide Figuren sind eins geworden (Priester 2003).

Als »Urgrund« der dramatischen Entwicklung sind die früheren Traumatisierungen Dr. Frankensteins anzusehen. Seine Mutter war bei der Geburt eines Geschwisters verstorben (auch die Mutter von Mary Shelley war bei ihrer Geburt verstorben). Der entsetzliche Verlust kann nicht betrauert, sondern muss manisch abgewehrt werden und weckt das rasende Bedürfnis, nie wieder solchen Schmerzen ausgeliefert sein zu müssen, unverwundbar zu sein, nie wieder jemanden, den man liebt, verlieren zu müssen. Allmachtsphantasien und Größenwahn, wie Gott Leben schaffen zu können, sind als Bewältigungsversuch des erlittenen Traumas zu sehen. Unsterblichkeit erlangen zu wollen, kann als eine narzisstische Position betrachtet werden. Frankenstein ist wie besessen von seiner Idee. Seine lebendigen Beziehungen wie die zu seiner Braut Elisabeth geraten dabei völlig in den Hintergrund und scheinen für ihn kaum noch zu existieren. Fast hätte er das eigene Leben darüber verloren, als die Cholera ausbricht und er es ablehnt, sich in Sicherheit zu bringen. Er zeigt keine Angst oder Besorgnis angesichts der tödlichen Gefahr, da alle Energie vom Fanatismus der selbstgestellten Aufgabe gebunden ist.

Eine Retraumatisierung erfolgt, als sein bewunderter, ihn in die Geheimnisse ungeahnter wissenschaftlicher Möglichkeiten einführender Lehrer Waldmann von einem rohen Gesellen, der die Impfung verweigert, ermordet wird. Die erneute Traumatisierung, der Verlust seines geistigen Vaters, die unbewusst an den früher erlittenen Verlust erinnert, bewirkt, dass Frankenstein zur Tat schreitet, um den Tod und das, was er einem nimmt, zu überwinden. Es ist wiederum keine Trauer möglich. Paradoxerweise wird die Leiche des Täters, der den verehrten Lehrer umgebracht hat, ebenso Teil seines neuen Geschöpfes, dem er Leben einhaucht, wie Teile der Leiche seines Lehrers: das »beste Gehirn von allen«.

Frankenstein schafft neues Leben, wird also Vater, wobei sein Kind nur dem elterlichen Narzissmus dient. Er zeugt sein Geschöpf nicht, weil er liebend für jemanden sorgen möchte, sondern nur, um seine eigene Wunde zu heilen. Dafür könnte man verschiedene andere Beispiele aufführen: Zum Beispiel könnte ein neues Kind von den Eltern als Ersatz für ein vorher verstorbenes Geschwister gesehen werden. Ich denke an das Theaterstück von Hans-Ulrich Treichel *Der Verlorene*, in welchem ein Junge, dem die Eltern versicherten, er sehe aus wie sein auf der Flucht im letzten Krieg verlorengegangener Bruder, sinngemäß äußerte: »Ich spüre noch die Schnitte, mit denen ich ihm aus dem Gesicht geschnitten bin«.

Frankenstein zeugt als Mann neues Leben. Er braucht keine Frau dazu und ist der alleinige und allmächtige Schöpfer. Die Zeugung mit Hilfe der Elektrizität erinnerte mich an Michelangelos Gemälde, auf dem Gottvater den Finger ausstreckt, um Adam zum Leben zu erwecken – der göttliche Lebensfunke springt auf das Geschöpf über.

Bei der für beide mühsamen Geburt wälzen sich Schöpfer und Geschöpf im »Fruchtwasser«. Das »Baby« kann sich noch nicht koordiniert bewegen und braucht Hilfe, andererseits ist es aber auch ein »Riesenbaby«, das seinen Betreuer mit umreißt und letztlich als Zumutung und monströs empfunden wird. Aus der Säuglingsforschung wissen wir, wie enorm wichtig von Anfang an die so genannte »Passung« zwischen Kind und Mutter (hier: Vater) ist, welche zum Beispiel bei kranken oder missgebildeten Kindern gestört sein kann, weil diese schwerer emotional von den Eltern angenommen werden können. Wir kennen solche »Riesenbabys« aus Behandlungen, bei regredierten Patienten, die akzeptiert und angenommen werden möchten, auch wenn sie es einem schwer machen (wie ein Kind mit einer Rotznase, das geküsst werden möchte). Das Wesen kommt »verwundet« zu Welt, seine Narben lösen aber kein Mitgefühl, sondern Abscheu bei Frankenstein aus (eine »Missgeburt«, Zitat aus dem Film: »massive Geburtsfehler, funktionsgestört und mitleiderregend«).

Traumatisierte Eltern können für ihre Kinder schwerer als andere ein so genannter »emotionaler Container« sein (ein Art Behälter für unverdauliche und schwer erträgliche kindliche Gefühle); sie brauchen im Gegenteil die Kinder, um sich von ihrem eigenen unerträglichen Ausmaß an Trauer und Aggression projektiv zu entlasten. Frankenstein gibt so sein eigenes erlittenes Trauma des Verlassenseins an die nächste Generation weiter; man kann von einer transgenerationellen Traumatisierung sprechen. Wir wissen, dass existentielles Verlassensein und Deprivation in der Frühzeit später schwerste Störungen erzeugen.

Das Wesen wurde von seinem Erzeuger aus Leichenteilen gefertigt, aus wertlosem, unlebendigem Material, von geächteten Menschen. Wie aber soll man eine positive Identität finden, wenn man von Verbrechern abstammt, die hingerichtet wurden? Vom Schöpfer wird es als der »Erbe« von Tätern angesehen und scheint somit wie mit einer »Erbsünde« beladen. Es ist schwer, unter diesen Umständen ein selbstverständliches Ich-Gefühl und das einer »ganzen« Person zu entwickeln, man könnte eher von einem fragmentierten Selbst sprechen, das gespalten oder zerrissen ist; die Integration der verschiedenen Persönlichkeitsanteile ist nicht möglich.

Man ist erinnert an Therapien von Adoptivkindern oder Heimkindern, für welche es enorm wichtig ist, die realen Eltern und ihre Herkunft zu kennen, auch wenn diese schrecklich ist (zum Beispiel das Kind einer Prostituierten, eines Kriminellen oder eines Mörders zu sein), um überhaupt eine, wenn auch problematische Identität, zu haben.

Bei einer normalen Entwicklung spiegelt sich das Kind im »Glanz im Auge der Mutter« (Kohut 1971) – oder hier des Vaters –, im Film jedoch wirkt das gegenseitige Anblicken nach der Zeugung verstörend. Kinder identifizieren sich mit ihren Eltern: »Ich will so werden wie mein Vater/meine Mutter, wenn ich groß bin«, und sie übernehmen deren Wertvorstellungen (mit denen sie sich dann später natürlich auch kritisch auseinandersetzen). Hier aber gibt es keine Möglichkeit der Identifikation, keinen Vater, der zum Sohn sagt: »Ja, du wirst mal so groß und stark, wie ich es bin«. Das Bedürfnis nach Identifizierung wird brüsk zurückgewiesen. Der Erzeuger findet sein »Produkt« widerlich und abstoßend, er erlaubt nicht, dass das Wesen sich an ihm orientieren darf, sich mit ihm vergleichen kann, an seiner Größe allmählich wachsen könnte.

Kinder, die sich nicht angenommen erleben, gelangen zu der Überzeugung, einen Makel zu haben und dass es unmöglich ist, sie lieben zu können. Eltern können die Vorstellung von ihren Kindern haben, dass sie Monster sind, und so fühlt das Kind sich später auch. Es entsteht das Selbstbild, ein Monster zu sein: »alle müssen mich schrecklich finden«, oder »wenn die anderen erst erkennen, wie furchtbar ich wirklich bin, werden sie mich ablehnen und sich von mir abwenden«.

Es gibt nicht einmal einen Namen für das »Ding«, was es schwer macht, es überhaupt begrifflich zu fassen und über »es« zu sprechen –

wie soll man es auch bezeichnen: Monster, Ungeheuer, Wesen, Geschöpf, Kreatur? Die Verdinglichung zeigt auf, dass es nicht als Subjekt mit einem eigenen Fühlen angesehen wird, sondern eben eher wie eine Sache, eine bedrohliche Maschine, eine Art bösartiger Roboter. Psychisch schwer gestörte Patienten erleben übrigens den eigenen Körper ebenfalls wie ein Ding und behandeln ihn auch so.

Zurück zum Film: Frankenstein ist von seiner Schöpfung entsetzt und hofft, dass diese zugrunde geht. Jede Verantwortung für das geschaffene Leben wird abgelehnt, es entwickelt sich keine Beziehung zu ihm. Er greift sogar in seiner Verzweiflung zur Axt, um es eigenhändig zu erschlagen. Doch das Wesen flieht, und Frankenstein fällt in die Bewusstlosigkeit einer schweren Lungenentzündung. Die Enttäuschung über seine »Kopfgeburt« führt dazu, dass er sich nun wieder seiner vordem vernachlässigten Familie zuwendet.

Das neu entstandene Wesen ist also bereits kurz nach seiner Geburt sich selbst überlassen, es hängt anfangs hilflos an einem Gerüst an der Decke. Mit ungeheurer Kraft muss es um sein blankes Überleben kämpfen. Es erwacht im Schmutz, ist hungrig, schutzlos und wird vom Pöbel als verabscheuenswürdig gejagt, als es sich zum ersten Mal öffentlich zeigt. Es wird sofort als böse angesehen, als es den ersten Grundbedürfnissen (Nahrung) impulsiv und triebhaft nachgibt, denn dies wird als Diebstahl geächtet. Das Wesen erfährt Verfolgung, ohne sie verstehen zu können.

Es hat keine Vorstellungen über Regeln und Verbote im Zusammenleben. Emotional ist es auf dem Stand eines Kleinkindes und gleichzeitig grotesk wirkend in der Erwachsenenrolle. Die letzte Deckung findet es erst bei den Choleratoten, als es sich selbst als verstorben tarnt, um der Verfolgung zu entgehen. Man kann hier von schwersten frühkindlichen Traumatisierungen sprechen.

Frankensteins Freund sagt: »Alle sterben an der Epidemie, die ohne Schutz und Nahrung sind, besonders die Neugeborenen werden sterben.« Schutz und Nahrung, das sind elementare Grundbedürfnisse für Neugeborene, doch Frankenstein hofft, dass sein Kind gestorben ist und für ihn keine Belastung mehr darstellt. Man fühlt mit dem Ausgestoßenen, kann sich eher mit dem Geschöpf als mit seinem doch recht fanatisch-selbstsüchtigen (wenn auch traumatisierten) Schöpfer identifizieren.

Das geschundene Wesen irrt durch die Welt und hört erstmals freundlichere Töne: eine Flöte. Nun endlich öffnet sich ihm eine neue Welt, es findet wärmenden und nährenden Unterschlupf bei der Schweinefamilie. Durch die Ritzen im Stall beobachtet es ein junges Paar. Staunend nimmt es wahr, wie die Frau voller Mitgefühl dem Mann die Hand verbindet. Zum ersten Mal zeigt sich hier ein bislang unbekanntes und tröstliches Modell einer Beziehung, die die Wunden des anderen heilt. Die Mutter lehrt ihre Tochter das Schreiben und führt sie in eine Sprache des Aufeinander-Bezogenseins ein. Das erste Wort, was das Wesen als Beobachter mitlernt, ist »Freund«, es geht um ein Gegenüber, den wichtigen Anderen, ohne den man nicht leben kann.

Tastend entwickelt sich ein Verhältnis wie zu einer »Adoptivfamilie«, wobei es die Rolle des dienstbaren Geistes einnimmt. Eine freundliche Phantasie der anderen über das Wesen entsteht, vergleichbar der Vorstellungen von schwangeren Frauen über ihr noch nicht sichtbares ungeborenes Kind. Alle sind ihm dankbar, was es mit Stolz erfüllt und ihm einen Wert verleiht. Es fühlt sich wichtig für die anderen, obwohl es zunächst weiter unsichtbar bleibt.

Erkannt in seiner Verletzung wird es zum ersten und einzigen Male von dem Blinden (»du armer Mann«) – der Blinde ertastet seine Narben und entwickelt ein empathisches, verständnisvolles Gefühl für das Erlittene. Doch als es den Blinden vor dem habgierigen Hausbesitzer schützen wollte und letzteren umbringt, glaubt die Familie durch ein Missverständnis, es hätte auch den Großvater bedroht. In seiner wahren Gestalt ist das Wesen für die, die sehen können, unannehmbar. Alle wenden sich voll Grauen ab, das Trauma des Verstoßenwerdens wiederholt sich. Die Chance, dass etwas hätte vernarben können in einer neuen und korrigierenden Beziehungserfahrung, ist vertan, das Opfer wandelt sich nun tatsächlich zum Täter. Das ursprünglich weder gute noch böse Wesen wird erst jetzt wirklich zum Monster: böse, mitleidslos, zerstörerisch und furchterregend. Von nun an gilt das Talionsprinzip: Auge um Auge, Zahn um Zahn. Was ihm angetan wurde, tut es in gleicher Weise jetzt anderen an. Es gibt nur die Erfahrung, entweder Opfer und ohnmächtig zu sein oder selbst zum Täter zu werden, so dass die anderen vor einem zittern. Zerstören oder Zerstörtwerden, Töten oder Getötetwerden – die Umwelt kann jetzt nur noch feindlich erlebt werden. Gute Beziehungserfahrungen, in denen es nicht nur um Stärker- oder Schwächersein, Sieger oder Verlierersein geht, sind unmöglich geworden. Das enttäuschte Bedürfnis nach Anerkennung der puren Existenz und der Möglichkeit, sich zugehörig fühlen zu können, »von gleicher Art« zu sein, schlägt in Hass um. Auch tödlicher Neid entsteht: der Impuls, dem bedeutsamen Anderen wegzunehmen, was dieser liebt; ihn auch derart verletzen zu wollen, wie man selbst verletzt ist. Man fühlt sich bei zurückgewiesener Liebe, als wenn einem das Herz aus dem Leibe gerissen wird, und in Umkehr des eigenen Schmerzes reißt das Wesen schließlich Frankensteins Braut das Herz heraus. Es geht jetzt um Rache – nach dem wiederholten Verstoßenwerden erst vom Erzeuger, dann von der Adoptivfamilie, wo es am Ende auch nur wieder als Monster gesehen worden ist. Das Haus der Familie wird niedergebrannt, Frankensteins kleiner Bruder getötet und das Kindermädchen ins Verderben gestürzt, indem es diesem die Tat anhängt.

Psychoanalytisch könnte man in Bezug auf die Begegnung zwischen Geschöpf und »Adoptivfamilie« von einer Reinszenierung sprechen, in dem Sinne, dass die frühere traumatisch erfahrene Beziehungserfahrung unbewusst in Szene gesetzt wird. Man sorgt sozusagen dem Wiederholungszwang folgend dafür, erneut abgelehnt zu werden, obwohl man bewusst das Gegenteil möchte. In Therapien erleben wir dieses häufig bei traumatisierten Patienten, zum Beispiel solchen, die in der Kindheit verwahrlost oder sexuell missbraucht wurden. Diese lösen in der Gegenübertragung (den Gefühlen, die sie im Therapeuten erzeugen) beispielsweise den Impuls aus, sie loswerden zu wollen, obwohl ihr Schicksal doch zunächst betroffen macht, Mitgefühl und Hilfsbereitschaft erzeugt. In Therapien nutzen wir diese Wahrnehmung von negativen Gefühlen dem Patienten gegenüber in uns selbst dafür, etwas von seinen früheren Beziehungserfahrungen verstehen zu können. Misshandelte Kinder haben die innere Überzeugung, dass Kontakte immer so aussehen, dass einer den anderen misshandelt, sie identifizieren sich mit dem Aggressor und versuchen, auf der Seite des Misshandelnden zu sein, um zu überleben.

Ein Leben im »ewigen Eis«, das ist der einzige Ort, wo sich das allen Menschen gegenüber fremd fühlende Wesen fortan vorstellen kann, unbehelligt zu existieren. Es kann zu anderen keinen Zugang finden und zieht sich in die Einsamkeit zurück, es ist aber überlebenswichtig, dass es eine Gefährtin hat. Sein Schöpfer soll sie ihm geben; das Wesen fordert sie gewaltsam von ihm ein. Es will eine Frau als Partnerin, doch soll sie ihm »verwandt« sein (im Leid und in der Fremdheit), aus demselben Stoff also und von gleicher Art sein und auf demselben Wege entstanden. Nur dadurch könnte sie Verständnis für seine Verletzung haben, sich empathisch in ihn hineinversetzen, weil sie das alles am eigenen Leib ebenfalls erlebt hat. Es braucht jemanden, der es spiegelt. Es geht weniger um eine reife Liebesbeziehung als um etwas Basales und um existentielle Grundbedürfnisse, deren Befriedigung die Welt weniger feindlich und bedrohlich erscheinen lassen könnten: »Um das Mitgefühl eines Wesens willen würde ich Frieden mit den anderen Menschen schließen«. Doch der Selbststabilisierungsversuch über das Schaffen eines zweiten Ichs (der Gefährtin) misslingt, weil diese die ihr zugedachte Rolle nicht annehmen kann und sich aus Abscheu über die Veränderung selbst zerstört.

Nachdem das Monster Frankensteins Braut getötet hat, ist Frankenstein wie rasend über ihren Verlust und besessen davon, ihn nicht hinzunehmen. Um jeden Preis will er sie neu erschaffen, auch wenn sein Freund, der neues Unheil ahnt, versucht, ihm in den Arm zu fallen. Die Wiederbelebung der Geliebten ist gleichzeitig als Wiederbelebung der verstorbenen Mutter von Frankenstein (und von Mary Shelley) zu verstehen. Anders als damals wird der Verlust nicht passiv und ohnmächtig erlitten, Frankenstein ist diesmal nicht derjenige, welcher der Situation hilflos ausgeliefert ist, sondern belebt die Mutter-Geliebte aus eigener Kraft.

Als schließlich Frankensteins Braut trotz des Versuchs der Neuerschaffung endgültig für ihn verloren ist, entwickelt er erstmals ein wirklich starkes bezogenes Gefühl seinem Geschöpf gegenüber, freilich derart, dass er es mit tödlichem Hass verfolgt und um den Preis der eigenen Zerstörung. Er jagt das Monster, das wiederum seinen Erzeuger verfolgt. Der schwer erschöpfte und erkrankte Frankenstein wird von dem eingangs erwähnten Kapitän auf dessen Schiff aufgenommen, wo er dem Kapitän seine Geschichte erzählt und am Ende stirbt.

Das Geschöpf Frankensteins geht mit seinem Schöpfer zugrunde. Es hatte keine Möglichkeit gehabt, ein eigenständiger Mensch zu werden, sich zu individuieren, abzulösen, es blieb sozusagen mit ihm »verschmolzen«, es vermochte keine eigene, von ihm getrennte Identität entwickeln. Es konnten kein unabhängiges Leben gestaltet oder neue Beziehungen eingegangen werden. Man hat den Eindruck qualvoller, letztlich »ergebener« Verbundenheit und einer hoffnungslosen Liebe, als der Hass durch den Tod aufgelöst wird. Frankenstein ist sein Erzeuger, der einzige Mensch, auf den es sich beziehen kann, von dem es abstammt, mit dem es untrennbar verbunden ist. Ohne ihn ist es nicht existent oder überlebensfähig, sein Untergang führt aufgrund der Ungetrenntheit zum eigenen Untergang.

Als Frankenstein stirbt und dessen Geschöpf vom Kapitän gefragt wird, wer es sei, antwortet es: »Er hat mir nie einen Namen gegeben.« Man kann sich seine Identität nicht selber geben, sondern entwickelt sie nur im Dialog und im Gespiegeltwerden durch die bedeutsamen Anderen, was bereits mit der Namensgebung beginnt. (Umgangssprachlich betonen wir, »einen guten Namen« zu haben oder »namenlos« zu sein.)

Die Mannschaft will bei der Beisetzung Frankensteins das unheimliche Wesen vertreiben, was aber der Kapitän nicht zulässt: »Er hat das Recht, dem beizuwohnen.« Damit wird die Beziehung zwischen den beiden Männern, zwischen Frankenstein und seinem Geschöpf, angesprochen – in diesem Moment bricht das Eis. Der Kapitän will das Wesen vor dem Untergang bewahren und fordert es auf, mit auf das Schiff in Sicherheit zu kommen, doch dieses hat keine Zukunft mehr und kann sich auf niemanden mehr einlassen: »Ich bin mit den Menschen fertig.«

Der Kapitän zeigt durch die Erfahrung des Erzählten und Erlebten Einsicht und Läuterung und lässt von seinen ehrgeizigen Plänen ab, die sein eigenes Leben und das der Mannschaft gefährdet hätten. Sein Ich ist nicht mit in die Zerstörung gerissen worden (Overbeck 2003). Als er gefragt wird, was nun geschehen solle, ob die Expedition der Gefahr zum Trotz fortgesetzt werden soll (und die Mannschaft ihn grimmig-ängstlich-erwartungsvoll anblickt), äußert er das befreiende Wort: »Nach Hause!« (in Sicherheit, zurück zu denen, die einen lieben und mit denen man durch lebendige Beziehungen verbunden ist; weg von dem selbstsüchtigen, lebensfeindlichen, tödlich-isolierenden, zerstörerischen Ehrgeiz).

Abschließend möchte ich auf meinen eingangs erwähnten Patienten mit seinem Satz »Jeder könnte Frankenstein sein« zurückkommen. In dieser Aussage scheint die Möglichkeit einer doppelten Identifikation zu liegen.

1. Jeder könnte das Opfer narzisstisch gestörter oder traumatisierter Eltern sein und sich wie ein Monster fühlen, das von allen abgelehnt wird.
2. Jeder kann Dr. Frankenstein sein, Herrscher über Leben und Tod, in narzisstischen Größenphantasien gefangen und aufgrund der eigenen Traumatisierung unfähig, lebendige, empathische Beziehungen zu anderen herstellen zu können.

Literatur

Kohut, Heinz (1971): Narzißmus. Eine Theorie der psychoanalytischen Behandlung narzißtischer Persönlichkeitsstörungen. Frankfurt am Main (Suhrkamp) 1997.

Shelley, Mary (1818): Frankenstein oder der moderne Prometheus. Frankfurt am Main, Leipzig (Insel Verlag) 1988.

Overbeck, Annegret (2003): Körper, Kreativität und Weiblichkeit. Schöpfungsphantasien anorektischer Mädchen und der Frankenstein-Roman von Mary Shelley. In: Flake, K.; King, V. (Hg): Weibliche Adoleszenz. Zur Sozialisation junger Frauen. Weinheim, Basel, Berlin (Beltz).

Priester, Karin (2003): Mary Shelley. Die Frau, die Frankenstein erfand. München (Blanvalet).

http://www.gruselseiten.de/almanach/filmfran. htm.

Träume im frühen experimentellen Kino

Claus Löser

> »Ein Traum ist ein Tier, aber ein unbekanntes, und man übersieht nicht seine Glieder. Die Deutung ist ein Käfig, doch der Traum ist nie darin«
> Elias Canetti: *Die Provinz des Menschen*

Vormittagsspuk von Hans Richter (1928)

Streng genommen gehört Hans Richters Kurzspielfilm nicht in unsere Agenda: schon der Titel verweist nicht auf Träume, sondern auf einen Spuk, auf einen Einbruch des Phantastischen oder Irrationalen von Außen her, nicht aus dem Inneren eines imaginären, eigenen Denkens oder Verdrängens. Gleichzeitig stellt der Film ein wichtiges »Missing link« zwischen dem ganz frühen Kinematographen sowie dessen Herkunft vom Varieté beziehungsweise Jahrmarkt dar und dem künstlerischen Autorenkino. Richter steht damit jedoch eher in der Tradition von Georges Méliès und des »Fantasy films« als am Beginn der Avantgarde. Ganz anders als in seinen Beiträgen zur Utopie des »absoluten Films« benutzt er das Medium hier als Spielfeld zum Durchprobieren aller nur habhaften Tricks und damit verbundener Irritationen. Einzelbildschaltung, Zeitlupe und Zeitraffer, Rücklauf, Doppelbelichtungen, Spiegelblenden, Negativsequenzen und Collagentechnik verbinden sich zu einer einzigen »Montage der Attraktionen« (Eisenstein 1988, S. 10) die mit einem gewissen missionarischen Eifer die schier ungeahnten Möglichkeiten des noch jungen Mediums anzupreisen scheint. *Vormit-*

tagsspuk verströmt dabei eine gewisse, immerhin sympathisch zu goutierende Infantilität, erscheint nicht mehr und nicht weniger als der Jux, den er ja auch vorgibt zu sein. Indem dieser pseudodadaistische Herrenwitz sein Kaleidoskop filmischer Tricks aufmacht, öffnet er quasi den Werkzeugkasten für nachfolgende Generationen von Filmemachern, stellt ihnen frei, sich in ihrem Sinne zu bedienen. Damit erfüllt er dann doch eine wichtige Funktion. Filmische Methoden wie die von ihm demonstrierten, gehören künftighin zum Repertoire, um Sehkonventionen aufzubrechen und auf Perspektiven jenseits des dokumentarischen Abbildungs-Konsens zu verweisen.

Fireworks von Kenneth Anger (1947)

Angers erster veröffentlichter Film beschwört den Ablauf einer erfolgreichen Eigentherapie. Eingeschlossen in einen Traum im Traum durchläuft der Held – niemand anderes als der gerade einmal siebzehnjährige Regisseur selbst – Stationen einer Prüfung, die er letztlich triumphierend absolviert. Hingestreckt auf einem zerwühlten Lager, mit einem drohenden Gewitter vor dem Fenster, sieht sich der junge Mann zunächst mit dem Problem einer ausbleibenden Erektion konfrontiert: was sich da unter seiner Decke wölbt, ist nur eine afrikanische Statuette, nicht sein eigener Körper. Er wird von ungewissen, dunklen Phantasien heimgesucht, tritt zögernd durch eine Tür und entdeckt dahinter eine zweite, weitaus reizvollere Wirklichkeit. Hier posieren muskelbepackte Matrosen, locken ihn. Die Aufnahme in ihren Zirkel bedarf eines schmerzhaften Rituals. Seine Initiation ist gleichbedeutend mit einer Heilung und schlägt umgehend zu einer befreienden Ejakulation durch: als phallisches Feuerwerk, das auch den Filmtitel liefert.

Kenneth Anger arbeitet mit sehr sinnfälligen Symbolen, fast am Rande der Lächerlichkeit. Ganz zu Beginn kündigt eine Seemanns-Piéta bereits die Erlösung an. Der an seinem Bett stehenden Skulptur einer Hand fehlt ausgerechnet der Mittelfinger, am Ende des Films ist diese Hand wieder komplett. Die Passage des jungen Mannes in das Zwischenreich, in dem seine Passion ihren Lauf nimmt, erfolgt durch eine mit linkischer Schrift markierte Toilettentür, er erlebt das Coming out also in einer klassischen »Klappe«. Seine dort stattfindende Emanzipation von der bislang weiblich dominierten Sexualität wird von Sturzbächen von Muttermilch und Menstruationsblut sekundiert, unter Bergen von Fleisch findet sich sein intaktes, schlagendes Herz aus Metall und Glas.

Manches an *Fireworks* wirkt noch unbeholfen, passt so gar nicht zum späteren Perfektionisten Anger. Doch unbestritten stellt sein autorisierter Erstling ein Meisterwerk dar. Peter Weiss irrt allerdings, wenn er in seinem Aufsatz *Avantgarde Film* die Matrosen als Bedrohung beschreibt, die Anger wegen seines Außenseitertums angreifen; im Gegenteil: die Wunschprojektion dürfte wohl kaum zu übersehen sein. Davon abgesehen, dass es in den prüden Nachkriegs-USA außerordentlicher Zivilcourage bedurfte, sich in dieser Weise als Homosexueller zu exponieren, besteht die langfristige Wirkung des Films vor allem in seiner ikonographischen Wucht. Seit diesem Finale lässt sich im Kino kein Feuerwerk mehr ohne den entsprechenden Kontext betrachten. Und spätere schwule Klassiker wie die von Jean Genet, Derek Jarman oder Rainer Werner Fassbinder wären wohl undenkbar.

Meshes of an Afternoon von Maya Deren (1943)

»Dieser erste Film befasst sich mit der Beziehung zwischen imaginativer und objektiver Realität. Der Film beginnt in der Realität und endet auch wieder darin, in der Zwischenzeit interveniert die Imagination, hier in Form eines Traumes. Sie entfacht sich an einem unbedeutenden Ereignis und weitet sich in kritische Dimensionen aus, bis sie schließlich die Produkte ihrer Verwicklungen in die Realität zurück schleudert. Die Heldin leidet nicht an einer subjektiven Täuschung, die die normale Welt nicht erkennen kann, sondern wird, im Gegenteil, durch einen imaginativen Vorgang zerstört«, schreibt Maya Deren (1965) über ihr eigenes Filmdebüt. Dieser Bilanz bleibt nicht allzu viel hinzuzufügen; höchstens, dass Derens Erstling doch etwas komplexer ausfällt als von ihr selbst konstatiert. Alle frühen Filme der Künstlerin sind extrem persönlich, das heißt bis an die Grenzen des Exhibtionismus fundamentiert, so auch *Meshes of an Afternoon*. Abgesehen davon, dass die Filmemacherin selbst die Hauptrolle spielt und ihr damaliger Mann Alex Hammid ihren Widerpart, dass der Film im gemeinsamen Haus in Hollywood gedreht wird und Hammid wiederum die Kamera führt, umkreisen die Geschehensfragmente auch die tiefe zwischenmenschliche Krise eines konkreten Paares. Ein »Umkreisen«, das wörtlich zu nehmen ist. Elementare visuelle Motive wie: Die Blume, Das Messer, Das Brot, Der Schlüssel oder Der Spiegel dominieren die in Ellipsen wiederkehrenden, stets leicht variierten Momente der Handlung. Die Frau folgt erst einem Mann, dann ihrer Doppelgängerin, beobachtet später vom Fenster aus wieder einen Mann und ein anderes Ich ihrer selbst auf dem gleichen Weg. Die Frau betritt das Haus, setzt sich in einen Sessel, schlummert ein, begibt sich in die obere Etage, folgt wieder einem Mann, folgt sich selbst, sieht sich selbst schlafend im Sessel, vervielfältigt sich zum Trio, und so weiter. Der Mann tritt auf sie zu, weckt sie auf. Im Affekt schlägt sie auf ihn ein, sein Bild zerfällt zu den Splittern eines Spiegels. Der Mann betritt das Haus, findet die Frau, verblutend an diesen Splittern. Mit den überdeutlichen visuellen Symbolen spielt Deren innerhalb der zur Katastrophe führenden Varianten. Der Schlüssel als verbindendes Zeichen verwandelt sich in das aggressiv-phallische Zeichen des Messers, das vorher aus dem Brotlaib gefallen war. Die vaginal besetzte, großblütige Blume ist abgeschnitten und wird vertrocknen. Konstant in seiner auslöschenden Bedrohung bleibt der Spiegel: er ist das zerfallende Trugbild, das Gesicht des zweiten Ichs, das Tötungsinstrument. Wie bei den deutschen Romantikern oder in Dostojewskis Prosa mündet die Begegnung mit dem Doppelgänger unweigerlich in den Tod. *Meshes of an Afternoon* ist die künstlerisch konsequent weiter gedachte Bilanz eines irreversiblen Kommunikationsdefizits. Die Heldin taumelt in ein sich zunehmend verdichtendes Labyrinth der Wahrnehmungsverschiebung, fällt auf sich selbst zurück, wird zermahlen von sich überschneidenden Wirklichkeits- und Traum-Ebenen. Wenn man so will, stellt der Film die zutreffende Diagnose einer Beziehungskrise dar; eine Bestandaufnahme, die mit dem nächsten Film *At Land* (1945) fortgesetzt wird: in ihm besetzt Maya Deren in einer Schlüsselszene neben sich selbst und ihrem Mann auch eine Frau, an die sie wenig später ihren Mann verlieren wird. 1947 trennen sich Maya Deren und Alex Hammid. Jenseits dieser privaten Konstellationen gibt es wohl kaum einen Beitrag der filmischen Moderne, in dem Shakespeares berühmter Vers aus *Der Sturm* eine ähnlich adäquate Umsetzung gefunden hätte: »Wir sind aus solchem Stoff gemacht wie unsre Träume. Und eingefasst von einem langen Schlaf ist unser kleines Leben.«

Un chien andalou von Luis Buñuel (1929)

Es ist Luis Buñuel selbst, der sich im Prolog seines ersten Films mit dem Rasiermesser ablichten lässt. Ein programmatisches Entree in die Filmgeschichte, die der damals Achtundzwanzigjährige über Jahrzehnte hinweg mitgestalten wird. Neben dem durch die drastische bildnerische Darstellung ohne Zweifel beabsichtigten Tabubruch ging es dem Filmemacher jedoch nicht zuletzt um eine ganz persönliche Koordinatenbestimmung. Ins Auge zu schneiden heißt, herkömmliche Sehgewohnheiten zu zerstören, heißt, die Trennung von Innen und Außen, von Wirklichkeit und Traum zu überwinden. Genau dadurch artikuliert *Un chien andalou* einen ganz wesentlichen Gestus des subversiven Kinos. Es geht hier um Grenzüberschreitungen, um den spielerischen Umgang mit dem, was gemeinhin als Wirklichkeit akzeptiert wird. Durch diese Infragestellung öffentlich sanktionierter Wahrnehmungen schärft sich im Umkehrschluss die intellektuelle Kritikfähigkeit. Auf die Essenz seines Geschehens reduziert, dreht sich dieses wieder einmal um die Unmöglichkeit einer zwischenmenschlichen Beziehung. Erzählt wird die verzweifelte und aufreibende Suche eines Mannes nach der Nähe zu einer Frau – Buñuel macht darin einen elementaren Baustein jeglichen sozialen Systems aus. Den Zugang zum anderen Geschlecht erlangen zu wollen und diesen nicht, oder zumindest nur rudimentär, realisieren zu können, verkörpert für ihn ein archaisches Moment. In den nur reichlich 15 Minuten seines Erstlingswerkes versteckt sich diese Konstellation hinter einer Vielzahl von Irritationen, wird bewusst zerstört durch das Diktat des Unbewussten – nicht umsonst handelt es sich um das filmische Manifest des Surrealismus. »Surrealismus – reiner psychischer Automatismus, durch den man mündlich oder schriftlich oder auf jede andere Weise den wirklichen Ablauf des Denkens auszudrücken sucht. Denk-Diktat ohne jede Kontrolle durch die Vernunft, jenseits jeder ästhetischen oder ethischen Überlegung. Der Surrealismus beruht auf dem Glauben an die höhere Wirklichkeit gewisser, bis dahin vernachlässigter Assoziationsformen, an die Allmacht des Traumes, an das zweckfreie Spiel des Denkens. Er zielt auf die endgültige Zerstörung aller anderen psychischen Mechanismen und will sich zur Lösung der hauptsächlichen Lebensprobleme an ihre Stelle setzen« (Breton 1924, S. 26). André Breton, Gründer und Gralshüter der surrealistischen Gruppe in Paris, formulierte diese Definition 1924 im ersten seiner berühmten Manifeste. Obwohl Buñuel bis zur Fertigstellung seines Debüts noch keinen direkten Kontakt zu den Surrealisten hatte, wirkt der Film doch heute wie eine von Breton in Auftrag gegebene Verfilmung seines Traktats. Verweigerung nachvollziehbarer Erzählstrukturen, Brechung ethischer bzw. religiöser Tabus, vor allem aber eine sich von jeder Selbstkontrolle befreiende Fantasie – unter diesen Maßgaben hatten sich Buñuel und sein damaliger Freund Salvador Dalí bei der Drehbucharbeit eingeschworen. Einen Film zu schreiben, der keinen Gesetzen mehr gehorcht, der sich aus sich selbst entwickelt, so wie man sich nachts in den eigenen Traumwelten bewegt, das war das Ziel. Buñuel und Dalí bedienten sich der, wiederum bei den Surrealisten sehr beliebten, Methode des »automatischen Schreiben«, das heißt: ohne übergreifendes Konzept wurden Szenen und Situationen improvisiert, ja fast wie in Trance imaginiert. In seinen Erinnerungen schreibt der Regisseur: »Das Drehbuch wurde in weniger als einer Woche nach einer sehr einfachen Regel geschrieben, für die wir uns in voller Übereinstimmung entschieden hatten: keine Idee, kein Bild zuzulassen, zu dem es eine rationale, psychologische oder kulturelle Erklärung gäbe; die Tore des Irrrationalen weit zu öffnen; nur Bilder zuzulassen, die sich aufdrängten, ohne in Erfahrung bringen zu wollen, warum. Es war eine Woche vollkommener Übereinstimmung. Nie kam es zwischen uns zu der geringsten Meinungsverschiedenheit. Wir waren ein Herz und eine Seele. Sagte der eine etwa: ›Ein Mann zupft einen Kontrabass‹, und der andere sagte: ›Nein‹, dann war der, der den Vorschlag gemacht hatte, sofort mit der Ablehnung einverstanden. Wenn dagegen ein Bild, das der eine vorgeschlagen hatte, von dem anderen akzeptiert wurde, dann schien es uns auf der Stelle einleuchtend und wurde sofort dem Drehbuch einverleibt« (Buñuel 1982, S. 139). Buñuel übertreibt. Denn selbstverständlich trägt auch sein und Dalís Konstrukt an der ganzen Last ästhetisch-kultureller Tradition; egal, ob er vorgibt, diese zu negieren – er benötigt sie nämlich, um sich dagegen aufzulehnen. Als »Der Mann« mit eindeutigen Absichten auf »Die Frau« zudringt, ist er offensichtlich außerstande, seinem Drängen auf geradlinige Weise Ausdruck zu verleihen. Er berührt ihre Brüste, die kurzzeitig nackt in seinen Händen liegen; er scheint dabei zu delirieren. Die Frau entwindet sich, eine wilde Verfolgungsjagd hebt an. Als könne er seine Absicht mit einem Hilfsmittel besser durchsetzen, hebt er zwei auf dem Boden liegende Stöcke hoch – doch an den Stöcken hängen zwei Stricke und an den Stricken zwei Priester im Ornat sowie zwei Konzertflügel, deren Resonanzkörper mit je einem Tierkadaver gefüllt sind. So sehr sich der Mann auch anstrengt, er kann sich der Frau nicht nähern. Seiner unnützen Last entledigt, nimmt er die Verfolgung wieder auf. Als sein Arm von der Frau in einem Türspalt eingeklemmt wird, krabbeln aus einer kreisrunden Öffnung seiner Hand zahllose Ameisen. Rettung für die Frau kündigt sich an. Eintritt ein weiterer Mann, der sofort den Angreifer bedrängt. Nach kurzem Kampf drückt er seinem Rivalen zwei Bücher in die Hände. Es stellt sich heraus, dass es sich bei den Männern um eine Doppelung handelt; Angreifer und Eindringling sind ein- und dieselbe Person. Die Bücher haben sich inzwischen in zwei Revolver verwandelt – und so schießt der Mann sein Ebenbild nieder. Kommunikation ist unmöglich geworden, doch auch die Besinnung auf triebhafte Energien scheitert – zu groß sind die zivilisatorischen Lasten, die der Mann, im wahrsten Sinne des Wortes, mit sich herumschleppen muss; Religion (die Priester) gehört ebenso dazu wie Kultur (die Flügel). Erst nachdem er diesen Ballast abgeworfen hat, lässt sich sein Wille wieder formulieren. Doch die Frau verweigert sich dem Drängen. Der im Türspalt eingeklemmte Arm steht als Kastrationsakt (die Surrealisten kannten ihren Freud), die aus der Öffnung in der Hand krabbelnden Ameisen verkörpern sublimierte animalische Energien, ziellos geworden, sich vereinzelnd. Im unvermutet auftretenden Retter erkennt der Triebmensch sein kontrollierendes Über-Ich, das es auszuschalten gilt. Indem die Bücher (wiederum Symbole zivilisatorischer Erfahrung) sich in Revolver verwandeln, gelingt es noch einmal, archaische Energien freizusetzen – das in der Literatur üblicherweise die Auflösung des Individuums verkündende Doppelgänger-Motiv wird selbst aufgelöst. Doch jeder neue Triumph führt nur zu neuer Schmach. Zuletzt verlässt die Frau die Szenerie, um ihrerseits, in stark geraffter Form eines Epilogs, die Odyssee einer scheiternden Beziehung zu durchlaufen. Neben recht eindeutigen Bildern und Situationen gibt es auch viele Bedeutungsfallen, werden »falsche« Fährten gelegt, die in hermeneutischen Sackgassen enden. Selbst Augenblicke des puren Nonsens wie absurde Zwischentitel, tricktechnische Späße oder im Tonbereich der willkürliche Wechsel zwischen Tango und Wagner-Sentenzen verhüllen mehr, als dass sie klären. Der besondere Reiz von *Un chien andalou* liegt ja gerade darin, sein Mysterium nicht preiszugeben. Dass dieser kurze Film auch 75 Jahre nach seiner Realisierung noch ein derartig hohes Maß authentischer Energie entfaltet, wurzelt auch in der Vielzahl seiner möglichen Lesarten; trotz und gerade wegen seiner ohne technische Spielereien auskommenden Form bleibt der Film zeitlos. Buñuel bemüht für seine Reise ins Phantasmagorische keine nachvollziehbare Schleuse, Blende oder Pforte, die dem Zuschauer signalisiert: Achtung, jetzt treten wir ein ins Unbewusste! Sein Film wird ohne Verspiegelungen direkt von den Abgründen des Geistes auf die Leinwand projiziert. Dies macht ihn gnadenlos, faszinierend, beunruhigend, jeder Mode auf immer unerreichbar voraus.

Credo

Über die Nähe von Psychoanalyse und Film ist viel reflektiert worden: Beide wurzeln im 19. und prägten das 20. Jahrhundert; über ihre Perspektiven im 21. Jahrhundert lässt sich momentan nur spekulieren. Dabei scheint das seinerzeit neue Medium Film zwischen den berühmten technischen Innovationen wie Eisenbahn, Elektrizität, Automobilität, Luftfahrt und so weiter einerseits und den ideellen Umwälzungen andererseits zu stehen. Film stellt eine physisch ganz konkrete Folie dar, ein zunächst wertfreies Trägermedium komplexer Wirkungen aus Technik, Politik und Kultur. Seine Unschuld verliert das Kino aber sehr schnell, spätestens mit dem Triumph der totalitären Systeme in Europa ab Mitte der 30er Jahre hat es seinen Weg von Geburt, Kindheit und Pubertät bis zum faktischen Tod in kürzerer Dauer als ein durchschnittliches Menschenalter absolviert. »Der Kampf um den Film« (Hans Richter), um seine Selbstbehauptung gegen Kommerzialisierung und ideologische Instrumentalisierung geht schon vorher verloren. Das Jahr 1929 und der im Schweizer Kurort La Sarraz abgehaltene Kongress experimenteller und anderer Filmemacher wie Sergej Eisenstein, Alexander Tissé, Walter Ruttmann, Bela Balazs und eben Hans Richter markiert bereits die karnevalistisch drapierte Einleitung des Abspiels einer sehr kurzlebigen Utopie. Als Krönung ihrer Strategiesitzung inszenieren die Pioniere – vermutlich, ohne einen Film in die Kamera eingelegt zu haben – die Erstürmung des Schlosses zu La Sarraz; Eisenstein posiert als Don Quichotte. Wenig später folgen er und sein Kameramann Tissé dem Ruf Stalins zur Rückkehr in die Sowjetunion, Balazs arbeitet mit Leni Riefenstahl zusammen, Walter Ruttmann dreht Filme wie *Altgermanische Bauernkultur* oder *Deutsche Waffenschmieden*, Richter geht in die Emigration. Dennoch wird auch mehr als 75 Jahre später der Kampf gegen die Windmühlen immer wieder aufgenommen. Das ist das Tröstliche am Kino, dass sich die Hoffnung auf Zurückeroberung seiner Unschuld offenbar nie erschöpft. Eines der wesentlichen Vehikel hierfür ist die von Amos Vogel manifestierte Formel vom »Film als subversive Kunst«. In der Subversion, das heißt in der Unterwanderung der wohlfeilen Konventionen und moralischen Erwartungshaltungen, erschafft sich das Kino kontinuierlich neu. Wo sonst als in den Abgründen unseres Denkens beziehungsweise Nicht-Denken-Wollens sollten sich die dafür notwendigen Potentiale finden lassen? »Die Subversion im Kino beginnt, wenn im Zuschauerraum das Licht ausgeht und die Leinwand hell wird. Das Kino wird zum magischen Ort: psychologische und umgebungsbedingte Faktoren schaffen eine Atmosphäre, die für Wunder und Suggestion aufgeschlossen macht. Das Unbewusste wird freigesetzt. Der Zuschauerraum wird zum Sanktuarium, wo in Dunkelheit und abgeschieden von der Außenwelt moderne Rituale gefeiert werden, die ihren Ursprung in atavistischen Erinnerungen und unbewussten Sehnsüchten haben. Die Macht des Bildes ist real, ebenso unsere Angst davor und die Faszination, die von ihm ausgeht«, schreibt Vogel (1974, S. 9) in seinem bereits erwähnten Grundlagenwerk. Intensives Filmerleben gleicht an sich schon einem Traum – die dünne Membran zwischen den aus psychologischer

Hygiene sonst deutlich getrennten Wahrnehmungsebenen erfährt durch die sichtbare Inszenierung von Traumwelten im Film ihre demonstrative Perforierung.

Literatur

Breton, André (1924): Die Manifeste des Surrealismus. Reinbek bei Hamburg (Rowohlt) 1996.
Buñuel, Luis (1982): Mein letzter Seufzer. Berlin (Volk und Welt) 1984.
Elias Canetti (1973): Die Provinz des Menschen. Frankfurt am Main (Suhrkamp) 1976.
Eisenstein, Sergej (1923): Das dynamische Quadrat. Leipzig (Reclam) 1988.
Deren, Maya (1965): in der Filmfachzeitschrift: Film Culture 39/1965, New York.
Richter, Hans (1939): Der Kampf um den Film. Frankfurt am Main (Fischer) 1979.
Shakespeare, William (1632): Der Sturm. Stuttgart (Reclam) 1991.
Vogel, Amos (1974): Film als subversive Kunst. Wien (Hannibal) 1997.
Weiss, Peter (1961): Avantgarde Film. Frankfurt am Main (Suhrkamp) 1995.

Das Fest von Thomas Vinterberg

Uta Blohm

1997 entstand dieser erste nach dem Manifest der Dogma-Bewegung gedrehte Film. Der Einsatz der Handkamera, die natürlichen Lichtverhältnisse und authentischen Geräusche lassen im Zuschauer das Gefühl entstehen, unmittelbar am Geschehen teilzuhaben. Es gibt wie bei allen Dogma-Filmen keine zeitlichen und geographischen Verfremdungen. Alles findet im Hier und Jetzt statt – ähnlich einer psychoanalytischen Behandlung und dem Leben selbst. Dem Regisseur Thomas Vinterberg ist es gelungen, Themen aufzugreifen, die tief bewegen.

Durch dieses Werk wurde ich an Lebensschicksale von Patienten und Patientinnen aus meiner psychoanalytischen Praxis erinnert. Mehrfach in den Behandlungsstunden sprachen sie spontan über Filmszenen, die sie mit ihrem eigenen Erleben in Verbindung brachten. Sie fühlten sich nicht nur verstanden, sondern der Film hatte etwas Entlastendes und Befreiendes bewirkt. Ich fragte mich, womit dieser Film diese Faszination erzielt. Was ist es, was uns derart in seinen Bann zieht? Mit meinen Betrachtungen versuche ich, diesem Geheimnis auf die Spur zu kommen. Ich möchte aufzeigen, wie die Kinder einer äußerlich intakten Familie mit traumatischen Ereignissen und Lebensumständen umgehen, die sich hinter dieser bourgeoisen Fassade abspielen, und zu welchen

Konfliktlösungen sie gelangen. Dazu möchte ich den Versuch unternehmen, den Film auf die Couch zu legen. Im Zentrum der Betrachtung steht Christian und sein innerer Veränderungsprozess.

Christian, der älteste Sohn einer großbürgerlichen Hoteliersfamilie, läuft zu Beginn des Films telefonierend die Straße entlang, ist aufgeregt und scheint innerlich abwesend zu sein. Er teilt seinem Telefonpartner mit, dass er im Vaterland angekommen sei und gerne auch bleiben würde. Es gäbe aber zuvor noch einige Probleme zu klären, die schockieren würden. So werden wir Zuschauer auf das Kommende hingewiesen.

Mikael, der jüngste Sohn der Familie, freut sich, den großen, bewunderten Bruder zu treffen. Seine Frau und die Kinder werden lieblos abgeschoben und müssen den Rest des Weges laufen, damit der idealisierte Bruder im Auto Platz hat. So lernen wir zwei Seiten von Mikael kennen. Zum einen ist er impulsiv, verfügt über wenig Möglichkeiten zur Steuerung seiner Affekte; seine innere Wut bahnt sich schnell einen Weg nach außen. Sie gilt besonders Frauen oder Personen, denen er sich sozial überlegen fühlt. Andererseits macht er sich klein, wird unsicher und devot, wenn er zu jemandem aufschaut.

Helene, die große Schwester, kommt gehetzt mit dem Taxi. Der 60. Geburtstag des Vaters ist ihr wichtig, sie fürchtet, zu spät zu kommen. Auch sie ist aufgeregt und angespannt, will aber das Fest hinter sich bringen und vermutlich dann wieder ihrer Wege gehen.

Die Mutter begrüßt den ankommenden Christian mit unverbindlicher Freundlichkeit. Durch ihre Äußerung: »Vergiss nicht, deinem Vater zu gratulieren«, verdeutlicht sie, wer im Mittelpunkt ihres Lebens steht: ihr Mann.

Der Vater gibt sich selbstzufrieden, überlegen, scheint sich seiner Macht und Position als Familienoberhaupt sicher sein zu können. Dem ältesten Sohn gegenüber ist er ambivalent. Einerseits scheint er sich trotz persönlicher und warmherzig anmutender Worte nicht für ihn zu interessieren, andererseits bittet er ihn ins väterliche Hotel zurückzukehren. Christians Spannung und Bedrücktheit bemerkt er nicht. Der Vater ist der Planet, die anderen sind seine Satelliten. Christian ist im Universum des Vaterlandes angekommen. Seine anfängliche Zielstrebigkeit, sein Vorhaben auszuführen und alte Rechnungen zu begleichen, gerät erstmals ins Wanken.

Die tote Schwester Linda – die Zwillingsschwester von Christian – lebte bis zu ihrem Selbstmord bei den Eltern. Sie wird durch Helene in die Handlung eingeführt. In der nächsten Szene sucht Helene etwas in den Räumen der Schwester, die sie als Quartier für das anstehende Fest gewählt hat, und findet einen Brief. Sie ist zunächst neugierig, ahnt vielleicht ein Geheimnis, reagiert mit heftiger Erschütterung auf den Inhalt des Briefes, nimmt ihren Gefühlsausbruch aber sofort zurück und lässt den Brief verschwinden.

Eine weitere wichtige Person ist Pia, die hübsche Kellnerin des Hauses, die in Christian verliebt ist. Doch zunächst hat dieser keine Augen für deren erotische Avancen. Christian ist abwesend, wirkt gequält und nachdenklich, so als gerate er zunehmend in eine innere Welt, aus der heraus er nicht mehr wahrnehmen kann, was um ihn herum passiert.

Das Fest beginnt. Helmut Sachs, ein Deutscher, Ziehsohn und Geschäftskollege des Vaters, übernimmt die Rolle des Conférenciers. Mit falschem Pathos und einschmeichelnden Worten stellt er den Gegenpart zu Christian dar, dem als ältester Sohn diese Rolle traditionell eher zugestanden hätte. Doch Helmut Sachs ist von der Familiengeschichte unbelastet, steht ihr unkritisch gegenüber. Einzig die idealisierende Verehrung des Jubilars treibt ihn an. Sicher ist er ein Sohn, wie ihn sich der Vater gewünscht hat. Die folgende Ansprache des Vaters zeigt einen sorgenden Vater, der auf seine Familie und seine geliebte Frau stolz ist. Die Trauer um seine verstorbene Tochter wirkt echt, und fast bekommt der Vater sympathische Züge. Alle sind gerührt, nur Christian scheint geplagt, nachdenklich und zerstreut. Er ist nervös. Zweifelt er an seinem Vorhaben oder wird er bestärkt? Die Kamera schwenkt in die im Keller gelegene Küche, ein Symbol für das Unbewusste. Hier geht es um die Befriedigung oraler Bedürfnisse. Hier halten alle zu Christian und feuern ihn an. Die Küche mit dem Koch, dem Kinderfreund von Christian, wird zu einer Art Kommandozentrale, die Einfluss auf Christian und sein Schicksal nimmt, ihn bestärkt, sich zu befreien. Im psychoanalytischen Instanzenmodell ist die Küche im Keller der Ort des triebhaften Es. Ärger und Wut über erlittene Pein streben ans Licht, wollen sich nicht weiter verdrängen lassen. Ist in der Küche Christians wahres Selbst verborgen, das in dieser Familie noch nicht gelebt werden darf?

Auch Pia mit ihrer erotischen Verführungskraft gehört als Vertreterin des Triebhaft-Sexuellen zum »Küchen-Es«.

Christian hält seine erste Rede. Harmlos beginnt der Toast auf den Vater, nimmt aber eine plötzliche Wendung. Er beschuldigt seinen Vater, ihn und seine Schwester Linda in der Kindheit sexuell missbraucht zu haben. Der Vater sei ein reinlicher Mann. Form und Inhalt seiner Rede stimmen nicht mehr überein und stiften Verwirrung. Christians zynische Worte wirken klar und prägnant, alles wird ausgesprochen. Er scheint erleichtert, vermutlich hofft er, seine Mission erfüllt zu haben. Zum ersten Mal hat er sich der Dominanz des Vaters und den bürgerlichen Normen nicht unterworfen, sondern sie bloßgestellt. Dies scheint stärker zu berühren als er beabsichtigte. Der Vater verliert für einen kurzen Moment die Contenance, wirkt beunruhigt. Fühlt er sich entlarvt? Was in ihm berührt wird, ist nicht ersichtlich. Die Küchen-Unterwelt feiert einen ersten Erfolg. Dunkles, Verborgenes ist ans Licht gekommen. Der Koch gratuliert Christian, redet ihm zu, spricht damit aber auch unbewusste Schuldgefühle an. Christian gerät in einen inneren Konflikt. Sein Versuch, die Vater-Imago zu zerstören, hat noch eine andere Seite. Unbewusst will er sich dem Vater verbunden fühlen, von ihm anerkannt und gemocht werden. Mit ihm hat er sich in seiner Entwicklung als Mann identifiziert, der Vater ist ein Teil von ihm geworden. Somit ist der Angriff auf den Vater auf einer anderen Ebene auch gegen sich selbst gerichtet. Christian scheint wie benommen, die erwartete Erleichterung will sich nicht einstellen. Er möchte gehen. Der Koch, sein Alter ego, will ihn zwingen zu bleiben. Der Vater gibt sich im Gespräch unter vier Augen erstaunt, er will Christian bewegen, von der Sache abzulassen. Gekonnt dreht er den Spieß um und bringt Christian in die Defensive, redet ihm ins Gewissen ohne auf die Anschuldigungen einzugehen. Es vermittelt sich ein lebendiger Eindruck von der Mächtigkeit des Vaters und der Ohnmacht seiner Kinder. Zweifelt Christian an dem Vorhaben, seine Wahrheit ans Licht zu bringen? Der Vater wähnt sich wie früher in Sicherheit, vergibt ihm gönnerhaft den unerhörten Angriff. Der Sohn solle sich keine Gedanken machen und bräuchte sich nicht zu entschuldigen. Damit verleugnet er die Realität. Christians Blick geht ins Leere. Er ist enttäuscht und zieht sich in seine innere Welt zurück, um sich wie früher vor dem psychischen Tod zu schützen. Ursprünglich wollte er die Wahrheit über den Tod der Schwester ans Licht bringen, auch um eigene Schuldgefühle, sie im Stich gelassen zu haben, zu bewältigen. Jetzt scheint eine ungeahnte Dynamik über ihn hereinzubrechen, der er sich nicht mehr entziehen kann. Aus der Unterwelt bekommt Christian Impulse, den Gefühlen endlich freien Lauf zu lassen, aber es ist schwer für ihn, seine Rachegedanken gegen den eigenen Vater als wichtigstem Repräsentanten seines Über-Ichs zu richten. Sich auf diese Weise von ihm zu lösen, erzeugt Gewissensbisse.

Das Fest geht weiter, alle wollen verdrängen, was Christian gesagt hat. Als Zuschauer können wir gut nachempfinden, wie macht- und chancenlos sich Christian als Kind in dieser auf Makellosigkeit und Ansehen bedachten Welt gefühlt hat. Mit einer zweiten Rede setzt er den Kampf um seine Wahrheit fort und bezeichnet den Vater als Mörder seiner Schwester, womit er endlich Aufsehen erregen kann. Der Vater verlässt den Raum, die Gäste werden unruhig. Christian hat sich in eine Situation manövriert, aus der es kein Zurück mehr gibt. Der Vater versucht, sich nun an Christian zu rächen und wir erfahren von einem aggressiven Kind, das anderen die Spielsachen weggenommen hat, um sie zu verbrennen, von psychotischen Episoden und Klinikaufenthalten. Christian ist merkwürdig abwesend und es scheint möglich, dass er diesen Demütigungen und Beleidigungen nicht standhält und sich wieder in seine innere Welt zurückzieht oder psychotisch dekompensiert. Als der Vater die tote Schwester erwähnt und ihm die Schuld für deren Leiden gibt, trifft er Christians Schuldgefühle. In diesem subtilen Spiel wittert der Vater eine Gelegenheit, seine Machtposition zu stärken, er redet ihm ins Gewissen und klagt ihn an, der Familie zu schaden. Er kann sich wieder als wohlwollender und sorgender Vater präsentieren. Christian bleibt mit seinen Gefühlen allein. Dies rührt an den alten Schmerz und die traumatischen Situationen seiner Kindheit. Für einen Augenblick wird er unsicher, hält inne. Es entsteht der Eindruck, als würde er sich wieder dem Aggressor unterwerfen, um den Vater nicht zu verlieren. Der Vater spürt das und hofft, dass Christian wie früher gefügig wird. Doch diesmal schlägt das Pendel stärker in die andere Richtung. Christian kann nicht mehr umkehren. In der Kindheit war er auf seinen Vater angewiesen, jetzt ist er es nicht mehr. Er nutzt seine Chance.

Unterdessen geht das Fest weiter, der Conferencier erheitert die Gäste, die Mutter gibt sich nonchalant. Es soll der Eindruck entstehen, als sei nichts passiert. Ebenso wie wir Zuschauer, ist auch Christian fassungslos und irritiert. Er ist tief getroffen, kann seine aufkommende Trauer kaum zurückhalten. Mit einer Rede versucht nun die Mutter, die Situation zu retten. Ihre Worte klingen freundlich und warmherzig, aber die geäußerte Dankbarkeit gegenüber ihrem Mann erscheint auf dem Hintergrund von Christians Offenbahrung eher wie Zynismus. Die Mutter hält zum Vater, dem noch Mächtigen. Die Beschreibung ihrer Kinder hat nur einen liebevollen Anschein. Auf den zweiten Blick ist Distanz und Kälte spürbar. Wir erfahren etwas über das Leben der Kinder. Mikael war schon früh in ein Internat gegeben worden, für ihn als Jüngsten schien in der Familie kein Platz gewesen zu sein. Wir können vermuten, dass ihm die familiäre Geborgenheit gefehlt hat. Um diesen Schmerz nicht zu spüren, entwickelte er idealisierende Übertragungen auf seinen Vater und den großen Bruder. Aufgrund der Distanz zur Familie kann er sie auch aufrechterhalten. Indem Mikael seine Feindseligkeit in die Öffentlichkeit bringt, lebt er die abgespaltene aggressive Seite des Vaters aus. Unbewusst schadet er damit dem Vater, bewusst will er ihm nah sein, indem er ihn idealisiert und verteidigt. Die Schattenseite des Vaters will und kann er nicht sehen. Er verschiebt seine Aggression, die eigentlich dem Vater gilt, auf den älteren Bruder und schützt damit das eigentliche Objekt seiner Sehnsucht. Mikael scheint der Rebell der Familie zu sein, ist aber in hohem Maße abhängig von ihr und bleibt zunächst im Agieren.

Helene sei schon immer Einzelgängerin gewesen, erfahren wir von der Mutter. Schon frühzeitig zog es sie weg von ihrer Familie. Alles in ihrem Leben soll der Familie so unähnlich wie möglich sein. Sie studiert Anthropologie, sucht sich Männer aus dem Ausland. Sie wehrt ihren Schmerz ab, indem sie verdrängt. Den Inhalt des Abschiedsbriefes der toten Schwester schiebt sie weg, damit ihre Welt aufrechterhalten bleiben kann. Sie möchte kein Aufsehen und keine Probleme, möchte nicht verwickelt werden. So bleibt sie psychisch stabil. Über die tote Schwester Linda, die sich nicht vom Elternhaus lösen konnte, verliert die Mutter kein Wort, sie wird ausgeblendet. Mit ihrem Tod hat sie den Weg freigemacht für Christian, der sich jetzt von seinen traumatischen Erinnerungen befreien kann.

Durch die Ansprache der Mutter bekommen wir einen Einblick in die Dynamik, wie sie in der Kindheit von Christian funktioniert hat. Scheinbar liebevoll charakterisiert die Mutter ihren ältesten Sohn als kreatives, phantasievolles Kind. Sie erwähnt die Stoffpuppe Snoots, die Christian ständig bei sich trug. Auch Christian scheint einen Moment lang gerührt und lächelt in Erinnerung an seinen treuen Begleiter in der Kindheit, der ihm Geborgenheit gegeben hat. Doch nur scheinbar steht Christian im Zentrum der mütterlichen Rede. Ihre Einfühlsamkeit ist nur die Hülle. Eingepackt darin ist ihr Bestreben, Christian gefügig zu machen, ihn schuldig zu sprechen und damit die Macht des Vaters, die auch ihr Sicherheit gibt, zu stärken. Christian empfängt die doppelte Botschaft. Durch die freundlichen zugewandten Worte könnte er sich verstanden und geliebt fühlen. Doch hinter den liebevollen Worten der Mutter spürt er die Ablehnung und Entwürdigung, den Verrat. Er könne seine Schwäche aber wieder gutmachen, so die Mutter weiter, indem er sich beim Vater entschuldigt. Es wird nachvollziehbar, wie Christian sich aus dieser paranoiden, krankmachenden Welt in seine innere Phantasiewelt zurückgezogen hatte. Dieser demütigenden Bloßstellung konnte Christian als Kind nichts entgegensetzen, jetzt kann er seine Verzweiflung und Wut nach außen richten. Die Mutter spürt Christians Aufbegehren, versucht ihn weiter zu beschwören. Was früher funktionierte, klappt nun nicht mehr. Die Machtverhältnisse verändern sich. Mit zynischen Worten entlarvt Christian die Doppelbödigkeit der mütterlichen Rede. Er bezeichnet sie als Lügnerin und wünscht ihr den Tod. Die Familiendynamik spitzt sich zu. Die Gäste als Repräsentanten einer an die autoritären bürgerlichen Strukturen angepassten Umwelt sind beunruhigt, feiern aber weiter. Nun sind die Würfel endgültig gefallen, es gibt kein Zurück mehr. Alle sind sich einig, Christian sei verrückt. Christian hat das Verleugnete ausgesprochen und rührt damit bei allen an unverarbeitete Ängste und ungelöste Konflikte. Mikael verprügelt Christian sogar, um sein Vater-Ideal zu retten. Es geht nicht nur äußerlich um Leben und Tod. Die Familienstruktur bricht zusammen.

Zurück im Hotel versucht Mikael, sein Schuldgefühl zu bereinigen, indem er seine Wut ersatzweise auf den ausländischen Freund der Schwester richtet. Mit dem Anstimmen eines rassistischen Liedes versucht er, die eigene Ohnmacht zu besiegen. Dankbar stimmen die Gäste ein. Dadurch ist Helene provoziert, sie kann sich nicht länger heraushalten.

Christian befreit sich aus den Fesseln, die Mikael ihm angelegt hat, kommt zurück, gibt Helene den Brief, den Pia zufällig bei ihr fand. Christian nutzt eine Tradition, nach der jemand die Rede eines anderen halten muss. So bekommt Helene den versteckten Abschiedsbrief der Schwester wieder in die Hände, und die Wahrheit kommt endgültig ans Licht. Die Hintergründe ihres Suizids erhellen sich. Linda schrieb, der Vater würde ihr wieder nachsteigen, sie halte das nicht aus. Der Vater ist betroffen, Christian lacht gekünstelt, grinst und ringt um Fassung. Die aggressive Seite des Vaters kommt plötzlich zum Vorschein. Christian will wissen, warum der Vater es getan hat. Dieser antwortet voller Abscheu: »Ihr ward nicht mehr wert«. Der Vater ist entlarvt, nun ist es ausgesprochen, was die Kinder auf ihre Art zu verdrängen und zu verleugnen versuchten. Dieser letzte vernichtende Schlag des Vaters verfehlt seine Wirkung nicht, Christian wankt hinaus. Hält er diesen Konflikt aus, oder bricht er zusammen? Fühlt er sich so gequält, dass er wieder in eine psychische Erkrankung flüchten muss? In einem Traum erscheint ihm die tote Zwillingsschwester. Sie entlässt ihn aus seiner Schuld und verabschiedet sich von ihn – Christian ist befreit. Er kann sich guten Gewissens Neuem zuwenden, ist nun offen für Pia, mit der er im Bett liegt. Er konnte auch seine Potenzstörung überwinden, die seine Blindheit zuvor bemäntelte. Weil Christian seiner Mutter nicht nahe sein konnte, suchte er ersatzweise Geborgenheit bei seiner Zwillingsschwester, so dass damals inzestuöse Bindungen entstanden, die erst durch das imaginäre Zusammentreffen im Traum symbolisch aufgelöst werden.

Mikael ist währenddessen beim Vater. Die Welt, der er eben noch so nah war, ist eingestürzt. Seine Wut richtet sich erstmals gegen seinen Vater. Verzweifelt rechnet er mit ihm ab. Der Vater hat seine Macht verloren. Er wehrt sich nicht mehr. Die Hilflosigkeit und Verzweiflung dieser Situation überträgt sich auf den Zuschauer. Mitleidsimpulse werden ausgelöst. Diese Gefühle spiegeln die Verzweiflung von Mikael wieder. Indem er den Vater töten will, vernichtet er einen Teil von sich selbst. Die Idealisierung bricht zusammen. Während die verlogene Partygesellschaft schläft, finden sich die Geschwister im Morgengrauen zusammen. Sie tanzen entrückt und erleichtert bis die verzweifelte Mutter kommt, um Hilfe für ihren Mann zu holen. Christian rettet seinen Vater. Er hat sein inneres Gleichgewicht wiedergefunden.

Am nächsten Morgen beim Frühstück gehört Christian wieder zu den anderen. Die nächtlichen Ereignisse sind überstanden. Er kann zum ersten Mal erleichtert lachen und fragt Pia, ob sie mit ihm nach Paris gehen möchte. Mikael scherzt, die Kinder der Familie haben zusammengefunden. Die Spannung steigt noch einmal, als der Vater an der Frühstückstafel erscheint. Er will eine Rede halten, sich entschuldigen. Er liebe seine Kinder. Mikael schickt ihn ungerührt weg, damit jetzt alle essen können, wie er sagt. Die Mutter bleibt. Wahrscheinlich zum ersten Mal in ihrem Leben folgt sie nicht ihrem Mann. Es lässt sich spekulieren, ob sie wirklich auf der Seite der Kinder oder ob sie nur auf die Seite der jetzt Mächtigen überwechselt ist?

Das Ende befreit uns von der Anspannung, in die uns der Film versetzt hat. Auch wenn es kein eigentliches Happy-End gibt, so scheint der Gang der Dinge für uns Zuschauer entlastend und befreiend zu sein. Anders als im wirklichen Leben werden Wünsche nach Anerkennung und Genugtuung erfüllt. Dies gibt dem Film auch seinen märchenhaften Charakter und macht einen Großteil seiner Faszination aus. »Der böse, böse Wolf ist tot«, wie am Ende im Märchen gesungen wird. Das »Böse« im Vater, seine inzestuösen Aggressionen und seine seelische Zerstörungskraft haben keine Wirkung mehr. Die Gefahr für die Kinder ist vorüber, sie haben zusammengefunden und gehen gestärkt aus den Geschehnissen hervor. Es werden uns mehrere Varianten von Eltern – Kind – Geschwister – Konstellationen vor Augen geführt. Christian überwindet inzestuöse Verstrickungen gegenüber seiner Schwester, besiegt den Vater, ohne ihn und damit sich selbst zu zerstören. Beim letzten Auftritt des Vaters entsteht der Eindruck, dass er Achtung gegenüber seinem Sohn empfindet und dass er ein guter Verlierer ist. Christian hat sich von seinem Vater gelöst und er kann seinen eigenen Weg gehen – so wie es sich jeder Zuschauer für sein eigenes Leben wünscht.

Eine Mutter wird schuldig. Zum Film *Die Mutter* von Roger Michell

Peter Diederichs

1. Vorbemerkungen

Die Mutter lief nur kurze Zeit in unseren Kinos, obwohl dieser Film bei den internationalen Filmfestspielen von Cannes einen ersten Preis in der »Director's Fortnight Section« bekommen hat. Die Geschichte ist spannend, die Charaktere oder Typen sind differenziert gezeichnet und vom Regisseur gut geführt und die Schauspieler spielen wunderbar. Aber die Publikumsresonanz war gering und nur wenige KollegInnen kennen den Film.

Der Plot ist schnell erzählt: Es geht um drei Generationen einer Familie, die Eltern (die Mutter bzw. Großmutter ist 60 Jahre alt und gut bei Kräften, ihr älterer Ehemann bewegt sich steif und wird schon zu Beginn als schwerfällig und kränklich gezeigt), ihre erwachsenen Kinder, deren Partner und Kinder. Die Tochter Paula ist Lehrerin und hat einen unehelichen Sohn. Sie liebt einen verheirateten Mann, Darren, einen gut gebauten bärtigen Handwerker, der mit ihrem Bruder seit einer kurzen gemeinsamen College-Zeit befreundet ist und als Nonkonformist gezeichnet wird. Der Sohn Bobby hat drei Kinder, er wirkt erfolgreich und ist ständig mit seinem Handy beschäftigt, seine Frau ist ebenfalls berufstätig; sie erscheint kühl und nervös. Darren, jener Handwerker-Freund lebt in einem Wohnwagen, von seiner Frau getrennt, aber offenbar nicht ganz getrennt, er hat einen autistischen Sohn, den er abgöttisch liebt. Er baut für Bobby einen Wintergarten und ist der Liebhaber von Paula.

Die Eltern besuchen die Kinder in London und daraus entwickeln sich dramatische Beziehungstragödien: zwischen Mutter und Tochter, zwischen den Geschwistern, zwischen der Mutter und dem Freund der Tochter, zwischen Tochter und Liebhaber, Bob und seiner Frau, zwischen ihr und Bobs Eltern, zwischen Bob und seinem College-Freund Darren, also zwischen jedem und jeder.

Die Beziehungsprobleme werden schon in der ersten Einstellung dadurch angedeutet, dass die Eltern nicht von den Kindern vom Bahnhof abgeholt werden, nur schwer den Weg zur Wohnung des Sohnes finden und sowohl von der Schwiegertochter wie vom Sohn nur unwillig empfangen werden. (Begrüßung des Sohnes: »Ihr seid ja früh dran«.) Die ersten Kontaktversuche misslingen, Sohn und Schwiegertochter müssen gleich wieder aus dem Haus, ein kurzes galant gemeintes Tänzchen des Vaters mit der Schwiegertochter nimmt dem alten Mann schon den Atem, die Enkelkinder wenden sich schnell wieder ihrer Musik und dem Fernseher zu. Als Gesprächspartner, der nicht gleich wegrennt, bleibt Darren, der Handwerker; mit ihm kann sich der Vater über Kricket unterhalten, zwischen ihm und der Mutter entwickelt sich eine zuerst empathische, später auch sexuelle Beziehung mit allen Konsequenzen für das gesamte familiale Beziehungsgeflecht.

2. Die normopathische Familie

In dem Film wird eine pathologische Familiendynamik entfaltet; die Bindungen, Sehnsüchte und Verletzungen werden eindrücklich, gleichwohl unspektakulär vorgeführt: Eine ihr Leben lang unglücklich und unzufrieden gebliebene Frau, die sich den kleinbürgerlichen Normen und einem vermutlich sehr zwanghaften Mann angepasst hat, hat zwei Kinder großgezogen, die ihr – wie man später aus dem Film erfährt – streckenweise zur Last wurden. Paula und Bobby haben eine entsprechend psychosexuelle Entwicklung genommen, die Tochter – in unserem psychoanalytischen Jargon – eine blühende depressiv-hysterische Neurose, der Sohn ist eher narzisstisch, wie schon in den ersten Szenen des Films deutlich wird.

Die erste Szene zeigt das gealterte Elternpaar, jeweils abgewandt, im sauberen und ordentlichen Bett, sie wach und er schlafend. Die nächsten Sequenzen beinhalten die Reisevorbereitungen, unter anderem packt sie für ihn den Koffer und bindet ihm die Schuhe zu. Offensichtlich kann er sich nicht mehr richtig bücken und wirkt insgesamt in seiner Motorik versteift und verlangsamt. Sie besteigen den Zug unter Mühen, nachdem sie den Hauptbahnhof von London erreicht haben wirken sie verloren und haben dann Mühe, die Straße und das Haus des Sohnes zu finden – ein Hinweis, dass sie ihre Kinder und Enkelkinder in London selten oder noch gar nicht besucht haben. Sie ist eindeutig noch die Vitalere, er trottet etwas trotzig hinterher. Sie: »Komm doch, sie haben uns eingeladen!« Nachdem sie endlich das Haus des Sohnes erreicht haben, öffnet die Schwiegertochter etwas verdutzt und skeptisch die Tür, der (Schwieger-)Vater sieht sich genötigt zu sagen: »Wir sind es!« Die Kinder des Sohnes wollen wissen, ob die Großeltern ihnen etwas mitgebracht haben. Der Versuch einer Verständigung zwischen der Großmutter mit dem etwa sieben- bis achtjährigen Enkel bleibt erfolglos, weil dieser seine Kopfhörer nicht abnimmt und deshalb die Großmutter nicht verstehen kann. Der Opa lockert sich für einen Augenblick, als er unter dem skeptischen Blick seiner Ehefrau ein paar Tanzschritte mit der Schwiegertochter wagt. Zwischendurch erscheint der Freund der Tochter im Bild, wie er am Wintergarten baut.

Abends bringt Bobby die Eltern in die Wohnung seiner Schwester Paula. Er läuft immer einige Schritte voraus, die Eltern, insbesondere der Vater, kommen kaum hinterher. Die Mutter bittet ihn, auf sie und ihren Mann zu warten: »Bobby, nicht so schnell!« Kaum sind sie bei der Tochter angekommen, klingelt das Handy des Sohnes.

Paula hat ein Abendessen vorbereitet, sie begrüßt die Eltern herzlich. Bei Kerzenschein und mit vollen Weingläsern wird angestoßen; hier ist erstmals eine einigermaßen freundliche Stimmung spürbar. Der Vater heischt Aufmerksamkeit und sagt mit leicht zittriger Stimme: »Ich bin glücklich; wisst Ihr, worauf ich stolz bin? Auf meine Familie«, dann kann er nicht weiter sprechen, sucht nach Worten und verstummt. Deutlich sichtbar wird seine Depression und auch das Künstliche, Unehrliche in dieser Inszenierung einer heilen Familie. Seine Ehefrau legt beruhigend ihre Hand auf seinen Unterarm, niemand geht auf den Satz ein. Abends im Bett ist der Vater unruhig, steht wieder auf und wünscht sich, nach Hause zu fahren und klagt über Herzschmerzen.

Der erste dramatische Aufschwung besteht darin, dass der Vater in dieser Nacht stirbt. In der nächsten Szene sieht man die Mutter mit Paula und Bobby am Krankenbett des toten Vaters. Alle wirken eher gelähmt als traurig. Die Kinder drängen dann auf Abschied, die Mutter mit monotoner Stimme: »Ich kann ihn doch nicht einfach zurück lassen«. Das klingt eher nach Pflichtgefühl als nach Schmerz. Die Beerdigung wird nicht gezeigt; wichtig für den weiteren Verlauf und das Beziehungsgeflecht ist, dass der Sohn seine Mutter rasch in ihre Heimatstadt zurückfährt. Er hilft ihr etwas unbeholfen, die Koffer auszupacken. Er: »Was sollen wir mit den Sachen von Papa machen?« Mutter: »Lege sie irgendwo hin«. Die Mutter schaut sich alte Fotos an: »So viele alte Erinnerungen«. Bobbys Handy klingelt wieder, er wird in London gebraucht und möchte sich am liebsten schnell von der Mutter verabschieden. Aber sie packt ihren Koffer nicht aus: »Ich will nicht hier bleiben, auch nicht in ein Altersheim, da bringe ich mich lieber um«. Der Sohn, etwas vorwurfsvoll zur Mutter: »Sei nicht so schwierig«. Worauf sie zu seiner Überraschung aufbegehrend antwortet: »Warum soll ich nicht schwierig sein?«

Widerwillig fährt der Sohn mit der Mutter zurück nach London, entsprechend entsetzt wird er von seiner Ehefrau empfangen, deren Worten wir entnehmen, dass er doch seine Mutter im Grunde genommen nicht ausstehen könne. Die Mutter bekommt – deutlich missbilligt von Bobbys Frau – ein Zimmer zur Verfügung gestellt. Die Mutter hat den Streit zwischen ihrem Sohn und dessen Frau gehört und entzieht sich durch einen Spaziergang. Darren, der im Wintergarten arbeitet, hat die Szene ebenfalls mitbekommen und sagt etwas resigniert zur Frau seines Freundes: »Uns wird es auch einmal so gehen, im Alter will uns keiner mehr!« Diese giftet nur zurück: »Dich will jetzt schon keiner!«

Der Regisseur entwickelt in den ersten 20 Minuten mit sparsamen Mitteln, kurzen Einstellungen und knappen Dialogen – ausgezeichnet wie ich finde – ein für die Gegenwart durchaus aktuelles Familienpanorama, das durch eine subtile aber grundlegend freudlose und feindliche Grundstimmung charakterisiert ist. Der Kontakt untereinander ist gestört, die Gefühle sind eingefroren. Der Tod des Vaters kann nicht richtig betrauert werden, offensichtlich war er längst zu einer nur peripheren Gestalt geworden, die Familienmitglieder unterstützen einander nicht, sie sind sich fremd, jeder ist mit sich beschäftigt. Tagsüber ist niemand im Haus außer Darren; er ist in den folgenden Tagen der einzige innerhalb der gesamten Familie, der sich der verwitweten Mutter einfühlsam zuwendet.

Mutter, Tochter und der gemeinsame Liebhaber

Im mittleren Teil des Filmes steht die Auseinandersetzung zwischen Mutter und Tochter und der Beginn der Affäre zwischen der Mutter – die jetzt einen Namen hat, May – und Darren (dem Handwerker und Liebhaber der Tochter) im Vordergrund.

Die Mutter hatte sich im hektischen und verkehrsreichen London verirrt und kommt erschöpft in die Wohnung der Tochter. Die spannt sie gleich zum Babysitten ein, da sie abends noch ausgehen möchte. Die Mutter bekommt das Bett der Tochter zugewiesen. Paula macht sich hübsch, sie will sich mit Darren treffen. Die Mutter fragt, was die Tochter an dem »ungehobelten Handwerker« so anziehend findet.

Dann folgt eine Szene, die einen ersten Tabubruch beinhaltet. Die Mutter übernachtet im Bett der Tochter, der Enkelsohn kommt nachts zu ihr ins Bett, sie wird dadurch wach und hört die Lustlaute ihrer Tochter, die sich offensichtlich mit ihrem »ungehobelten Handwerker« auf dem Teppich vergnügt. Die Mutter steht auf, stellt sich vor die Tür und belauscht den Geschlechtsverkehr ihrer Tochter.

Die »Urszene« wird hier auf den Kopf gestellt, ein Tabubruch, den ich aus Literatur und Film bisher so nicht kenne, obwohl Eltern heutzutage vermutlich häufig etwas von der Sexualität ihrer Kinder zwangsläufig mitbekommen. Zumindest in der Mittelschicht trennen sich junge Erwachsene aus ökonomischen Gründen räumlich sehr viel später von ihren Primärfamilien. Die Mutter bekommt auch mit, wie sich Darren kurz nach dem Geschlechtsverkehr abrupt anzieht und das Haus verlässt, während Paula ihn erst flehentlich bittet, dazubleiben, ihn dann aber beschimpfend entlassen muss. Die Mutter geht zur weinenden Tochter. Diese versucht ihr zu erklären, warum sie an Darren hängt, und er der Mann ihrer Träume ist. Sie erwähnt, dass ihr Sohn ihn auch mag, und er ihm so gut vorlesen kann. Es entsteht noch einmal eine frühkindliche Mutter-Kind-Interaktion. Die Mutter deckt ihre erwachsene Tochter tröstend zu und wünscht ihr noch eine gute Nacht.

Diese Szene ist insofern von Bedeutung, als die Mutter später in jenem literarischen Zirkel, den ihre Tochter leitet, den Kursteilnehmern, aber auch der Tochter, zu verstehen gibt, dass das Zubettbringen ihrer Kinder immer ein Horror für sie war. Das kindlich-regressive Verhalten der Tochter steckt auch in einem Satz, mit dem sie den Freund flehentlich bittet zu bleiben: »Mein Vater ist doch gerade gestorben«. Und in der Szene, in der die Mutter in den Raum hinein kommt, ihre Tochter tröstet und zudeckt, sagt sie zur Tochter: »Ich bin ja schon da!«.

In den folgenden Tagen wohnt die Mutter bei der Tochter und entwickelt einen herzlichen Kontakt zu ihrem Enkel, sie holt ihn von der Schule ab oder bereitet auch einmal das Mittagessen vor. In einer Szene kommt die Tochter gut gelaunt nach Hause und der Enkelsohn erklärt der Oma: »Sie kommt gerade von ihrem Psychotherapeuten!« An den Abenden nimmt die Tochter mehrere Anläufe, um über ihre seelischen Verletzungen durch die Mutter zu sprechen. Paula erklärt ihr, dass sie sich deswegen in psychotherapeutische Behandlung begeben musste. Paula: »Du hast mich kaum jemals angefasst. Du hast mich niemals ermutigt und gelobt. Ich glaube auch nicht, dass Du mir jemals etwas zugetraut hast. Ich kam mir immer wertlos vor, auch gegenüber den Männern. Das ist u. a. der Grund, warum ich es jetzt mit einem verheirateten Mann auf dem Fußboden treibe«, und sie äußert auch ihren Neid auf die Mutter. »Du hast es gut gehabt, einen wundervollen Ehemann und die Kinder waren den ganzen Tag in der Schule«. Bei einer anderen Szene dann im Affekt: »Du hast den ganzen Tag auf deinem fetten Hintern gesessen und Scheiße im Fernsehen geglotzt«. Woraufhin die Mutter ihrerseits erklärt, dass sie immer unglücklich gewesen ist und ihr alles über den Kopf gewachsen war. Die Tochter will das nicht hören, sie verweigert der Mutter die Empathie: »Können wir denn nicht einmal eine Sekunde nicht über dich reden?« Paula ist hin- und hergerissen. Sie wünscht sich einerseits ein Kind von Darren, andererseits möchte sie sich von ihm trennen. In einem der stets schwierigen Gespräche bittet die Tochter ihre Mutter, dass sie mit ihrem Freund spricht, sie soll herausfinden, ob er Paula liebt. Die Mutter verspricht, es zu versuchen. Sie wird sich Darren also gleichsam im Auftrag der Tochter nähern.

Die Entwicklung des ödipalen Dramas

May, also die Mutter, hält sich jetzt wieder mehr in der Wohnung ihres Sohnes auf und kommt mit dem Freund der Tochter ins Gespräch. Der Kontrast gegenüber der Kommunikation mit ihren »Angehörigen« wird überdeutlich gezeigt. Darren ist der Einzige, der länger mit ihr spricht. Ihren Sohn sieht man immer nur in Eile und am Handy. May bereitet Darren ein Frühstück. Er lädt sie zum Mittagessen und zu einem Spaziergang ein. Er verwickelt sie in philosophische Gespräche über das Leben. Sie fragt ihn um Rat, was sie machen soll, weil sie nicht alleine zurück in ihr Haus möchte. Die Beiden nähern sich als zwei Ausgeschlossene einander an. Bei einem Spaziergang über den Friedhof stolpert sie, er fängt sie auf und sie gibt ihm den ersten Kuss – über den sie zugleich erschrickt. Die 60jährige bislang frustrierte Frau ist gleichsam wach geküsst; sie stellt sich vor den Spiegel, macht sich ›schön‹, frisiert sich anders, zieht sich farbiger an, schmückt sich z.B. mit einem roten Schal. Die Mutter verliebt sich in Darren und bittet ihn regelrecht, mit ihr zu schlafen. Das ödipale Drama nimmt seinen Lauf. May genießt die Sexualität mit dem Freund der Tochter, sie verfällt ihm regelrecht und bietet ihm Geld an – allerdings, wie sich schnell herausstellt, will sie, dass er mit ihr zusammen flieht, eine »dumme Idee«, wie sie später desillusioniert anmerkt.

Die Tochter Paula will inzwischen ihre Mutter mit einem ihrer Kursteilnehmer verkuppeln und lädt sie ein, an dem von ihr organisierten Schreibzirkel teilzunehmen. Die Teilnehmer sind in erster Linie ältere Menschen, jeder kann seine Texte dort vortragen. Die Tochter motiviert die Mutter ebenfalls, etwas zu schreiben. Sie macht es und trägt dann etwas zögerlich ihren Text vor: »Ich brachte die Kinder zu Bett, endlich. Es war jedes Mal ein Kampf. Ich hasste sie immer am Ende eines Tages. Ich dachte, ich wäre die einzige Mutter, die solche Gefühle hatte. Wenn die oben herumtobten und Betten warfen, zog ich meinen Mantel an, schloss die Haustür hinter mir ab und lief meilenweit über die Felder oder ich ging in eine Kneipe, wo mich keiner kannte. Ich bin aber immer, bevor mein Mann nach Hause kam, zurück gewesen. Aber wenigstens waren die beiden dann eingeschlafen. Ich hätte mich umbringen können, so groß waren meine Schuldgefühle. Ich habe mich bis heute nicht von diesem Schreien erholt.« Die Kursteilnehmer sind offenkundig betroffen; die Tochter ist getroffen, kann das aber als Kursleiterin nicht offen zeigen; die Mutter wird für die Wahrhaftigkeit des Textes gelobt.

Hier ist ein zweiter Tabubruch: Eine Mutter wagt es auszusprechen, dass sie Hassgefühle gegenüber ihren Kindern kennt.

Der Kontakt zwischen Darren und der Mutter wird intensiver. Sie bereitet ihm wiederholt ein Frühstück, bringt ihm ein wertvolles Buch mit Zeichnungen Hogarths als Geschenk mit und beginnt, ihn zu zeichnen. Sie erzählt von sich und erwähnt u. a. einen Antiquitätenhändler in ihrer Straße, der sich für sie interessiert hätte. Zweimal sei sie mit ihm fremd gegangen. Am liebsten wäre sie mit ihm weit weg gegangen, hätte aber vorher noch mit ihrem Mann sprechen wollen und sei dann geblieben. Ihre Begründung: »Ich kann keinem weh tun«. Und dann fragt oder eher bittet sie Darren, mit auf ihr Zimmer zu gehen. Sie zieht sich aus und bemerkt in einer Mischung aus Appell und Zweifel: »Was siehst du? Ein altes Weib!« Die 60jährige Frau ist deutlich adipös und körperlich nicht mehr sehr attraktiv. Darren legt sich neben sie ins Bett und befriedigt sie erst einmal manuell. Es bleibt nicht bei dem einen Mal, später wird der Handwerker sie auch a tergo nehmen.

Dies ist ein dritter Tabubruch im Film. Es wird die Sexualität zwischen einer 60-jährigen Frau und Großmutter und einem etwa halb so alten attraktiven Mann gezeigt, der zudem der Freund der Tochter ist.

Die Tochter fragt immer nachdrücklicher, ob die Mutter bei ihren Gesprächen mit dem Freund erfolgreich gewesen ist, ihr endlich sagen kann, ob Darren sie liebt. Sie arrangiert ein Abendessen mit der Mutter und Darren, bei dem die Konkurrenz zwischen Mutter und Tochter um den Mann evident wird. Nach diesem Essen signalisiert die Tochter der Mutter, sie solle doch schon ins Bett gehen, weil sie mit ihrem Freund noch alleine sein will, was die Mutter widerwillig akzeptieren muss. Darren selbst bleibt in diesen Szenen erstaunlich passiv, er lässt mit sich geschehen. Nach und nach wird sichtbar, dass Darren drogenabhängig ist. Nach dem zweiten sexuellen Kontakt mit der Mutter sieht man in einer Szene, wie er Pillen einwirft. Er sagt, nach seinen Plänen befragt, dass er am liebsten für ein halbes Jahr abtauchen würde, aber kein Geld dafür hat. May bietet ihm erstmals Geld an.

Das Drama eskaliert. Darren dekompensiert, er schnupft gierig Kokain, wird aggressiv, beklagt sich, dass alle von ihm nur etwas wollen und ihn keiner richtig versteht. Die Frauen sind alle gleich, erst seien sie zärtlich, dann krallen sie. May bietet ihm als Trost Fellatio an: »Du weißt, ich tue alles, was du willst.«

Die Affäre fliegt natürlich auf, nicht zuletzt, weil Paula und Bobby über Zeichnungen der Mutter stolpern. Sie hat in ungelenker Art Skizzen nicht nur des arbeitenden Darren angefertigt, sondern auch seinen erigierten Penis und sich mit ihm in verschiedenen Versionen des Verkehrs gezeichnet. Und sie hat den Zeichenblock auf dem Tisch liegen lassen. Paula und Bobby finden die Zeichnungen der Mutter und entdecken so die sexuelle Beziehung zwischen den beiden. Offensichtlich wollte die Mutter ent-deckt werden.

Die Situation in der Wohnung des Sohnes wird chaotisch. Paula ist entsetzt und wütend; dabei sagt sie, er brauche unbedingt eine Psychotherapie. Darren zertrümmert in narzisstischer Wut den von ihm gebauten Wintergarten, nachdem er erfährt, dass sein Freund Bobby das Haus verkaufen will, weil dessen Geschäfte nicht erfolgreich gehen. Er packt seine Sachen und geht. Nach vielen mißlungenen Versuchen der Kontaktaufnahme mit der Mutter kann Paula nun ihre Wut und Kränkung artikulieren. Die Auseinandersetzung endet mit einem gewaltigen Faustschlag der Tochter in das Gesicht der Mutter (Paula: »Das hast Du verdient«), – wobei die Tochter, bevor sie zuschlägt, die Mutter um die Erlaubnis fragt, sie schlagen zu dürfen! Die Mutter nimmt diese Bestrafung ohne Gegenwehr an und geht in der Schlussszene, im Gesicht deutlich von dem Schlag gezeichnet, alleine mit ihrem Koffer in ihre Kleinstadt zurück, betritt kurz das Haus und verlässt es wieder – allein.

3. Psychoanalytische Reflexionen

Ich habe versucht, den Inhalt des Films so wiederzugeben, dass hoffentlich die pathologische Familiendynamik aus der Sicht der Psychoanalyse sichtbar geworden ist. Auf eine ausführliche metapsychologische Reflexion möchte ich daher verzichten.

Zusammenfassend lässt sich sagen, dass die im Film gezeigte normopathische Familie ein Lehrstück klassischer Neurosenpsychologie darstellt. Mittel- oder Angelpunkt ist eine depressive Mutter (überzeugend gespielt von Anne Reid), die dem normativen Druck einer kleinbürgerlichen Ehe nicht entkommen und ihre Kinder nicht genug lieben konnte. Sohn und Tochter haben das unterschiedlich verarbeitet. Paula ist bedürftig und abhängig geblieben und in ihrem Selbstwertgefühl deutlich beschädigt. Sie konnte sich mit ihrer Mutter weder als Frau noch als Mutter positiv identifizieren. Sie läuft auch als erwachsene Frau letztlich der Liebe und Anerkennung ihrer Mutter hinterher und agiert dies in ihren enttäuschenden Männerbeziehungen aus. Wenn Paula ihren nach dem Liebesakt sich zurückziehenden Freund halten will, mit der Begründung: »Ich habe doch gerade meinen Vater verloren!«, agiert sie wie ein Kind, das elterlichen Schutz sucht und nicht wie eine souveräne erwachsene Frau, die sie ja streckenweise in der Alltagsbewältigung auch ist. Sie hat einen interessanten Beruf, schreibt und ist allein erziehende Mutter eines sympathischen Jungen.

Je nachdem, welche Schulrichtung bevorzugt wird, könnte die Familiendynamik kohutianisch, kleinianisch oder klassisch freudianisch gedeutet werden. Der depressiven Mutter fehlte offenbar der »Glanz im Auge« ihrer eigenen Mutter (über die Biografie von May erfahren wir in diesem Film allerdings nichts). Entsprechend konnte sie ihre Tochter nicht positiv narzisstisch besetzen. Die Mutter signalisiert ihr falsches Selbst in einem der Dialoge mit Darren: »Anstatt das Leben zu spüren, habe ich nur die Sorgen der anderen im Kopf gehabt!« Der Mehrgenerationenaspekt dieses pathogenen Familienklimas deutet sich dennoch bei den Enkelkindern von Sohn Bobby an: Sie halten ihre Ohren vor den Großeltern »verstopft«.

Die Kleinianer würden mehr den Neid der Mutter auf das Triebleben der Tochter fokussieren und die Freudianer auf den ungelösten ödipalen Konflikt.

Nach meiner Erfahrung spielt bei allen schwerer gestörten Patienten eine mehr oder minder komplexe Verschränkung von Selbst- und ödipaler Pathologie eine Rolle.

Abgesehen davon, dass der Film fast Lehrbuchcharakter für eine neurotische Familiendynamik und das daraus entstandene spätere konfliktreiche Beziehungsgeflecht besitzt, hat mich diese Geschichte in psychoanalytischer Hinsicht aus drei Gründen beeindruckt.

Erstens: die unmittelbare, fast brutale oder schamlose Darstellung des ödipalen Dramas, das darüber hinaus von einer Mutter initiiert wurde – während wir aus Literatur, Filmen (z.B. *Das Fest*) und klinischer Praxis eher daran gewöhnt sind, dass Väter die Hauptakteure dieses Dramas sind.

Andere ödipale Dramen enden destruktiver, nicht selten mit dem Tod eines der Beteiligten. Zum Beispiel in dem Film *Verhängnis* von Louis Malle (1992), wo der Vater mit der Verlobten des Sohnes eine leidenschaftliche sexuelle Beziehung aufnimmt, der Sohn die beiden in Flagranti ertappt, entsetzt rückwärts aus dem Zimmer weicht und über das Treppengeländer abstürzt (der englische Originaltitel heißt übrigens *Damage*; die Verlobte wird von Juliette Binoche und der Vater von Jeremy Irons gespielt).

Hier bleibt das Ende der Mutter offen. Nach der Entdeckung ihrer sexuellen Beziehung zu Darren durch ihre Kinder gibt es eine kurze Szene, in der sie mit einem langen, spitzen Küchenmesser in Harakiri-Position hantiert.

Zweitens: Die Umkehrung der Urszene. Bei der Urszene geht es um die Phantasien der Kinder über die elterliche Sexualität. Sie impliziert Vorstellungen des Kindes von der meist zufälligen Beobachtung des elterlichen Geschlechtsverkehrs, aber auch nur von Phantasiebildungen. Kinder verleugnen oder verdrängen gern die Sexualität der Eltern. Zumindest von Patienten hört man relativ häufig, dass sich bei ihren Eltern nie viel abgespielt hätte. Hier lautet die Frage: Was hat sich gefühlsmäßig bei der Mutter getan, als sie die Lust ihrer Tochter belauschte?

Der Drehbuchautor Hanif Kureishi, Sohn eines Pakistanis und einer Engländerin, in England bekannt als Autor von Romanen, Theaterstücken und Drehbüchern (unter anderem auch für den Film *Intimacy*), erzählt, durch folgendes Erlebnis auf die Idee zu seinem Drehbuch gekommen zu sein, das ich einem Interview mit ihm entnommen habe: Er war mit seiner Mutter essen, die irgendwann zum Kellner, einem Inder, sagte, dass er schöne Hände hätte. Kureishi war verwundert und irritiert zugleich über diese Äußerung seiner 75 Jahre alten Mutter, weil er ein Leuchten in ihren Augen sah (Tagesspiegel, 9.10.2003).

Drittens: Die Sexualität älterer Menschen. Vielleicht ist dieser Punkt weniger aus psychoanalytischer als aus sexualmedizinischer Hinsicht interessant. Der Regisseur hatte den Mut, die sexuelle Beziehung des ungleichen Paares in Szene zu setzen. Es gab noch eine andere Szene, die eher berührend wirkte. Paula hat versucht, für die Mutter einen Gesellschafter aus ihrem Schreibzirkel zu finden, ein wie der Ehemann ebenfalls etwas versteift wirkender Mann, sehr höflich und korrekt, der sie dann auch eines Abends in seine Wohnung einlädt. Bei der sexuellen Begegnung wurden nur die Gesichter gezeigt. Während May abwehrend und ablehnend war und den Geschlechtsverkehr eher erleidet, hat sich der Mann für sich etwas geholt. Er ist (mit sich und seinem Orgasmus) sehr zufrieden und hat die Frustration der Frau gar nicht bemerkt. Vermutlich spiegelt diese Szene auch die eheliche sexuelle Interaktion der Protagonistin wider.

Abschließend möchte ich mich der Frage zuwenden, warum der Film so wenig Resonanz beim Publikum fand. Die Gründe dafür liegen vermutlich in der Abwehr der von mir aufgezeigten Tabubrüche und in den ambivalenten Gefühlen gegenüber der »Mutter«. May entspricht nicht dem typischen Mutterideal: Sie hat ihre Kinder streckenweise gehasst, sich später ungefragt in das Leben ihrer Kinder gedrängelt, die Generationsgrenzen überschritten und sich in ihrem Alter – dazu noch kurz nach dem Tod des Ehemannes – Sexualität geholt. An einer Stelle sagt sie zu Darren: »Lieber Gott, lass uns das Leben spüren, bevor wir sterben«. Das Todesmotiv taucht in dem Spaziergang von May und Darren über einen Friedhof auf. Er lässt sie dort die Grabinschrift des Malers und Zeichners Hogarth entziffern. Es geht also letztlich um Einsamkeit im Alter, Auseinandersetzung mit dem näher rückenden Tod und damit der eigenen Begrenztheit und Endlichkeit, alles Themen, die man lieber nicht wahrhaben will.

Frau Dr. Hazel Rosenstrauch danke ich für ihre kritischen Anmerkungen.

Filmangaben (alphabetisch)

Alien – The Director's Cut
GB 1979/2003 – 115 Minuten
R: Ridley Scott – B: Dan O'Bannon – K: Derek Vanlint – M: Jerry Goldsmith
mit Tom Skerritt, Sigourney Weaver, Veronica Cartwright, John Hurt, Harry D. Stanton

Bei Anruf Mord
(Dial M for Murder)
USA 1954 – 106 Minuten
R: Alfred Hitchcock – K: Robert Burks – M: Dimitri Tiomkin
mit Grace Kelly, Ray Milland, Robert Cummings, Anthony Dawson, John Williams

Chihiros Reise ins Zauberland
(Sen to chihiro no kamikakushi)
Japan 2001 – 125 Minuten – Animationsfilm
R/B: Hayao Miyazaki – M: Joe Hisaishi

Das Fest
(Festen)
Dänemark 1997 – 105 Minuten
R: Thomas Vinterberg – K: Anthony Dod Mantle – M: Morten Holm
mit Ulrich Thomsen, Henning Moritzen, Thomas Bo Larsen, Paprika Steen

Der andalusische Hund
(Un chien andalou)
Frankreich 1928 – 25 Minuten
R: Luis Buñuel, Salvadore Dali

Die Mutter
(The Mother)
Großbritannien 2003 – 112 Minuten
R: Roger Michell – B: Hanif Kureishi – K: Alwin Küchler – M: Jeremy Sams – mit Anne Reid, Peter Vaughan, Anna Wilson-Jones, Daniel Craig, Danira Govich

Dogville
Dänemark/Schweden 2003 – 178 Minuten
R: Lars von Trier – mit Nicole Kidman, Paul Bettany, Lauren Bacall

Empathy
USA 2003 – 92 Minuten
R/B: Amie Siegel – K: Mark Rance – M: Steve Ford
mit Gigi Buffington, Dr. David Solomon, Maria Silvermann, Patricia Donegan

Fireworks
USA 1947 – 20 Minuten
R: Kenneth Anger

Harry meint es gut mit dir
(Harry, un ami qui vous veut du bien)
Frankreich 2000 – 113 Minuten
R: Dominik Moll – K: Matthieu Poirot-Delpech – M: David Sinclair Whitaker – mit Laurent Lucas, Sergi Lopez, Mathilde Seigner, Sophie Guillemin

Ich hieß Sabina Spielrein
Schweden 2002 – 90 Minuten – Dokumentarfilm mit Spielszenen
R: Elisabeth Márton – K: Robert Nordström, Sergej Jurizditzkij, Imre Bécsi – mit Maria Thorgevsky, Dan Wiener, Helmut Vogel, Irina Venierl

Insomnia
USA 2002 – 118 Minuten
R: Christopher Nolan – K: Wally Pfister – M: David Julyan
mit Al Pacino, Robin Williams, Hilary Swank, Maura Tierney

Intime Fremde
(Confidences trop intimes)
Frankreich 2004 – 104 Minuten
R: Patrice Leconte – K: Eduardo Serra – M: Pascal Estève – mit Sandrine Bonnaire, Fabrice Luchini, Michel Duchaussoy, Anne Brochet, Gilbert Melki

Lost Highway
USA 1996 – 135 Minuten
R: David Lynch – K: Peter Deming – M: Angelo Badalamenti, Nine Inch Niles, Rammstein – mit Bill Pullman, Patricia Arquette, Balthazar Getty, Jack Nance

Mary Shelley's Frankenstein
(Frankenstein)
USA 1994 – 119 Minuten
R: Kenneth Branagh – K: Roger Pratt – M: Patrick Doyle – mit Robert De Niro, Kenneth Branagh, Tom Hulce, Helena Bonham Carter, Ian Holm, Richard Briers, John Cleese, Aidan Quinn

Meshes of an afternoon
USA 1943 – 13 Minuten
R: Maya Deren

Mulholland Drive
USA/Frankreich 2001 – 146 Minuten
R: David Lynch – K: Peter Deming – M: Angelo Badalamenti
mit Naomi Watts, Laura Elena Harring, Justin Theroux, Robert Forster

Tanguy – Der Nesthocker
(Tanguy)
Frankreich 2001 – 109 Minuten
R: Étienne Chatiliez – K: Philippe Welt – M: Eric Mechon
mit Sabine Azéma, André Dussollier, Eric Berger, Hélène Duc

Vormittagsspuk
Deutschland 1928 – 6 Minuten
R: Hans Richter

Autorinnen und Autoren

Heike Bernhardt, geb. 1957, Dr. med., Kinderpsychiaterin und Psychotherapeutin in eigener Praxis in Berlin.
Veröffentlichungen zur Geschichte der Psychiatrie im Nationalsozialismus, zur Geschichte der Psychoanalyse in Ostdeutschland und zu deutsch-deutscher Identität.
Gemeinsam mit Regine Lockot Herausgeberin von *Mit ohne Freud. Zur Geschichte der Psychoanalyse in Ostdeutschland,* Psychosozial-Verlag Gießen 2000.

Uta Blohm, geb. 1966, Dipl.-Psych., Psychoanalytikerin (DGPT) in eigener Praxis in Berlin.

Simon Brückner, geb. 1978. Nach der Schule Praxis als Regieassistent bei Filmproduktionen und AVID-Cutter. Mitarbeiter bei Schauspielcoach Andreas Heinemann in Berlin. Tätig mehrfach auch als Autor für den Hörfunk (Deutschlandfunk, SWR). 2001 Mitgründer der von Filmschaffenden selbstorganisierten Filmschule *FilmArche* (Berlin). Studiert Kulturwissenschaft, Soziologie und Europäische Ethnologie an der Humboldt-Universität. Zurzeit in der Produktion seines Debütfilms, einer Dokumentation über das Behindertentheater *Terra est vita.*

Peter Diederichs, geb. 1939, Prof. Dr. med., Diplom-Psychologe, Facharzt für Psychotherapeutische Medizin und Psychoanalytiker (DPG) in eigener Praxis in Berlin. Lehranalytiker und Dozent am Institut für Psychotherapie Berlin (IfP), in der Arbeitsgemeinschaft für Psychoanalyse und Psychotherapie Berlin (APB) und am Institut für Psychoanalyse und Psychotherapie Magdeburg.
Psychoanalyse in Ostdeutschland (Hg.), Vandenhoeck & Ruprecht Göttingen 1998; *Urologische Psychosomatik.* Huber Bern, Göttingen 2000; *Psychoanalyse und Frauenheilkunde.* Psychosozial-Verlag Gießen 2001; *Die Beendigung von Psychoanalysen und Psychotherapien* (Hg.), Psychosozial-Verlag Gießen 2006.

Jan Faktor, 1951 in Prag geboren. Abbruch des Studiums. Verschiedene Arbeitsverhältnisse in Prag und in der Slowakei. Fernstudium (Datenverarbeitung). Heirat mit Annette Simon. 1978 Übersiedlung nach Ostberlin. Arbeit als Kindergärtner und Schlosser. Bis 1989 fast ausschließlich in der inoffiziellen Literaturszene engagiert. Ab 1991 mehrere Stipendien, Werkverträge, Kranichsteiner Literaturpreis 1993, Alfred-Döblin-Preis 2005.
Georgs Versuche an einem Gedicht und andere positive Texte aus dem Dichtergarten des Grauens, Aufbau Verlag Berlin 1989, Luchterhand Frankfurt am Main 1990; *Henry's Jupitergestik in der Blutlache Nr. 3 und andere positive Texte aus Georgs Besudelungs- und Selbstbesudelungskabinett*, Gerhard Wolf Janus press Berlin 1991; *Die Leute trinken zuviel, kommen gleich mit Flaschen an oder melden sich gar nicht*, Gerhard Wolf Janus press Berlin 1995; *Fremd im eigenen Land?* (zusammen mit Annette Simon) Psychosozial-Verlag Gießen 2000; Roman *Schornstein*, Kiepenheuer & Witsch Köln 2006.

Kerstin Frommhold, geb. 1964, Dr. med., Fachärztin für Psychiatrie und Psychotherapie, Fachärztin für Psychotherapeutische Medizin, Psychoanalytikerin, Leitende Ärztin des Funktionsbereiches Psychotherapie des Vivantes Klinikum Berlin-Hellersdorf. Lehrtherapeutin, Supervisorin und Dozentin an der Berliner Akademie für Psychotherapie (BAP), Dozentin an der Berliner Akademie für Psychotherapeutische Medizin.

Christine Gerstenfeld, geb. 1963, Dr. med., Fachärztin für Psychiatrie und Psychotherapie, Psychoanalytikerin (DPG, IPA) in eigener Praxis in Berlin. Dozentin am Institut für Psychoanalyse, Psychotherapie und Psychosomatik Berlin (IPB) und am Institut für Psychoanalyse und Psychotherapie Magdeburg.

Herbert Kley, Diplom-Psychologe und Psychoanalytiker, niedergelassen in Berlin. Mitglied im Karl-Abraham-Institut der DPV.

Claus Löser, geb. 1962 in Karl-Marx-Stadt (heute Chemnitz), ab 1980 mit Texten, Musik und Filmen in der inoffiziellen Kunstszene der DDR aktiv, 1990 bis 1995 Filmstudium in Potsdam-Babelsberg, Diplom als Dramaturg/Film- und Fernsehwissenschaftler, ab 1990 Filmkritiker u.a. für film-dienst, TAZ und Berliner Zeitung, ab 1995 zahlreiche Lehraufträge und Publikationen (Schwerpunkt Undergroundfilm und Totalitarismusforschung), vielfältige Juroren- und Kuratorentätigkeit, derzeit Stipendiat der *Stiftung zur Aufarbeitung der SED-Diktatur.*

Gudrun Minnich, geb. 1961, Dipl. Med., Fachärztin für Neurologie und Psychiatrie, Fachärztin für Psychotherapeutische Medizin, Psychoanalytikerin, eigene Praxis, Lehrtherapeutin in der Arbeitsgemeinschaft für Psychoanalyse und Psychotherapie Berlin (APB) und an der Berliner Akademie für Psychotherapie (BAP).

Annette Simon, Diplompsychologin, 1975–1991 Arbeit in einer psychiatrischen Klinik in Ostberlin, seit 1992 niedergelassen in freier Praxis, seit 1996 als Psychoanalytikerin. Lehranalytikerin in der Arbeitsgemeinschaft für Psychoanalyse und Psychotherapie Berlin (APB).
Versuch, mir und anderen die ostdeutsche Moral zu erklären, Psychosozial-Verlag Gießen 1995; *Fremd im eigenen Land?* (mit Jan Faktor) Psychosozial-Verlag Gießen 2000; *Identität und Macht – Das Ende der Dissidenz,* (mit Schneider, Christian; Stillke, Cornelia und Steinert, Heinz) Psychosozial-Verlag Gießen 2002.

Elisabeth von Strachwitz, Ärztin, Psychoanalytikerin, Lehranalytikerin und Dozentin in mehreren Berliner und französischen Instituten. 30 Jahre in eigener psychoanalytischer Praxis. Zweisprachig aufgewachsen, lebte in französischsprachigen Ländern und West-Berlin. Einige Veröffentlichungen zu analytischen und kulturtheoretischen Themen, u. a. ein Roman aus der Zeit des Mauerfalls: *Berlin – Luchdorf,* Frieling Berlin 1996; *Über die Wiederbelebung der Psychoanalyse im Ostteil Berlins.* In: Diederichs, Peter (Hg): *Psychoanalyse in Ostdeutschland.* Vandenhoeck & Ruprecht Göttingen 1998.

Florence Wasmuth, Dr. med., geb. 1957 in Paris, Studium der Medizin in Paris und Berlin, Tätigkeit in der Pädiatrie, Kinder- und Jugend-Psychiatrie, psychotherapeutische und analytische Ausbildung in Berlin. Fachärztin für Psychotherapeutische Medizin in eigener Praxis. Dozentin in der Arbeitsgemeinschaft für Psychoanalyse und Psychotherapie Berlin (APB). Interessenschwerpunkte: Film und Psychoanalyse, Migration und Psychoanalyse.

Lutz Wohlrab, geb. 1959, Dr. med., Facharzt für Neurologie und Psychiatrie, Facharzt für Psychotherapeutische Medizin, Psychoanalytiker (DGPT) in eigener Praxis in Berlin. Dozent in der Arbeitsgemeinschaft für Psychoanalyse und Psychotherapie Berlin (APB) und an der Berliner Akademie für Psychotherapie (BAP). Initiator und Moderator der Berliner Reihe *Film und Psychoanalyse* im *BrotfabrikKino*. Herausgeber von *Mail Art Szene DDR 1975 bis 1990*, Haude & Spener Berlin 1994. *Zur Darstellung von Psychoanalytikern im Kino.* In: Psychoanalyse im Widerspruch 34 (2005), Psychosozial-Verlag Gießen; *Traumatisierung durch politische Haft in der DDR und ihre transgenerative Weitergabe.* In: Seidler, Christoph und Michael J. Froese (Hg.): *Traumatisierungen in (Ost-)Deutschland*, Psychosozial-Verlag Gießen 2006.

November 2006 · ca. 300 Seiten · Broschur
EUR (D) 29,90 · SFr 52,–
ISBN 3-89806-926-5 · 978-3-89806-926-7

Kein Medium kann sich bezüglich der Ausdrucksmöglichkeiten menschlichen Eigensinns oder intensiver Leidenschaften der Charaktere mit der Oper vergleichen. Mit einer bemerkenswerten Kombination von Sachkenntnis in Musik, Oper und Psychologie sowie durch die Verknüpfung biografischer, sozialer, psychologischer und historischer Aspekte untersucht Eric Plaut die bedeutendsten Opern und ihre Komponisten zwischen der Französischen Revolution und dem Zweiten Weltkrieg. Dies sind u. a. Mozarts Don Giovanni, Beethovens Fidelio, Rossinis Der Barbier von Sevilla, Donizettis Lucia von Lammermoor, Gounods Faust, Wagners Tristan und Isolde und Der Ring der Nibelungen.

Das entstandene Werk bietet neue Perspektiven zu einigen Opern und vermittelt faszinierende Einblicke in die psychologischen Motivationen ihrer Komponisten.

2005 · 175 Seiten · Broschur
EUR (D) 19,90 · SFr 34,90
ISBN 3-89806-476-X · 978-3-89806-476-7

Sebastian Leikert entwickelt in diesem Buch eine umfassende psychoanalytische Theorie der Musik. Elemente der Musik wie Stimme, Rhythmus und Melodie werden in genetischer und linguistischer Perspektive befragt. Der Orpheusmythos bildet die Grundlage einer Interpretation dessen, was sich in der Musik vollzieht. In detaillierten Untersuchungen zum »Wohltemperierten Klavier« von J. S. Bach, zum Schlusssatz der »9. Sinfonie« von Beethoven und zu Verdis »La Traviata« werden nun Tiefendimensionen erkennbar, die bisher verschlossen blieben. Kapitel zur Musik der Sprache runden das Buch ab. Mit Bezügen zu Lacan zeigt Leikert mit seinen Untersuchungen, dass es möglich ist, unbewusste Sinnstrukturen musikalischer Werke bis ins Detail offenzulegen.

PsV
Psychosozial-Verlag

Goethestr. 29 · 35390 Gießen · Tel. 0641/9716903 · Fax 77742
bestellung@psychosozial-verlag.de
www.psychosozial-verlag.de

www.ingramcontent.com/pod-product-compliance
Ingram Content Group UK Ltd.
Pitfield, Milton Keynes, MK11 3LW, UK
UKHW040025200726
13854UKWH00001B/362

9 783898 064507